Atlântico Sul XXI

JONUEL GONÇALVES
(Organizador)

Atlântico Sul XXI

África Austral e América do Sul na virada do milênio

editora unesp

Títulos originais: El Atlántico Sur: su pasado reciente, cooperación y perspectivas de potenciales conflictos.
La aplicación de las políticas neoliberales en la Argentina a partir de los años setenta.
As a world banks on democracy, governance and development in Africa: is Nepad an answer or a question?
La Divina Comedia y el drama nacional. La Argentina en los albores del siglo XXI.

Direitos de publicação reservados à:
Fundação Editora da UNESP (FEU)
Praça da Sé, 108
01001-900 – São Paulo – SP
Tel.: (0xx11) 3242-7171
Fax: (0xx11) 3242-7172
www.editoraunesp.com.br
www.livrariaunesp.com.br
feu@editora.unesp.br

EDUNEB

Editora da Universidade do Estado da Bahia – EDUNEB
Av. Jorge Amado, s/n. – Boca do Rio – Salvador – Bahia – Brasil
CEP: 41.710-050 – (71) 3371-0107 / 0148 – R. 204
editora@listas.uneb.br
www.uneb.br

CIP-Brasil. Catalogação na fonte
Sindicato Nacional dos Editores de Livros, RJ

A891

Atlântico Sul XXI/Jonuel Gonçalves (organizador). – São Paulo: Editora UNESP; Salvador, BA: EDUNEB, 2009.
267p. : il.

Inclui bibliografia
ISBN 978-85-7139-983-9 (Editora UNESP)
ISBN 978-85-7887-021-8 (EDUNEB)

1. América do Sul – Relações exteriores – África. 2. África – Relações exteriores – América do Sul. 3. América do Sul – Relações econômicas exteriores – África. 4. África – Relações econômicas exteriores – América do Sul. 5. América do Sul – Tratados comerciais. 6. África – Tratados comerciais. I. Gonçalves, José Manoel. II. Universidade Estadual da Bahia

09-5075. CDD: 327.806
CDU: 327(8):(6)

Editora afiliada:

Asociación de Editoriales Universitarias de América Latina y el Caribe

Associação Brasileira de Editoras Universitárias

SUMÁRIO

Aproximações do Atlântico Sul: pensamento, economia, sociedades

Jonuel Gonçalves

OLHARES AUSTRAIS

Os textos que compõem este livro foram elaborados entre 1998 e 2002, com algumas atualizações no fim de 2004. Seu objetivo inicial era analisar a conjuntura de quatro países dos dois lados do Atlântico Sul que se aproximavam em termos econômicos e culturais. A data de publicação e a rapidez com que essas aproximações evoluíram dão ao trabalho um perfil de história econômica e social imediata.

O passo mais importante nessa evolução foi a negociação que decorreu desde o começo do milênio entre o Mercosul e a África do Sul, depois estendida à SACU (União Aduaneira da África Austral), culminando com a assinatura, no dia 16 de dezembro de 2004, em Belo Horizonte, do Acordo Mercosul-SACU, criador da zona de comércio preferencial e potencial que abrigaria uma área de livre-comércio capaz de converter-se em um dos principais eixos de relacionamento Sul-Sul.

A assinatura do acordo de intenções na Cúpula do Mercosul de 2000, em Florianópolis, entre os presidentes dos países-membros e o presidente sul-africano concretizou a vontade de dar conteúdo econômico às proximidades geográficas, históricas e culturais. O alargamento aos demais países da SACU – além da África do Sul, Namíbia, Botsuana, Suazilândia e Lesoto – foi resultado da estreita relação desses países com a África do Sul, em matéria alfandegária e de zona monetária comum.

Embora Angola não faça parte da SACU, é analisada neste livro como membro da SADC (Comunidade de Desenvolvimento da África Austral); afora isso, em virtude de suas relações estreitas com o Brasil, representa um elemento essencial da aproximação.

Para além do Acordo de Belo Horizonte, as negociações devem prosseguir no sentido de aperfeiçoar mecanismos com alcance estratégico em termos de desenvolvimento e aproveitamento de afinidades para diversificação de parceiros.

Esse processo tem algum passado de reflexão nas áreas diplomática e acadêmica.

Assim, a partir da década de 60 do século passado, as primeiras Unctad (conferências das Nações Unidas sobre comércio e desenvolvimento) promoveram alguns contatos e trocas de análises, em que o pensamento de Raul Prebish – em larga medida difundido a partir da Cepal (Comissão Econômica para a América Latina e o Caribe) – se estendeu e inspirou formulações teóricas em agências similares, como a Comissão Econômica para a África das Nações Unidas.

Na década seguinte, intelectuais africanos e sul-americanos se reuniram em Dakar, no quadro do Idep (Instituto Africano de Desenvolvimento e Planificação), também da ONU (Organização das Nações Unidas), em torno dos debates sobre a Teoria da Dependência. Entre os participantes estavam Samir Amin (que, então, dirigia o Idep), Bernard Founou, Fernando Henrique Cardoso, Celso Furtado, Teotônio dos Santos, Rui Mauro Marini, Hector Silva Michelena e S. Sha.

Os exílios vividos dos dois lados do Atlântico Sul contribuíram para as aproximações, até porque, no fim da década de 1970, intelectuais latino-americanos viveram na África.

Nos anos 1980, assistimos a uma nova redução na frequência de contatos, restabelecidos nos anos 1990 graças aos desafios das novas configurações mundiais e, dessa vez, com destaque para o intercâmbio entre o Codesria (Conselho para o Desenvolvimento da Pesquisa em Ciências Sociais em África) e o Clacso (Conselho

Latino-Americano de Ciências Sociais). Por sua vez, algumas universidades e centros de estudo promoviam seminários centrados no relacionamento entre as duas margens do Atlântico Sul, como foi o caso do SAIIA (South African Institut of International Affairs – Instituto Sul-Africano de Interesses Internacionais), em Pretória, no fim da década, e da Uneb (Universidade do Estado da Bahia), em Salvador, já no ano de 2002, coincidindo com a renovada movimentação diplomática – consequência da tentativa de paz em Angola de 1992 e das eleições democráticas sul-africanas de 1994. Ambas as situações produziram visitas presidenciais dos dois lados do Atlântico Sul – destaque para a presença de unidades brasileiras e uruguaias na força da ONU em Angola.

Aliás, o Uruguai entraria de forma constante na "zona de contato", com sua participação nas tropas da ONU no Congo, a assinatura de importante acordo agrícola com Angola e a visita de seu presidente à capital angolana, em um momento em que o Brasil marcava novamente seu interesse oficial pela África por meio da visita presidencial de 2003 a cinco países.

Antes dessa visita, e aproveitando a dinâmica que dela se esperava, o Itamaraty organizou em Fortaleza, em junho de 2003, um seminário Brasil-África que destacou personalidades e estudiosos dos dois lados, o qual constituiu um momento em que alguns projetos se formularam.

ACORDOS TRANSCONTINENTAIS

Os imperativos de alargamento dos mercados e circulação de bens, serviços, pessoas e inovações tecnológicas conduzem, nesta fase da história econômica, à formatação de zonas de livre-comércio entre entidades de integração regional ou subregional.

O Brasil está envolvido, junto com seus parceiros do Mercosul e do restante da América Latina, em negociações com a União Europeia nesse sentido, ao mesmo tempo que, no contexto pan-americano, se desenrola um processo que deve desembocar em uma grande área de livre-comércio das Américas.

As dificuldades em ambos os casos são resultantes da existência de distintos níveis de desenvolvimento, o que exige o estabelecimento de mecanismos de transição para que os desequilíbrios não se acentuem.

A África do Sul sentiu esse problema também ao negociar um acordo de livre-comércio com a União Europeia destinado a melhorar trocas comerciais que, no momento da assinatura, já eram de 17 bilhões de USD anuais. Mas a África do Sul tem sofrido o mesmo tipo de dificuldade em sentido inverso nos projetos de avanço da SADC (Comunidade de Desenvolvimento da África Austral), quando são os outros que lhe pedem condições especiais de transição. Essas circunstâncias, por vezes, ocorrem dentro do Mercosul, por parte dos países de menor dimensão econômica em relação à do Brasil ou à da Argentina.

OS NÍVEIS DE TROCA COMERCIAL

No começo do milênio, a Argentina apresentava um decréscimo em suas trocas com a África. Assim, segundo dados do Indec (Instituto Nacional de Estadística y Censos) de Buenos Aires, suas exportações para a África do Sul recuavam de 303 milhões de dólares em 1997 para 244 milhões de dólares em 2000, enquanto suas importações, no mesmo período, também registravam queda, passando de 109 milhões de dólares para 85 milhões de dólares. Com Angola, o comércio exterior argentino cresceu percentualmente, mas com valores absolutos baixos, insuficientes para compensar as quedas com a África do Sul, ficando até muito aquém do que foi o comércio Angola-Argentina nos anos imediatamente seguintes à independência do país africano.

Em 1997, os angolanos venderam aos argentinos pouco mais de cinco milhões de dólares e compraram quase quatro milhões de dólares. No ano 2000, os montantes passaram para a faixa dos 15 milhões de dólares e 11 milhões de dólares, respectivamente (conforme dados do Indec).

As relações econômicas entre o Brasil e o continente africano se caracterizam por três pontos principais:

- A compra pelo Brasil de importantes volumes de petróleo nigeriano e argelino;
- Trocas com algum nível de diversificação com a África do Sul; e

- Exploração insuficiente de possibilidades de expansão em virtude do grande desconhecimento de oportunidades e capacidades mútuas e fraqueza de mecanismos estimulantes.

O primeiro desses pontos revela de imediato o interesse brasileiro por recursos energéticos, que parece ainda mais evidente se acrescentarmos que a principal venda sul-africana ao Brasil é a hulha.

A soma do petróleo dessas duas origens mais a hulha, em 2002, produziu um total ligeiramente superior a dois bilhões de dólares, quase o equivalente às importações brasileiras do Japão no mesmo ano.

O intercâmbio comercial com a África do Sul compreende um elevado número de itens, sobretudo de origem mineral sul-africana e manufaturados ou agrícolas brasileiros, cujas quantidades são relativamente modestas, como veremos adiante.

O desconhecimento mútuo decorre de fracos níveis de informação oficial orientada para os dois lados do Atlântico Sul e da debilidade dos mecanismos facilitadores das trocas comerciais: transportes, relacionamento bancário e de crédito, seguros e agilização alfandegária.

Essa escassez de informação provocou, com frequência, a falta de confiança recíproca na qualidade dos produtos oferecidos de ambos os lados, tendência que se tem reduzido desde a assinatura do Acordo de Belo Horizonte.

Mas, por sua vez, alguns aspectos da conjuntura mundial contribuem para alterar os níveis de relacionamento Brasil-África: as negociações nas instituições econômicas e financeiras internacionais; as políticas sociais de governo, como as do Brasil e da África do Sul, ou os imperativos sociais de situações pós-conflito, como em Angola; os projetos de livre-comércio transcontinental do Mercosul, da SADC, da União Europeia.

Em 2002, o Brasil importou do conjunto dos países africanos 2,5 bilhões de USD e exportou 1,4 bilhão de USD.

Os maiores fornecedores são a Nigéria e a Argélia, e os maiores clientes são a Nigéria e a África do Sul. Nesse contexto, Angola deve ser considerada um parceiro do Brasil em uma África com grandes perspectivas, em virtude de afinidades culturais que facilitam a pesquisa de mercados e os contratos, da existência de uma linha de crédito brasileira para operadores angolanos e da grande recuperação do comércio exterior entre os dois países nos últimos anos, após interrupção durante o período mais difícil do conflito angolano.

De fato, embora os valores ainda sejam de fraca proporcionalidade perante as exportações e importações brasileiras, os produtos do Brasil já ocupam o 5º lugar na pauta angolana de importações.

Já assinalamos que mercadorias da área de energia – sobretudo o petróleo – ocupam a primeira posição nas aquisições brasileiras. Nas vendas do Brasil avultam bens alimentares e bens de equipamento – em grande medida da indústria automobilística e orientados para a África do Sul, com a qual há fortes perspectivas de prosseguir a venda de aviões de médio *curso*.

As tabelas da Secretaria do Comércio Exterior (publicadas em 14 de janeiro de 2003) nos permitem analisar aspectos significativos das trocas comerciais Brasil-África. Desde logo, percebe-se que a Nigéria ocupa a nona posição na lista geral de fornecedores do Brasil, com valores de ordem de grandeza próximos aos do Reino Unido. A Argélia está na 11ª posição.

A Nigéria foi, em 2002, o maior comprador de açúcar refinado do Brasil, produto que figura na pauta de importações de Angola, Egito, Marrocos e Tunísia e os torna também importantes compradores.

Entre os vários tipos de açúcar, no ano mencionado, a Nigéria adquiriu do Brasil um montante de 194 milhões de USD, com ligeira diminuição em relação a 2001 – quando atingiu 215 milhões de USD –, explicável pela oscilação internacional de preços, já que a tonelagem de 2002 (1,1 milhão de toneladas) foi superior à de 2001.

O açúcar brasileiro tem, na África, um lote de clientes decisivos. Em 2002, o Marrocos importou cerca de 100 milhões de USD desse produto (refinado e em bruto). Angola importou, no mesmo ano, um valor de 43,5 milhões de USD de açúcar refinado, enquanto as importações egípcias dessa qualidade subiram a 75 milhões de USD.

A carne de frango congelada e o óleo de soja são outros produtos alimentares brasileiros com boa penetração nos mercados africanos. Angola e África do Sul importaram cada um cerca de

13 milhões de USD desses produtos em 2002, ambos os países registrando aumento de 30% em relação ao ano anterior.

Porém, no caso do óleo de soja, os principais clientes africanos do Brasil são Egito (43 milhões de USD), Marrocos (37 milhões de USD) e Senegal (17 milhões de USD). Acrescentando a Tunísia a esses três países, chegamos a um total de 120 milhões de USD de vendas de óleo de soja nos mercados africanos, montante superior às compras chinesas do produto no mercado brasileiro.

Em relação a materiais para a indústria automobilística, a África do Sul é um cliente de primeiro plano no que se refere a peças e motores – fato que decorre em larga medida da estratégia dos grandes fabricantes multinacionais, presentes em ambos os países. A indústria sul-africana é o oitavo cliente internacional do Brasil no item "partes e peças para veículos automotores e tratores" e o nono quando o item é "automóveis de passageiros".

Nossas próprias observações permitem fazer uma previsão de aumento das importações angolanas do setor automobilístico brasileiro em função das necessidades de reativação dos transportes em Angola e da orientação de compradores individuais angolanos. A existência da referida linha de crédito facilita essa perspectiva. No total de 2001 e 2002, considerando desde veículos particulares até veículos de combate a incêndios, Angola comprou do Brasil um volume da ordem de 36 milhões de USD – valores ainda modestos, mesmo para as dimensões da demanda angolana.

É importante sublinhar que toda essa movimentação se processa em bases de comércio exterior clássico, sem facilidades alfandegárias e com entraves de transporte, e as únicas prerrogativas especiais de crédito são as decorrentes da linha de crédito com Angola, cujo limite se situa na faixa dos 150 milhões de USD, revelando, por vezes, dificuldade de fixação de balanços e disponibilidades.

AS NEGOCIAÇÕES INTERNACIONAIS

O relacionamento econômico não se resume às trocas comerciais. O estabelecimento das grandes regras mundiais é hoje um terreno de manobra, de onde sairá o quadro que vai marcar, durante décadas, a hierarquia no acesso à riqueza.

Esse quadro e essa hierarquia, tal como existem atualmente, são pouco propícios ao desenvolvimento e à redução das desigualdades entre países, povos e grupos sociais. Da forma como as negociações vêm se processando, sua tendência é para a reprodução do sistema atual, embora tentativas de promover novos equilíbrios se façam presentes com algumas iniciativas pontuais de países do Sul.

Essas tentativas já têm uma história de décadas, com formulações teóricas que se estenderam desde o "desenvolvimento autocentrado" até a teoria da dependência e do "desenvolvimento sustentável", com a aparição do Grupo dos 77, posteriormente alargado em relação ao número inicial, e posicionamentos comuns de agrupamentos regionais e subregionais.

Um exemplo recente de articulação para objetivos comuns ocorreu na Conferência da OMC (Organização Mundial do Comércio) em Doha, entre Brasil, Índia e África do Sul, sobre a questão dos medicamentos genéricos. Sobretudo na sessão seguinte, em Cancun, assistiu-se à radicalização do choque sobre o tema dos subsídios agrícolas praticados no Norte, cujos efeitos para o Sul foram a distorção deliberada dos preços e condições de concorrência mundial muito desfavoráveis.

Em torno desses problemas foi constituído o G20, compreendendo economias emergentes com reivindicações que nem sempre correspondem à visão dos países menos avançados. Essa divisão entre os dois tipos de países do Sul permanecia mesmo depois da Conferência do Grupo dos 90 na Ilha Maurícia, em julho de 2004, apesar das iniciativas de aproximação, constituindo um sério desafio à reflexão sobre tal relacionamento, com incidências em todas as tentativas de renovação do pensamento sobre desenvolvimento e subdesenvolvimento.

O contexto do Atlântico Sul é um excelente campo de pesquisa nessa matéria e, por meio de alguns estudos de caso, procuramos abrir aqui essa reflexão.

POLÍTICAS SOCIAIS

Os efeitos sociais da situação econômica voltaram ao centro das preocupações quando caiu o mito de que a evolução do próprio mercado liquidaria as desigualdades. O fato é que o desemprego aumenta, as taxas de crescimento estacionaram, a pobreza se torna estrutural.

A política macroeconômica sul-africana incorpora elementos de combate às desigualdades históricas do país, corrigindo oportunidades sem ter, ainda, encontrado meios para mudar radicalmente a situação do mercado de trabalho, o que faz permanecer o flagelo das baixas rendas.

Outro aspecto das prioridades governamentais sul-africanas é a política de ação afirmativa, bastante inspirada no modelo americano, visando a eliminar as desvantagens históricas por meio de tratamento especial aos grupos-alvo dessas desvantagens. Um grande debate em vários países multirraciais acompanha essa política, particularmente no que se refere a seu tempo de duração. Por um lado, a eternização da ação afirmativa é suscetível de criar uma nova clientela, mas, por outro, sua ausência eternizará a discriminação.

Esse debate e essa experiência influem bastante na aplicação da política de cotas no Brasil.

Segundo o IDH (Índice de Desenvolvimento Humano) de 2003 (com dados de 2001), elaborado pelo PNUD (Programa das Nações Unidas para o Desenvolvimento), seguindo uma metodologia que suscita algumas reservas mas que, mesmo assim, fornece indicadores importantes, a Argentina ocupava a 34ª posição com índice de 0,849, isto é, a melhor colocação latino-americana, com o nível de "alto desenvolvimento". O Brasil ocupava a 65ª posição entre 175 países, com o índice de 0,777. Dois países africanos – membros da SADC – estão à frente do Brasil: as Ilhas Seycheles (também no nível de "alto desenvolvimento") e Maurícia – respectivamente, primeiro e segundo lugares na África e 36º e 62º lugares no ranking, com os índices de 0,840 e 0,779. A Tunísia era o terceiro africano e o 91º mundial; Cabo Verde, o quarto na África e o 103º no mundo. A África do Sul, que era o quinto em seu continente, ocupa a 111ª posição na escala mundial. Esses três países e a Ilha Maurícia são classificados pelo PNUD como de "médio desenvolvimento humano". Angola, que tem um dos piores desempenhos mundiais em desenvolvimento humano, estava em 164º lugar, com índice de 0,377, e foi classificada como de "baixo desenvolvimento humano".

A pobreza apresenta aspectos de urgência, com situações que requerem solução de sobrevivência imediata, motivo pelo qual os programas de ajuda humanitária ou de tipo especial são indispensáveis, até para darem tempo às mudanças estruturais corretoras – quando se realizam.

Historicamente, os combates bem-sucedidos contra a pobreza combinaram ações de curto e médio prazos.

Estamos, portanto, diante de um quadro em nossa região oceânica em que:

- Acordos de livre-comércio entre países ou agrupamentos latino-americanos e países ou agrupamentos africanos são próprios para aumentar as trocas comerciais e favorecer articulações de interesses;
- O objetivo de melhorar os IDHs favorece a fixação de critérios institucionais em ambos os lados do Atlântico Sul.

O conjunto de temas que esse quadro suscita constitui matéria para múltiplas pesquisas e constantes atualizações. Neste livro, o que se procura – com textos de pesquisadores dos quatro países abordados – é contribuir para esse trabalho de uma forma que dê caráter mais sistemático a anos de contato intermitente.

O Atlântico Sul: seu passado recente, cooperação e perspectivas de potenciais conflitos*

Marcelo Javier de los Reyes

DEFININDO O ESPAÇO GEOGRÁFICO

Quando nos valemos deste espaço geográfico para analisar os antecedentes e as possibilidades de cooperação e os conflitos ou os potenciais conflitos a partir das mudanças que ocorreram com o que eufemisticamente se denomina *nova ordem internacional*, devemos nos fazer a seguinte pergunta: o que se entende por Atlântico Sul?

Trata-se de um espaço marítimo que apresenta algumas imprecisões no que diz respeito a seus limites geográficos, os quais, no Oeste e no Leste, são precisos, pois correspondem aos meridianos que cruzam, respectivamente, o Cabo de Fornos (Argentina), que é sua fronteira com o Oceano Pacífico, e o Cabo das Agulhas (África do Sul), que constitui a linha divisória entre o Oceano Atlântico e o Oceano Índico.

* Tradução de Magda Lopes.

Mas seus limites Norte e Sul estão sujeitos a diversas concepções. Segundo as diferentes interpretações, são adotados como limites Norte:[1]

- O Equador, que apresenta uma dificuldade: corta em dois a Amazônia, a qual constitui uma unidade em si mesma;
- O Trópico de Câncer, que representa o limite setentrional estabelecido pela Otan (Organização do Tratado do Atlântico Norte);
- A linha imaginária traçada entre o Cabo São Roque (Brasil) e o Cabo Las Palmas (Libéria), a partir da qual as respectivas metades do oceano se ampliam em direção aos polos; e
- A linha imaginária que une Natal (Brasil) a Dakar (Senegal), que é o ponto mais estreito do Atlântico. Esse limite não secciona a Amazônia e, por isso, é considerado o mais apropriado.

O limite meridional encontra sua fronteira na Antártida, mas erroneamente se costuma considerar o oceano que costeia a Antártida como Oceano Antártico ou Oceano Austral. Como limite Sul, costuma-se indicar o paralelo 60° S, que é o aplicado pelo Tratado Antártico.

Com o objetivo de manter uma unidade de estudo sem cercear a Amazônia, são considerados como limite setentrional a linha imaginária Natal-Dakar e, como limite meridional, a Antártida.

ANTECEDENTES DE CONFLITOS NO ATLÂNTICO SUL OCIDENTAL

Comparada com o Oceano Pacífico, com o Atlântico Norte e com outros espaços marítimos, a zona austral do Oceano Atlântico pode ser considerada virtualmente uma área isenta de conflitos bélicos, com exceção dos combates da Primeira e da Segunda

---

[1] Mariano Bartolomé cita as diferentes concepções sobre os limites setentrional e meridional do Atlântico Sul, o que é pertinente mencionar no presente trabalho. Do mesmo modo, utilizamos os limites Norte e Sul mencionados, escolhidos por este autor, por achá-los mais apropriados, apesar de considerá-los tão arbitrários quanto qualquer outro.

Guerra Mundial e do CAS (Conflito do Atlântico Sul) ou Guerra das Malvinas, travado entre o Reino Unido e a Argentina pelo domínio das Ilhas Malvinas, das Ilhas Georgias do Sul e Sandwich do Sul em 1982.

Na Primeira Guerra Mundial, a frota alemã do Pacífico do vice-almirante Maximilian Graf Von Spee enfrentou, próximo da Ilha Santa Maria de Coronel, no Chile, uma esquadra de cruzadores ingleses sob o comando do contra-almirante *sir* Cristopher Cradock. Na batalha de Coronel, foram afundados dois cruzadores: o HMS Good Hope (insígnia do Almirante Cradock) e o HMS Monmouth. Depois de chegarem a Valparaíso, as naves de Von Spee, o cruzador pesado Gneisenau e o cruzador ligeiro Nürnberg, na manhã de 8 de dezembro de 1914, aproximaram-se a poucas milhas a Sudeste das Ilhas Malvinas, de onde foram avistadas. A força naval britânica – integrada pelos cruzadores de batalha HMS Invincible, HMS Inflexible e os cruzadores HMS Kent, Carnarvon e Cornwall – partiu em sua busca e, como resultado da batalha das Malvinas, o cruzador pesado Scharnhorst, o Gneisenau, o cruzador leve Leipzig e o Nürnberg foram afundados com grande perda de vidas. O vice-almirante Von Spee morreu combatendo em sua nave, assim como seus filhos, os tenentes Otto Ferdinand Von Spee (Gneisenau) e Heinrich Franz von Spee (Nürnberg).

Em dezembro de 1939, a perseguição do encouraçado de bolso alemão Admiral Graf Spee pelas naves de guerra britânicas Exeter, Achilles e Ajax terminou na batalha do Rio da Prata, com o afundamento do navio alemão por seu capitão diante da costa do Uruguai, por não ter conseguido o tempo requerido para seus reparos no porto de Montevidéu. Em apenas dois meses, o Admiral Graf Spee afundou nove navios de quase cinquenta mil toneladas, deixou fora de combate um de seus perseguidores e avariou levemente outros dois, antes de interromper o contato e se recolher no porto de Montevidéu. Esse foi um dos antecedentes da verdadeira guerra no cenário Norte do Atlântico iniciada em 1941.

Mais tarde, quando o Brasil entrou na guerra após o afundamento de cinco grandes navios mercantes brasileiros, cedeu bases aos aliados para que exercessem o controle do Atlântico Sul.

Trinta e sete anos depois de terminada a Segunda Guerra Mundial, ocorreu o único conflito bélico que se concentrou no Atlântico Sul no século XX: a Guerra das Malvinas. Essa guerra se enquadrou indiretamente em um conflito maior, a Guerra Fria, e, por isso, foi superdimensionada pelos países centrais, chegando-se, inclusive, a considerar – próximo ao final desse conflito – que, uma vez derrotadas as Forças Armadas argentinas por parte da Grã-Bretanha, haveria o perigo de "os militares argentinos tomarem uma posição pró-soviética, ou de que um contragolpe interno mudasse seu férreo anticomunismo" (Kirsschbaum, 2003).

Fora esses antecedentes, o Atlântico Sul constitui uma região de paz, principalmente a partir de duas causas inerentes ao Cone Sul americano: a recuperação da democracia nos países que o compõem e a superação das hipóteses de conflito na região.

Embora a América do Sul tenha se caracterizado pela ausência de conflitos armados interestatais – salvo exceções como a guerra entre o Peru e o Equador em 1995 –, o diálogo gerado entre os governos democráticos favoreceu, por um lado, a superação dos conflitos limítrofes e, por outro, o início das negociações que visavam a alcançar uma integração regional.

Cabe destacar que boa parte dos conflitos nessa região do mundo contava com algum incentivo externo. É oportuno, aqui, citar Samuel Pinheiro Guimarães (apud Banderia, 2003, prefácio), quando expressa:

> Qualquer estrategista do Departamento de Estado, da Defesa ou do Tesouro reconhece que a construção de vínculos estreitos de cooperação política e econômica entre o Brasil e a Argentina, com o objetivo do fortalecimento tecnológico, político, militar e econômico, e de redução de suas dependências externas, criaria, com o tempo, um centro de poder, na América do Sul, que afetaria profundamente a influência política, militar, econômica e ideológica norte-americana na região e, em consequência, sua capacidade de ação no nível mundial. Daí a estratégia de manter Brasil e Argentina isolados um do outro, de estimular sentimentos de rivalidade e de atrair, com alianças privilegiadas, um e outro país alternadamente para que não possam se unir na defesa e na promoção de seus interesses.

Esse tipo de política externa tendente a desestabilizar a harmonia da região não se produziu apenas durante a Guerra Fria e durante os governos militares dos países sul-americanos, mas também na década de 1990. Por exemplo, pode-se recordar que, em 1997, quando o governo dos Estados Unidos ofereceu à Argentina a categoria de país aliado extra-Otan, também se informava que o Brasil poderia ter acesso a um assento permanente no Conselho de Segurança das Nações Unidas, e o Chile, à assinatura de um tratado de livre-comércio, além da venda de material bélico. Todas essas propostas geraram mal-estar e desconfianças. A esse respeito, o presidente da Associação de Bancos do Chile, Hernán Somerville, expressou que "a iniciativa americana é lamentável, porque introduziu um fator de instabilidade entre os países latino-americanos",[2] enquanto o então chanceler do Chile, José Miguel Insulza, manifestava em uma reportagem para o jornal *La Tercera,* do Chile:

> Todos os países da América Latina deverão regularizar suas relações com os Estados Unidos em matéria de segurança. Mas não gosto do conceito de "aliado extra-Otan". Essa categoria é uma reminiscência da Guerra Fria. Entretanto, o fato de o outorgarem à Argentina cria desconfianças que não são boas, sobretudo em momentos em que restam pendentes questões territoriais.[3]

A diminuição das possibilidades de que estourasse um conflito na área do Atlântico Sul, assim como na região circundante, obedeceu também a um elemento extrarregional relevante: a implosão do Império Soviético.

Cabe então, a partir do exposto, citar a pergunta e a resposta que já se havia formulado o contra-almirante da armada argentina Roberto Pertusio (2001, p.232): qual é o inimigo comum a ser enfrentado hoje no Atlântico Sul? Não existe, nos tempos atuais,

---

[2] "EEUU introdujo inestabilidad a la región", *COPESA – Consorcio Periodístico de Chile S.A.* Disponível em: <http://www.copesa.cl/Casos/OTAN/Otan022%7F.html>. Acesso em: 17 dez. 2003.

[3] "Canciller: 'Eso es, por ahora, ilegal'", *COPESA – Consorcio Periodístico de Chile S.A.* Disponível em: <http://www.copesa.cl/Casos/Camposhielo/Hielo15.html>. Acesso em: 17 dez. 2003.

um Estado que inspire a constituição de um bloco defensivo em nosso espaço marítimo comum.

Nos últimos anos, os países ribeirinhos se envolveram no desenvolvimento de fórmulas de cooperação, embora possam ser apreciados potenciais conflitos, em função dos quais terá de se trabalhar para neutralizar.

Então seria apropriado formular outras perguntas: por que existem bases militares que excedem a capacidade de dissuasão para os países da região? Um exemplo disso são as Ilhas Malvinas, nas quais o Governo britânico investiu milhões de dólares para a instalação de um complexo militar e para a manutenção de navios, aviões e pessoal, diante do desarmamento que paralelamente sofreram as Forças Armadas argentinas durante a democracia[4] e diante da declaração do Governo argentino de não voltar a utilizar a força contra as ilhas.[5] Uma primeira resposta a essa pergunta poderia estar na conclusão a que chega Mariano Bartolomé (1996, p.266) depois de analisar o CAS:

> Existem elementos de julgamento que permitem considerar como provável que o CAS do ano de 1982 tenha sido o resultado da criação deliberada de uma crise, e sua posterior escalada voluntária ao plano bélico, por parte do Governo britânico, com o apoio dos Estados Unidos e da Otan, com os objetivos não declarados de assegurar sua liderança política a curto e médio prazo e facilitar a presença militar (não necessariamente oficial) dessa aliança na região.

Por que o Governo britânico não iniciou um diálogo para pôr em execução um recuo, como fez com Hong Kong? Por que os Estados Unidos estão mostrando interesse em militarizar o Atlântico Sul?

---

4 São interessantes as motivações que, para Mariano Bartolomé, conduziram ao conflito do Atlântico Sul e as razões pelas quais o Governo do Reino Unido procedeu a essa desmesurada inversão (Bartolomé, 1996, p.13-4).

5 Os próprios diplomatas britânicos guardam essa declaração, como é o caso do ministro da Chancelaria Britânica, Denis MacShane. A esse respeito, leia o discurso pronunciado por Denis MacShane durante a reunião do Conselho do Atlântico Sul, em Londres, em 22 de maio de 2002. ("O Reino Unido, a Argentina e o Atlântico Sul", *Embajada Británica en Caracas*. Disponível em: <http://www.britain.org.ve/news45.htm>. Acesso em: 18 dez. 2003.)

O VALOR ESTRATÉGICO E ECONÔMICO DO ATLÂNTICO SUL

Já se mencionou que nas décadas de 1970 e 1980 o Atlântico Sul constituía um espaço com um crescente valor estratégico no caso da Guerra Fria.

Várias eram as razões que motivavam esse interesse por parte dos países do Ocidente e dos membros da Otan. A rota do Cabo, ou seja, a passagem do Oceano Índico para o Atlântico, era fundamental para o deslocamento dos navios petroleiros de grande porte que não podiam atravessar o Canal de Suez. Por sua vez, o Estreito de Magalhães constituía uma via de comunicação de vital importância entre o Atlântico e o Pacífico, como uma rota alternativa ao Canal do Panamá. Do mesmo modo, deve-se considerar que através das duas rotas se pode ter acesso aos mercados asiáticos.

Além do controle das linhas de navegação, deve-se destacar que existem nesse espaço geográfico inúmeras riquezas que lhe outorgam um relevante valor estratégico.

Recursos pesqueiros

O Atlântico Sul conta com uma importante e diversificada riqueza ictícola situada nas plataformas continentais, tanto do lado americano como do africano, destacando-se, como as zonas mais propícias, o Golfo de Guiné, o Cabo de Boa Esperança, a Baía de Walvis, no Sudeste africano, e a plataforma continental argentina.

O litoral atlântico argentino constitui um dos ecossistemas marítimos temperados mais ricos e de maior produção do mundo, cobrindo uma extensão de cinco mil quilômetros entre o Rio da Prata e o Estreito de Magalhães. É uma zona de águas com alto conteúdo de nutrientes, o que favorece um *habitat* onde abundam mamíferos marinhos, aves marinhas, peixes e invertebrados.

A riqueza dos recursos marinhos fica evidenciada em um relatório do Banco Mundial que menciona o aumento das capturas na plataforma patagônica, que foi uma das que tiveram maior crescimento no mundo durante a década de 1990:

> A captura total de peixes e invertebrados duplicou entre meados da década de 1970 e 1987, e voltou a duplicar entre 1988 e 1997. Entre os peixes teleósteos, a espécie mais importante explorada nesse sistema é a merluza comum (*Merluccius hubbsi*). Essa espécie é abundante no Norte da plataforma patagônica e na plataforma uruguaia e do sul do Brasil, e se distribui em profundidades que oscilam entre quarenta e oitocentos metros, desde o paralelo 55° S até os paralelos 28° a 30° S, representando a espécie mais cobiçada e exportada das pescarias argentinas. De 1988 a 1997, a captura total anual da merluza comum aumentou de 296 mil toneladas para 585.700 toneladas, embora, em 1998, começaram a se tomar medidas para evitar a sobrepesca dessa espécie, e a captura anual foi reduzida para 458.556 toneladas e, em 1999, para 309 mil toneladas. Nesse mesmo período, a captura total de lulas aumentou de 22 mil toneladas para 412 mil toneladas, o que representa um aumento de quase vinte vezes; em 1998 e 1999, as capturas foram de 290 mil toneladas e 343 mil toneladas, respectivamente (Banco Mundial, 2001).

A União Europeia firmou convênios de pesca com vários países africanos (Angola, Cabo Verde, Mauritânia, Santo Tomé e Príncipe, Senegal) e com a Argentina, e, em linhas gerais, pode-se afirmar que boa parte da exploração dos recursos marinhos do Atlântico Sul pertence a potências distantes desse espaço geográfico.

Recursos minerais

Nas plataformas e escarpas continentais do Atlântico Sul, tanto americanas quanto africanas, existem nódulos polimetálicos, como nódulos de manganês e de magnésio no leito marinho e titânio e ferro na costa equatorial da África.

No entanto, não se devem valorizar apenas as riquezas do espaço marítimo, mas também os países costeiros e seus respectivos *hinterlands*. Hoje já não há dúvida de que tanto a América do Sul quanto a África são importantes reservas de recursos naturais e, portanto, o controle do Atlântico é fundamental para a extração dessas riquezas. Essas duas regiões são consideradas fontes alternativas de provisão para os Estados Unidos e, por isso, constituem uma reserva diante de eventuais conflitos ou esgotamento desses recursos em outras áreas. Os países sul-

-americanos são ricos em jazidas de carvão, gás e petróleo, e também de minerais estratégicos (Colombo, 2003).

A dependência de abastecimento desses minerais em áreas alternativas, como a América Latina, será cada vez maior, na medida em que as novas tecnologias já têm hoje uma crescente demanda.

Entre os minerais estratégicos, existem aqueles conhecidos como "quatro grandes" (cromo, cobalto, manganês e os PMG – *Platinum Group Metals*: platina, paládio, ródio, irídio, ósmio e rutênio) (Colombo, 2003). Existem importantes reservas de cromo no Sul africano (África do Sul e Zimbábue); de cobalto na República Democrática do Congo e em Zâmbia (não existentes nos Estados Unidos); e de manganês no Brasil, no Gabão e na África do Sul (Colombo, 2003).

Com relação aos PMG, na África do Sul se encontram 90% das reservas mundiais de platina, sendo que a maior parte de sua produção é exportada para os Estados Unidos (Colombo, 2003).

Para destacar também o valor estratégico dos territórios que circundam o Atlântico Sul, deve-se considerar que vários países da América Latina – Argentina e Brasil, além de outros que não integram a área de estudo deste trabalho, como Bolívia, Chile, Cuba, México, Peru e Venezuela – são produtores de alumínio, bauxita, cobre, coltan*, estanho, ferro, manganês, níquel, prata, urânio e zinco, minerais muito requeridos pela indústria norte-americana e dos países desenvolvidos.

Os interesses petroleiros

As crescentes necessidades de petróleo estão levando os governos e as empresas a buscar novas jazidas desse produto para suprir a crescente demanda de hidrocarburetos.

No litoral atlântico sul-americano está se desenvolvendo uma área de exploração em torno das Ilhas Malvinas e, no Brasil, a estatal Petrobras descobriu um novo campo petroleiro com reservas comprovadas de 150 mil barris a poucos quilômetros dos estados

* "Coltan" é a combinação de duas palavras que correspondem aos respectivos minerais: a columbita e a tantalita, dos quais se extraem metais mais cobiçados que o ouro. (N.T.)

do Rio de Janeiro e do Espírito Santo. Isso permitiria ao Brasil se aproximar da meta de autoabastecimento de hidrocarburetos.[6]

A descoberta de amplas reservas petroleiras no Golfo de Guiné, particularmente na ex-colônia espanhola de Guiné Equatorial e em São Tomé e Príncipe, mobilizou o interesse dos Estados Unidos. Essas reservas e a guerra contra o terrorismo internacional levaram o presidente George W. Bush a realizar uma viagem de seis dias pelo Senegal, África do Sul, Botswana, Uganda e Nigéria nos primeiros dias de julho de 2003. Atualmente, os Estados Unidos obtêm 16% de seu petróleo do continente africano.

A relevância da bacia petroleira no Golfo de Guiné fez a Guiné Equatorial converter-se no terceiro produtor da África subsaárica, depois da Nigéria e de Angola, o que levou os Estados Unidos a abrir novamente a embaixada em Malaba, em meados de outubro de 2003. A sede diplomática havia sido fechada em 1995 devido às violações aos direitos humanos por parte do regime guinéu-equatoriano, que continua no poder. A reabertura tem como objetivo atender os três mil cidadãos norte-americanos – em sua maioria trabalhadores da indústria petroleira – que vivem em um país de quinhentos mil habitantes. Em vista da situação crítica em matéria de direitos humanos, Washington preferiu manter em silêncio a reabertura de sua embaixada.[7]

A indústria petroleira também está impulsionando conexões aéreas diretas entre Malabo e Houston (Texas) e entre Luanda e Houston para favorecer os membros das companhias petroleiras norte-americanas.[8]

Um caso que põe em evidência os negócios entre os governos, os recursos minerais e o tráfico de armas é o denominado "Angolagate", que se tornou público no fim do ano 2000, na

[6] "Petrobras encuentra otro campo petrolero gigante en el Atlántico", *Finanzas.com* (31 jan. 2003). Disponível em: <http://www.finanzas.com/id.5071112/noticias/noticia.htm>. Acesso em 10 dez. 2003.

[7] "EEUU abre de nuevo su embajada en Guinea Ecuatorial", *AfrolNews* (17 out. 2003). Disponível em: <http://www.afrol.com/es/Noticias2003/ecuat018_embajada_eeuu.htm>. Acesso em: 18 out. 2003.

[8] "Malabo y Luanda refuerzan su conexión aérea con la capital petrolífera de EEUU", *AfrolNews* (1 ago. 2003). Disponível em: <http://www.afrol.com/es/Noticias2003/ecuat013_houston.htm>. Acesso em 10 ago. 2003.

França. O Angolagate expôs conexões entre a Rússia, Israel, Estados Unidos e membros do Parlamento Europeu, e novamente conseguiu espaço na imprensa em razão de o presidente José Eduardo dos Santos ter nomeado o traficante francês Pierre Falcone – acusado na França de venda ilegal de armas, fraude fiscal e tráfico de influências – ministro conselheiro da missão de Angola perante a Unesco (Organização das Nações Unidas para a Educação, a Ciência e a Cultura). A nomeação tenta ser um "agradecimento" pelo apoio que o governo recebeu em sua guerra contra Jonas Savimbi (1975-2002) e permite a Falcone obter um passaporte diplomático e, por extensão, imunidade (Global Witness, 2002, s. p.).

O Angolagate também permitiu que a sociedade tomasse conhecimento dos esforços dos governos de Miterrand e Chirac para desalojar Washington do primeiro lugar na exploração petrolífera em Angola. A negociação ocorreu em um momento em que o governo de Luanda se encontrava em situação crítica perante as forças de Savimbi, a Unita (União Nacional para Independência Total de Angola), e envolveu Jean-Christophe Miterrand, filho do presidente.

A ONG (Organização Não-Governamental) Global Witness realizou uma investigação que foi conhecida como "Todos os homens do presidente: a história devastadora das indústrias petrolíferas e bancárias na guerra privatizada de Angola", que deu origem a um livro. Esse relatório registra toda a trama que conecta a Exxon Mobil, Chevron Texaco, Totalfina Elf, Miterrand, Chirac, Dick Cheney e George W. Bush (Global Witness, 2002, s. p.).

Os interesses dos Estados Unidos na América do Sul, especificamente no Brasil, e no Atlântico Sul foram expressados em um artigo do diretor da *National Review*, Rich Lowry, publicado em 18 de julho de 2002. Nesse artigo, compartilha-se a opinião de Paul Michael Wihbey, investigador do IEEPA (Instituto de Estudios Estratégicos y Políticos Avanzados), centro ideológico com sedes em Jerusalém e Washington, segundo a qual os Estados Unidos

> devem deixar de depender do petróleo do Golfo Pérsico e em vez disso obter o controle estratégico dos grandes campos petroleiros do Atlântico Sul, tanto na África Ocidental como na plataforma continental do Brasil. (Lowry, 2002)

Acrescenta que a costa brasileira e a do ocidente africano são da mesma bacia geológica e de uma "Rede Energética Norte-Americana", que uniria os recursos dos Estados Unidos, do México (país petroleiro) e do Canadá (Lowry, 2002).

A revalorização de determinadas regiões da África a partir da produção petrolífera, como é o caso de Guiné Equatorial e de São Tomé e Príncipe, não só aumenta a hostilidade ao meio ambiente como também deveria causar preocupação, a partir do momento em que os Estados Unidos planejam "estabelecer uma base naval em São Tomé e Príncipe para resguardar os interesses norte-americanos na África Ocidental".[9] O opositor do governo de Guiné Equatorial, Severo Moto Nsa (2003), chegou a formular uma proposta para a instalação de um subcomando estável das Forças Armadas dos Estados Unidos que garantisse a segurança da exploração petroleira na região, sem que isso implicasse uma admiração pelas políticas de Washington.

Isso constituiria um novo "enclave" anglo-saxônico que se somaria a outros já existentes no Atlântico Sul, como a Ilha Ascensión e as Ilhas Malvinas, e a de Diego García, no Oceano Índico.

Água

Às riquezas próprias do Atlântico há que adicionar aquelas dos territórios, que, como "parênteses", o rodeiam. Tanto o litoral sul-americano como o africano, assim como suas terras interiores, caracterizam-se por sua grande riqueza em recursos naturais. Entre eles, deve-se destacar a água, um bem não renovável, escasso e mais apreciado que qualquer outra coisa pelos países centrais.

Nesse sentido, há algumas suspeitas de que o interesse por manter as vinculações de residentes na zona conhecida como Tríplice Fronteira (Argentina, Brasil e Paraguai) com grupos terroristas

[9] "US Looks to Strike Oil in West Africa", *The Mercury* (12 set. 2002). Disponível em: <www.iol.co.za>. Acesso em: 20 maio 2003.; "Petróleo en África", *La bitácora de Lunático*. Disponível em: <http://www.sombras.net/lunatico/archivos/2002/septiembre/14092002.htm>. Acesso em: 5 maio 2003; "Ásia e África são alternativas ao instável Oriente Médio", *Folha On-line* (22 set. 2002). Disponível em: <http//tools.folha.com.br/print.html?skin =emcimadahora&url=http%3A//www1.folha.uol.com.br>. Acesso em: 13 maio 2003.

islâmicos está na riqueza de água doce nesse espaço geográfico.[10] Esse tema atualmente também faz parte das discussões que têm ocorrido entre as ONGs da região. Em um encontro realizado em Buenos Aires, um membro de uma ONG do Paraguai manifestou que esse país tem hoje um sério motivo de preocupação pelos conflitos que podem se originar devido às aspirações externas pelo Aquífero Guarani, que está sob o território paraguaio e se estende para Argentina, Brasil e Uruguai. Sua descoberta fez com que o governo de Assunção sofresse fortes pressões dos Estados Unidos, que desejam instalar ali uma base militar. Consideram que o Paraguai se encontra em uma região estratégica com alto grau de possibilidade de conflito. Por sua vez, um membro de uma ONG do Uruguai, dando continuidade à exposição do representante do Paraguai, acrescentou que uma missão de engenheiros do Comando Sul realizou, durante a presidência de Lacalle, perfurações com o objetivo de obter poços para favorecer os produtores do Uruguai. Tempos depois, as autoridades uruguaias tomaram conhecimento de que aquilo que em princípio havia sido considerado uma atitude solidária por parte do Comando Sul, na verdade, foram buscas para explorar o referido aquífero. Além do Guarani existe outro aquífero mais ao Sul, tão importante quanto esse (Taller Subregional Cono Sur, 2003).

A esses aquíferos se somam as extensas regiões do Amazonas, da Patagônia e do interior do continente africano.

A COOPERAÇÃO TRANSATLÂNTICA

Embora sejam 24 os países ribeirinhos do Atlântico Sul – três sul-americanos e 21 africanos – são poucos os países com verdadeira capacidade para se projetar nesse espaço marítimo.

---

[10] Muhamad Mahmod Ismail, o presidente da associação Arábia–Brasil, enfatiza que "os ataques da mídia internacional contra a Tríplice Fronteira são parte de uma política americana para a região (...) Aqui existe uma das maiores reservas de água potável da América, a grande usina hidrelétrica de Itaipu, e o terceiro maior Mercado mundial [Mercosul]. Não é por acaso que a região tem sido constantemente atacada. Ninguém em Foz do Iguaçu parece ter conhecimento de algum professor de uma universidade árabe que tenha traduzido uma entrevista do Al-Qaeda (Escobar, 2002).

Esse grupo se reduz à Argentina e ao Brasil no continente americano e à África do Sul no continente africano. Não obstante, cabe incluir o Uruguai por sua forte inclinação atlântica e porque também participa dos exercícios militares realizados habitualmente no Atlântico Sul. O Uruguai outorga a esse espaço uma importância prioritária em sua política externa, levando em conta seus interesses estratégicos que giram em torno da plataforma continental, da livre circulação e da preservação dos recursos marinhos.

Brasil

Para o Brasil, assim como para a Argentina, o Atlântico constitui uma área de extrema importância devido à extensão representada por seu litoral. Entretanto, no caso do Brasil, o Atlântico Sul é sua "ponte" para a África, continente que sempre se encontra – em maior ou menor medida – no planejamento da política externa de todos os governos brasileiros. Mas, segundo Wolfgang Döpcke, a política externa do Itamaraty com relação à África na década de 1990 foi "uma política minimalista e eclética", constituída por "opções seletivas" e que produziu um distanciamento entre o Brasil e esse continente (Döpcke , 2003).

O presidente Luiz Inácio Lula da Silva outorgou prioridade à África e com esse objetivo seu Governo realizou na cidade de Fortaleza – ponto do Brasil mais próximo da África, considerando a existência de linha aérea direta – o Fórum *Brasil–África: política, cooperação e comércio*[11] entre os dias 9 e 10 de junho de 2003, como um passo antecedente à viagem que o presidente deveria realizar no mês de agosto e foi postergada devido às votações das reformas constitucionais.

O economista angolano José Gonçalves – que expôs no Fórum o tema sobre as relações econômicas e comerciais entre o Brasil e a África – afirmou que esse encontro foi fundamental para au-

[11] O Fórum foi realizado na sede do Centro de Treinamento do Banco do Nordeste, em Fortaleza, no Ceará, e organizado pelo Governo do Brasil, Ministério das Relações Exteriores, Grupo de Embaixadores Africanos em Brasília, IPRI (Instituto de Pesquisa de Relações Internacionais), FUNAG (Fundação Alexandre de Gusmão), do Ministério das Relações Exteriores, Governo do Estado do Ceará e Banco do Nordeste.

mentar o conhecimento mútuo, pois o desconhecimento é um dos responsáveis pelo fraco desempenho comercial.

Nessa ocasião, ocorreram debates que visavam a incrementar a cooperação cultural e econômica, assim como o comércio entre o Brasil e a África. Para o diretor-geral do Departamento África e Oriente Próximo do Ministério das Relações Exteriores do Brasil, Pedro Motta, os países africanos constituem um mercado potencial não explorado. Nesse sentido, paralelamente e na mesma sede, foi realizada a *II Reunião do Fórum Empresarial da CPLP* (Comunidade dos Países de Língua Portuguesa).

Finalmente, a visita de Luiz Inácio Lula da Silva a São Tomé e Príncipe, Angola, Moçambique, Namíbia e África do Sul foi realizada nos primeiros dias do mês de novembro, e integraram a comitiva presidencial mais de cem empresários, buscando promover negócios para brasileiros nos setores do petróleo, da construção civil, da saúde e da mineração.[12]

A política do atual governo brasileiro não procura apenas gerar oportunidades comerciais para o Brasil, mas também incrementar a relação política internacional, com vistas a fortalecer sua posição perante os países centrais nas negociações comerciais globais. Isso ficou demonstrado em uma conferência para a imprensa, em Pretória, na qual o presidente Lula expressou: "Nós desejamos desenvolver uma política estratégica com o resto da África, com a China, a Rússia, a Índia e o México".[13]

Entretanto, para Wolfgang Döpcke, a política do presidente "não representa uma significativa ruptura com o passado das opções seletivas, no que concerne ao continente africano como um todo" (Döpcke, 2003). De fato, a viagem pela África corresponde aos principais eixos estratégicos da dimensão Sul-Sul da inserção internacional planejada em Brasília (Döpcke , 2003).

O Atlântico Sul constitui um espaço político e econômico vital para o Brasil, mas também de preocupação, em função da

[12] "Lula viaja à África em busca de negócios para o Brasil", *Yahoo! Brasil Notícias* (28 out. 2003). Disponível em: <http://br.news.yahoo.com/031028/16/fnsq.html>. Acesso em: 11 dez. 2003.

[13] "Lula Renews Call for Fairer Trade", *BBC News UK Edition* (9 nov. 2003). Disponível em: <http://news.bbc.co.uk/1/hi/world/africa/3254123.stm>. Acesso em: 11 dez. 2003.

segurança regional e da ecologia, devido às denominadas "novas ameaças": terrorismo, narcotráfico, contaminação ambiental etc.

Na oportunidade da visita do presidente do Brasil a São Tomé e Príncipe, procedeu-se a abertura da representação diplomática brasileira, que não seria alheia à crescente presença dos Estados Unidos nesse país insular africano: tanto o Brasil como os Estados Unidos estão interessados em seus campos petrolíferos.

No âmbito da preservação do meio ambiente, a cooperação entre a Argentina e o Brasil no Atlântico Sul também se reflete na fracassada proposta de criação de um santuário de baleias, que foi apresentada pela terceira vez perante a reunião da CIB (Comissão Internacional da Baleia) de Berlim (de 16 a 18 de junho de 2003), depois de não ter conseguido obter os votos necessários nas reuniões realizadas no Reino Unido em 2001 e no Japão em 2002. O Brasil liderou a proposta de criar um terceiro santuário de conservação da espécie, ao qual se somariam aqueles existentes no Oceano Índico e no setor Antártico, criados em 1979 e 1994.

Também no que diz respeito à preservação da fauna marinha, causa preocupação a pesca sem controle de lula illex e de merluza negra, realizada no Atlântico Sul.[14]

África do Sul

A África do Sul, país que se projeta também sobre o Oceano Índico, apresenta os mesmos interesses e preocupações que os países ribeirinhos do continente sul-americano com os quais compartilha a ZPCAS (Zona de Paz e Cooperação do Atlântico Sul). Para a África do Sul, o Atlântico Sul também funciona como "ponte" em sua vinculação com a América do Sul e especialmente com o Mercosul, bloco com o qual firmou um acordo.

Em 1998, o então presidente da África do Sul, Nelson Mandela, reuniu-se com seus pares do Mercosul na cidade de Ushuaia,

[14] A esse respeito, veja o relatório realizado pelos conselheiros José E. Cortines, José A. Fraga, Néstor A. Domínguez, Luis Sanz e Alfredo de las Carreras, por ocasião do Centro de Estudios Estratégicos de la Armada Argentina, em abril de 2002.

Terra do Fogo. Esse foi o início de uma interessante aproximação entre o Mercosul e a África do Sul, que culminou com a assinatura de um Acordo-Quadro para a criação de uma área de livre-comércio (15 de dezembro de 2000) entre as duas partes. Em 2002, foi realizado um intercâmbio de listas de produtos de interesse e, nesse ano, uma missão com empresários do Mercosul visitou a África do Sul.

Essas conversas se encaminham para consolidar a relação Mercosul-SADC (Comunidade de Desenvolvimento da África Austral) e para obter maior coordenação nas negociações realizadas no âmbito da OMC (Organização Mundial do Comércio). Tanto a África do Sul quanto o Mercosul se esforçam para incrementar suas relações comerciais. Em 23 de junho de 2002, viajou para a África do Sul a Primeira Missão Comercial Conjunta do Mercosul, integrada por empresários argentinos, brasileiros, paraguaios e uruguaios que representavam mais de noventa empresas do bloco e que foi presidida pelo secretário de Comércio e Relações Econômicas da Chancelaria Argentina, o embaixador Martín Redrado.[15]

Desde que o *apartheid* foi abolido da política sul-africana, ela se caracterizou por uma ativa participação em busca de uma reestruturação do sistema econômico internacional, assim como de suas relações com as Nações Unidas, na qual se defende uma cadeira permanente para os países do Sul no Conselho de Segurança (Makgetlaneng, 2001).

Nessa linha, destaca-se a participação da África do Sul na conferência ministerial da OMC realizada em Cancun em setembro de 2003. Diante da posição rígida dos países desenvolvidos, formou-se o denominado Grupo dos 21, integrado por alguns dos países subdesenvolvidos com maior influência dentro da OMC. O grupo foi constituído pela Índia, China e países de maior gravitação econômica do Atlântico Sul: Argentina, Brasil, Nigéria e África do Sul.

[15] "Empresas del Mercosur visitan Sudáfrica", *Ministerio de Relaciones Exteriores de Uruguay* (24 jun. 2002). Disponível em: <http://www.mrree.gub.uy/mrree/prensa/Comunicados/mercsudafrica.htm>. Acesso em: 15 maio 2003.

A ZPCAS

Um dos acordos multilaterais que seriam propícios para a geração de políticas comuns nesse espaço oceânico foi aquele assinado entre os países ribeirinhos americanos e africanos que criou a ZPCAS.[16]

A ZPCAS[17] foi impulsionada pelo Brasil em 1986 e respaldada pela Argentina, que passou exercer mais que uma presidência *pro tempore*; exerce uma presidência eterna, pois a assumiu ela própria, em 1998, na *V Reunião* de Buenos Aires[18] e deveria tê-la passado para Benin na reunião que seria realizada no ano 2000. Com vistas à *VI Reunião Ministerial dos Estados-Membros da Zona*, que finalmente iria ser realizada em Benin em janeiro de 2003, a Argentina esboçou uma série de propostas tendentes ao fortalecimento da Zona, mas lamentavelmente não contou com o respaldo de vários dos países-membros.

A ZPCAS pareceria hoje não estar despertando interesse em boa parte de seus integrantes, provavelmente porque a onda neoliberal dos anos 1990 enfatizou mais os temas econômicos que os políticos, favorecendo, por sua vez, a relação Mercosul-SADC.

Mas essa relação de maneira alguma pode substituir a ZPCAS por duas razões: não há uma coincidência exata entre os membros dos dois âmbitos e porque a Zona conforma uma entidade política.

A ZPCAS envolve inúmeras boas intenções que levam a considerar o Atlântico Sul uma área de paz, de cooperação, de desenvolvimento econômico-social e de proteção do meio ambiente, ao mesmo tempo em que procura sua desmilitarização e o afastamento da presença de armas nucleares.

Para produzir um avanço substancial, a ZPCAS deveria ser abstraída do âmbito diplomático e da ONU (Organização das

---

[16] Criada em 1986 durante o 41° período de sessões da Assembleia Geral das Nações Unidas pela Resolução n. 41/11. A resolução foi aprovada pelo voto favorável de 124 países. O único voto contra foi o dos Estados Unidos, enquanto Alemanha, Bélgica, França, Holanda, Itália, Japão, Luxemburgo e Portugal se abstiveram.

[17] Para ampliar a informação, ver Coronel (2001).

[18] A *V Reunião dos Estados-Membros da Zona* aconteceu em Buenos Aires nos dias 21 e 22 de outubro de 1998.

Nações Unidas) e convertida em uma secretaria autônoma, a fim de evitar os vaivéns políticos nacionais e globais. Do mesmo modo, transformar suas declarações em resoluções que possam ser submetidas à aprovação parlamentar nos respectivos países-membros. Os governos não são favoráveis a uma institucionalização da ZPCAS por razões econômicas, mas esse custo pode ser muito positivo para incrementar a cooperação e unificar políticas em defesa de interesses comuns.

SEGURANÇA E DEFESA

Falar do Atlântico Sul também supõe considerar alguns temas que dizem respeito ao campo da segurança e da defesa do hemisfério.

A formação de uma aliança militar no Atlântico Sul ou na região é um tema recorrente. No ano 2000, o presidente da Venezuela, Hugo Chávez Frias, propôs a criação de uma Organização do Atlântico Sul com a intenção de favorecer a multipolaridade. Segundo Chávez, a integração dos países sul-americanos deve ser total e não pode deixar de lado a integração militar.[19] Sua proposta teria por base as manobras conjuntas realizadas formalmente pela Venezuela e pelo Brasil no Atlântico e no Amazonas e deveria incluir também países africanos.

O então ministro da Casa Civil do Governo do Brasil, José Dirceu, expressou-se no mesmo sentido ao convocar os governos da América do Sul para a "integração militar" da região (Gosman, 2003). Dirceu, por ocasião do *IV Fórum Iberoamericano* e perante reconhecidas personalidades – entre as quais o escritor mexicano Carlos Fuentes, o ex-presidente do Uruguai Julio María Sanguinetti, o empresário mexicano Carlos Slim, o ex-chefe do Governo espanhol Felipe González e o presidente do Banco Santander, Gabriel Jaramillo –, declarou que "se os sul-americanos não ajudarem a Colômbia, este país será 'ocupado pelos Estados Unidos' e, uma vez que isso ocorra, 'não sairão mais de lá'" (Gosman, 2003). O Brasil sempre abriga o temor de que a Amazônia seja

[19] "Chávez propuso alianza militar en Atlántico Sur", *Diario del Pueblo* (1 set. 2000). Disponível em: <http://fpspa.peopledaily.com.cn/200009/01/2p20000901_42816.html>. Acesso em 10 ago. 2003.

ocupada por forças estrangeiras, daí o fato de a presença de forças militares norte-americanas ter levado Dirceu a expressar que isso "significa que estarão ocupando a Amazônia" (Gosman, 2003).

Mas, a bem da verdade, os Estados Unidos já instalaram bases militares em diferentes pontos da América do Sul, com a intenção de "resistir ao avanço do narcotráfico e de enfrentar o terrorismo internacional". Diversas páginas da internet de tendência nacionalista ou de esquerda criticam essa presença, que faz parte da política de avanço de Washington na região e que se sustenta sobre dois pilares: o militar e o econômico. Este último se realiza por meio do Nafta (Acordo de Livre-Comércio da América do Norte), da Alca (Acordo de Livre-Comércio das Américas), do Tratado de Livre-Comércio assinado com o Chile e o Plan Puebla–Panamá. Quanto às bases militares, destacam-se aquelas instaladas durante o Plano Colômbia (Tres Esquinas, Larandia e Puerto Leguizamo), a de Manta, no Equador – a poucos quilômetros da fronteira com a Colômbia – e as de Santa Lucía, Iquitos e Nanay, na zona amazônica do Peru. Também criticam "um destacamento permanente nas ilhas do delta do Rio Paraná, nas proximidades da cidade de Zárate", na Argentina, às quais se somariam uma divisão da DEA (US Drug Enforcement Administration) na província de Salta e uma futura base na província da Terra do Fogo – mais precisamente na localidade de Tolhuin, próximo do Estreito de Magalhães, que une o Atlântico com o Pacífico. Esta última teria sido habilitada mediante o Decreto Provincial n. 1.369, como base do "Sistema Internacional de Vigilância para a Prevenção e Proibição de Testes e Explosões Nucleares".[20]

[20] Entre as numerosas páginas da internet com informações sobre o tema, podem ser citadas: Rina Bertaccini, Robinson Salazar, "Echelon – bases militares norteamericanas – escudo antimisiles – informaciones relacionadas", "En nombre de la lucha contra el narcotráfico, EEUU instalara base en el Amazonas Peruano", "Movimiento cívico militar Cóndor Nacional" e "Preparan base de lucha antidrogas en Perú". Em versões impressas podem ser encontradas informações em: "Fuertes presiones sobre el gobierno Kirchner. Maniobras conjuntas en Argentina", "El largo brazo del Imperio" e "La silenciosa invasión del Southcom". Consulte as referências.

A proposta do presidente Chávez não fez mais que recriar um antigo projeto dos anos 1970 dos governos militares da região. Em 1969, em uma visita à Argentina, o então chanceler sul-africano Hilgar Muller considerou a criação de uma aliança no Atlântico Sul, que já havia sido cogitada pelo primeiro ministro da África do Sul, John Vorster (Lechini, 1995, p.20-1).

Embora uma das motivações pudesse ser o abandono da Grã-Bretanha da base de Simmnostown, no Atlântico Sul oriental, os objetivos claros dessa proposta eram custodiar a rota do Cabo e conter a "intromissão ideológica" no Atlântico Sul durante a Guerra Fria. Tanto a Argentina quanto a África do Sul assumiam o papel de policiais dos interesses ocidentais nessa região, em que na década de 1970 começava a se fazer presente a marinha soviética, particularmente a partir de seus laços com aqueles – na época – novos governos africanos de orientação marxista, como o de Angola.

Isso impulsionou a proposta de criação de uma Otas (Organização do Tratado do Atlântico Sul), que adquiriu força a partir de 1976 com o Governo Militar na Argentina. Em abril desse ano, foi realizada uma reunião em Buenos Aires com a presença de altos comandos dos exércitos dos Estados Unidos, Brasil e Argentina, que contemplavam a criação de um tratado que abrangeria Argentina, Brasil, Uruguai e África do Sul, e aos quais poderia, provavelmente, somar-se o Chile (Lechini, 1995, p.26).

Nesse momento, o Governo do Brasil se negou a participar da Otas, proposta que finalmente naufragou quando irrompeu o conflito do Atlântico Sul entre a Argentina e a Grã-Bretanha e com o retorno da democracia ao Cone Sul americano.

As questões inerentes à defesa e à segurança despertam certa sensibilidade nos atuais governos, além da iniciativa do presidente da Venezuela e do ex-ministro da Casa Civil do Brasil José Dirceu.

Não obstante, isso não implica falar de um estudo de factibilidade para a criação de uma força aeronaval regional, mas de continuar cooperando durante os planos de execução do Atlas Sul, realizados pelos exércitos da Argentina, Brasil, África do Sul e Uruguai, e analisar a otimização dos recursos dos países ribeirinhos a partir da criação de medidas de confiança mútua ou de uma produção industrial de forma conjunta no campo militar.

Por sua vez, isso favoreceria a transferência de conhecimentos de maneira horizontal e permitiria a cooperação em matéria aeroespacial e de satélites.

O campo da segurança e da defesa não é um tema menor, levando-se em conta a reunião dos ministros de Defesa realizada em Santiago do Chile, em 2002, com a presença do secretário de Defesa dos Estados Unidos, Donald Rumsfeld, e da conferência sobre segurança hemisférica realizada no México no fim de outubro de 2003, com a intenção de substituir o Tiar (Tratado Interamericano de Assistência Recíproca), de 1947.

Por um lado, uma agenda sobre segurança hemisférica de modo algum poderia desconhecer os temas de interesse dos países ribeirinhos do Atlântico Sul e, por outro, seu tratamento deverá ser analisado exaustivamente pelas respectivas chancelarias dos países da região, mais que pelos ministérios da Defesa.

REFLEXÕES FINAIS

Às razões que, durante as décadas de 1970 e 1980, levaram os países centrais a outorgar uma relevância especial a seus interesses vitais, em função de o Atlântico Sul constituir uma via crucial de abastecimento, hoje se acrescentam as próprias riquezas em hidrocarburetos que conduziram à exploração *off shore* na costa africana e sul-americana, as riquezas minerais e aquelas outras que se encontram no *hinterland* dos países ribeirinhos e nos países que compõem o Cone Sul americano e o Cone Sul africano.

Ou seja, o deslocamento militar hoje não obedece apenas a uma natureza estratégica que tende a controlar um setor do Atlântico Sul durante uma luta como a que aconteceu à época da Guerra Fria, mas o próprio Atlântico Sul e os territórios que o circundam se converteram em um espaço em que se encontram riquezas estratégicas que devem estar à mão, quer por situações de conflitos, quer como reservas perante o surgimento de uma dificuldade diante do esgotamento de outras fontes provedoras em outras regiões. Como têm expressado funcionários de Washington, essa é uma zona vital para seus interesses.

De tal modo que, além da conclusão a que Bartolomé chegou acerca do conflito do Atlântico Sul, pode-se considerar que esse foi o primeiro passo de uma *política atlantista* que adquire maior clareza com a expansão da Otan a partir da guerra na ex-Iugoslávia, na ocupação do Afeganistão – deslocando do poder os outrora aliados de Washington, os talibãs – e com sua participação na guerra contra o Iraque, desalojando do governo outro antigo aliado do Ocidente, Saddam Hussein.

Com respeito ao litígio entre o Reino Unido e a Argentina, pode-se afirmar que os investimentos realizados nas ilhas reclamadas pela Argentina, o atual nível de receita que seus habitantes obtiveram a partir da década de 1990 graças às licenças pesqueiras, o fortalecimento desenvolvido em torno da identidade[21] dos habitantes destas ilhas e também dos outros territórios ultramarinos britânicos (Malvinas, Santa Helena, Tristán da Cunha, Ascensión) –aglutinado também por meio de sites na internet[22] – e a conexão com o continente através do Chile[23] conspiram contra a reclamação de soberania por parte de Buenos Aires.

Nesse sentido, as mensagens britânicas são claras. O ministro da Chancelaria britânica, Denis MacShane, diz que é nosso compromisso com a soberania das Ilhas Falkland (Malvinas) que permite que esse diálogo aconteça. Os nativos das Ilhas Falkland estão entusiasmados em desenvolver relações com seus vizinhos, porque sabem que as Ilhas Falkland serão britânicas por todo o tempo que eles assim o desejarem".[24]

---

[21] A identidade nesses territórios também está fortalecida com a presença do bispo da Igreja Anglicana do Chile, bispo Tito, e sua esposa, Myriam, que chegaram às Ilhas Malvinas em 6 de dezembro de 2003. Ambos foram hóspedes do governador. Essa constitui a segunda viagem do bispo. *Sartma.com* (8 dez. 2003). Disponível em: <http://www.sartma.com/artc_564_FI_4.html>. Acesso em: 8 dez. 2003.

[22] "The News that Matters from the British Territories in the South Atlantic Ocean". Disponível em: <www.sartma.com>.

[23] Recentemente, o governo argentino negou o pedido da Lan Chile para aumentar seus voos para as ilhas. O governo argentino deseja que novos voos sejam realizados partindo do território argentino.

[24] Discurso pronunciado pelo ministro da Chancelaria Britânica, Denis MacShane, durante a reunião do Conselho do Atlântico Sul, em Londres, em 22 de maio de 2002. "O Reino Unido, a Argentina e o Atlântico Sul", *Embajada Británica en Caracas.* Disponível em: <http://www.britain.org.ve/news45.htm>. Acesso em: 18 dez. 2003. Cabe acrescentar que o ministro MacShane provocou um mal-estar no Governo espanhol ao manifestar que as possibilidades de um acordo com a Espanha sobre Gibraltar que venha a ser aceito por seus habitantes

Em torno dessa controvérsia, dois fatos são preocupantes. Por um lado, a recente confirmação do governo de Londres de que, durante o conflito do Atlântico Sul, suas naves da Task Force transportaram armas nucleares, o que produziu um esfriamento das relações com o Governo argentino. Por outro, o também recente caso de espionagem de militares chilenos no consulado argentino em Punta Arenas, que parecia se motivar mais em questões internas.

Não obstante, nos dois casos se avançou muito, renovando as relações diplomáticas com o Reino Unido no início dos anos 1990, gerando medidas de confiança mútua com essa nação e com o Chile, o que permitiria afastar qualquer suspeita de que o nível de interação alcançado entre os governos possa ser prejudicado por conflitos como os que ocorreram no passado.

Mas existe um tema preocupante para os países do Atlântico Sul. O domínio global pelos recursos energéticos, os minerais estratégicos e a água requer o controle do espaço marítimo do Atlântico Sul, tanto oriental como ocidental. Já foi dito que os Estados Unidos estariam instalando uma base em São Tomé e Príncipe para proteger suas explorações petroleiras, acrescentando um novo "enclave" anglo-saxônico que se somaria às Ilhas Ascensión, Santa Elena, Tristán da Cunha e às Ilhas Malvinas.

Atualmente, não existem ameaças regionais nem globais que motivem essa decisão, mas é difícil que essa base possa ter unicamente um uso defensivo.

Desse modo, o Atlântico Sul pode se converter em uma zona de conflitos a partir dessa luta de interesses pelos recursos energéticos que está sendo realizada por meio das corporações das principais potências e com o aval de seus respectivos governos.

Os países do litoral atlântico deveriam avançar em seus esforços para incrementar a cooperação e deveriam também analisar seriamente uma agenda comum de ameaças, evitando incorporar elementos que favoreçam uma intervenção externa.

---

são "simplesmente zero", e ao assegurar "que o Peñón está 'historicamente relacionado' com a Grã-Bretanha, como Ceuta e Melilla o estão com a Espanha". "Outros países qualificam de 'inoportunas' as declarações britânicas sobre a situação de Gibraltar". *El Mundo* (9 jun. 2003). Disponível em: <http://www.elmundo.es/elmundo/2003/06/08/espana/1055100851.html>. Acesso em: 18 dez. 2003.

Uma agenda de segurança regional deve considerar quais são as reais ameaças para nossos países e se a agenda internacional pode ser incorporada a nossa agenda de segurança sem uma leitura cuidadosa de suas implicações para ver se ela se adapta a nossos interesses e ameaças. Quando se fala de segurança, devem ser respondidas duas perguntas-chaves: segurança para quê? Segurança para quem?

Uma agenda sobre segurança regional não pode de modo algum desconhecer os temas de interesse dos países ribeirinhos do Atlântico Sul e deve levar em conta o que se denomina "áreas sem lei" ou "Estados falidos", para evitar intromissões de potências estrangeiras e o tema da extração sem controle dos nossos recursos.

O contexto internacional, a aproximação política que está se produzindo entre os governos da América do Sul, com destaque para a que estão realizando os presidentes Da Silva, Lagos e Kirchner, as declarações do Grupo do Rio reunido no Peru criam um clima propício para as relações Sul-Sul, não já com intenções de enfrentar as potências centrais, mas para favorecer o multilateralismo e para criar caminhos próprios para o desenvolvimento.

Os países do Hemisfério Sul sabem que suas ameaças não provêm do campo militar. A segurança regional passa pelo fortalecimento da educação, da saúde e pela geração do tão proclamado "desenvolvimento sustentável". Nossa mais grave ameaça vem da pobreza e de todas as calamidades que a acompanham e castigam nossas populações. A política de Estado orientada para a segurança deve passar pelo combate à pobreza e pela procura de medidas reais de desenvolvimento coerentes com nossa realidade.

Diante das difíceis perspectivas que se percebem em torno dos recursos naturais, os países sul-americanos e africanos devem prestar uma atenção especial a essa questão e procurar mecanismos que impeçam a desestabilização de nossa região.

As Ciências Sociais africanas na contramão do afropessimismo*

Irene Vida Gala

O pessimismo africano foi definido como "um estado mental que simplesmente projeta tendências passadas sobre o futuro e não vê nada mais além de escuridão para a África" (Bujra, 1994, p.160). Ele está associado, portanto, a uma referência mental do passado, ou, mais propriamente, ao imaginário de uma época em que o continente africano era *grosso modo* representado como a terra da barbárie, da selvageria, do primitivismo, do paganismo e da oralidade.

Como pano de fundo para o *afropessimismo*, essas imagens seguem projetadas sobre o futuro e compõem o ambiente em que se produzem, no presente, as relações da África com o mundo. Para V. Y. Mudimbe, filósofo e autor de um livro de referência sobre o continente, intitulado *The Invention of Africa* [A invenção da África], essas imagens são, ainda, as representações responsáveis pela formação da visão do Ocidente a propósito da África (Bisanswa, 2000, s. p.).

* Este texto é parte do livro que a autora publicará brevemente com sua dissertação de mestrado em Relações Internacionais, apresentada em julho de 2002 à Universidade de Brasília.

É nesse contexto, em que predomina a percepção da África como o *continente sem esperanças*, que se apresenta este breve estudo sobre a contribuição de autores africanos, sobretudo ao longo dos anos 1990, para a *desconstrução do afropessimismo*, bem como para a proposição de um conjunto de informações e explicações que o possam substituir e a ele se contrapor. Essa contribuição é parte do acervo africano de Ciências Sociais, ou, mais propriamente, da bibliografia africana no domínio das Ciências Sociais.

Partindo de referências sobre a produção do conhecimento no continente africano, em particular na área das Ciências Sociais, autores africanos e não africanos discutem a possibilidade de haver um conhecimento especificamente africano e apresentam um debate entre os valores universais e os valores particulares – uma das questões epistemológicas mais atuais dessa disciplina, também entre os acadêmicos africanos. Subjacente a esse debate, está sempre presente a referência mais ou menos implícita à ótica do observador, nesse caso, o pesquisador africano ou o pesquisador não africano, ou à clivagem geográfica na produção do conhecimento.

AS CIÊNCIAS SOCIAIS AFRICANAS E A GLOBALIZAÇÃO

Em dezembro de 1998, a Wits (Universidade de Witwatersrand), na África do Sul, acolheu um simpósio internacional intitulado "Globalização e Ciências Sociais na África", em que um dos temas recorrentes dizia respeito "ao desejo [dos acadêmicos presentes, em sua maioria africanos] de relançar uma visão e um sonho africanos" (Nieftagodien, 1999, p.57) e, consequentemente, ao receio da marginalização intelectual da África em um mundo globalizado.[1] De acordo com um dos comentaristas do evento:

[1] Por ocasião da 9ª Assembleia-Geral do Codesria, realizada em Dacar, Senegal, também em 1998, no mês de dezembro, Jean Marc Ela (1998, p.3) afirmou que os estudos africanos estariam desprestigiados em todo o mundo, o que tornaria imperativo reinscrever o debate sobre a África no mundo científico internacional.

tal sentimento entre os presentes teria sido o responsável pela ênfase então atribuída às discussões sobre a produção do conhecimento sobre a África, que estaria ameaçada pelas forças da globalização que trazem consigo imagens universais (...) as quais ameaçam subverter o esforço de uma produção local e autônoma do conhecimento (Nieftagodien, 1999, p.57).

Os participantes do simpósio da Wits também se perguntaram se haveria um *conhecimento africano* e, em caso afirmativo, o que seria. Admitiram, majoritariamente, ser impróprio falar em um conhecimento especificamente africano, mesmo porque

> o conhecimento africano deve sua formulação a uma variedade de tradições intelectuais com origens endógenas e exógenas. (...) A produção do conhecimento africano é um exercício que não pode ser definido geograficamente e que qualquer tentativa de encapsulá-lo seria não apenas fútil, mas também perniciosa (Nieftagodien, 1999, p.58).

Outros consensos apontaram para a conveniência de associações e parcerias com outras comunidades epistêmicas originárias de diferentes regiões do mundo,[2] inclusive no Ocidente[3] e não apenas nas ex-colônias, que estejam igualmente empenhadas em buscar um conhecimento local acerca dos resultados da globalização. Reconheceram, por fim, que a globalização teve como um de seus efeitos, no campo das Ciências Sociais, a superação das fronteiras que tradicionalmente dividem as disciplinas acadêmicas.

Nesse sentido, os participantes do simpósio puderam concluir que a globalização oferece, de fato, as condições para a necessá-

---

[2] Ole Weaver (1998, s. p.) fala das diferentes comunidades de Relações Internacionais que podem ser diferenciadas tanto por sua origem, ou seja, pelo local de nascimento de seus membros, quanto pelo local de residência. Iris Berger (1997, p.5) entende as comunidades epistêmicas aqui referidas como "grupos de estudo reunidos em torno de temas específicos que, para o tratamento de questões específicas, acabam por aproximar o conhecimento de base regional e o conhecimento das distintas disciplinas". As comunidades epistêmicas são, portanto, aquelas que reúnem acadêmicos em função de sua origem ou local de nascimento.

[3] Entre os autores africanos, como feito aqui, é comum a utilização do termo "Ocidente" para indicar o que não é africano.

ria abordagem dialógica entre autores africanos e seus parceiros internacionais, na medida em que propicia e estimula o diálogo.

Essas ponderações iniciais registram algumas opiniões acerca da territorialização da produção do conhecimento sobre a África, ou seja, sobre a tese de que "apenas os autóctones que vivem fisicamente na África podem produzir um discurso científico legítimo sobre as realidades do Continente" (Mbembe, 1999c, p.3). Em primeiro lugar, elas negam argumentos que buscam legitimar o conhecimento dos autores africanos com base exclusivamente em sua origem e local de residência; em seguida, recomendam o diálogo com outros grupos de acadêmicos, de outras nacionalidades, como forma de superação do isolamento a que a tese da territorialização conduziria.

A despeito de conclusivas, posto serem a síntese de um encontro internacional recente com alguns dos principais nomes das Ciências Sociais africanas, as referências ao simpósio da Wits demonstram a existência de um debate, de conteúdo tanto ontológico quanto epistemológico, acerca dos estudos sobre a África.

Em suas linhas gerais, esse debate traz não apenas contribuições de autores africanos a distintas disciplinas do domínio das Ciências Sociais, mas também agrega as reflexões desses próprios autores sobre a evolução de cada disciplina, bem como sobre as perspectivas de seu desenvolvimento no contexto africano. Ao contrapor o universal e o particular, tal debate pode ser considerado a própria seiva da literatura africana de Ciências Sociais. Ele permite, ademais, uma reflexão sobre a possibilidade de identificar ou não – e de que forma – uma perspectiva africana na produção do conhecimento científico na área de humanidades, em especial nos temas mais diretamente afetos à África e seus habitantes; o que é tanto mais importante na medida em que essa reflexão sobre a perspectiva pode estar diretamente vinculada à finalidade desse conhecimento.

O UNIVERSAL *VERSUS* O PARTICULAR NA LITERATURA AFRICANA DE CIÊNCIAS SOCIAIS

O debate acerca dos aspectos ontológicos e epistemológicos do conhecimento sobre a África se reporta à discussão sobre a possibilidade de haver conhecimento e ciência com validade universal. Ele se refere, em uma de suas vertentes, às fronteiras espaciais do conhecimento.[4] Os críticos dessas fronteiras chamam atenção para a existência de um mundo em que os fluxos de pessoas, capitais, tecnologia, cultura e ideias fazem das divisões político-administrativas nacionais um conceito vazio de significado, e das fronteiras geográficas do conhecimento um limite que perde sua atualidade e justificação. Defendem, dessa forma, conhecimentos universais sobre temas globais.

As teorias universalistas, ou seus adeptos entre os autores africanos, buscam escapar aos particularismos de uma análise atomista da África e de seus fenômenos e optam por promover a universalização do fenômeno político africano. Um exemplo de teoria universalista é a Teoria Democrática, segundo a qual haveria, por exemplo, uma relação direta entre a falta de responsabilização política[5] e o fracasso econômico do continente, ou, ainda, uma demanda por democracia na África que é igual à do restante do mundo. Para a Teoria Democrática, a tentativa de identificação ou a procura de uma perspectiva africana é, por si só, resquício de uma perspectiva paternalista da ciência e da colonização europeias, que viam a África como "o coração do continente negro, um continente insensível à racionalidade, aquele para ser temido ou colonizado, mas não para ser compreendido" (Chabal, 1992, p.28-9).

Em oposição à tendência universalista dominante, outros autores africanos ressaltam a necessidade de buscar um conhecimento de base local, capaz de aportar explicações sobre fenômenos particulares, circunscritos geograficamente, sem o qual as teorias universais acabam por distanciar-se dos contextos locais e regionais, terminando por incompatibilizar-se, em termos de capacidade explicativa, com esses cenários. Para esses autores, as perspectivas universalistas das correntes globalistas só podem ser refutadas ou submetidas à verificação pelo exame do particular, e somente as análises empíricas sobre fenômenos específicos podem dar conta das diferenças e da fragmentação ou, em outras palavras,

[4] Weaver (1998, s. p.), em seu texto clássico *The Sociology of a Not So International Discipline*, fala do conhecimento com base geográfica, e a delimitação dessa base geográfica do conhecimento corresponde, aqui, à ideia da fronteira geográfica do conhecimento.

[5] Responsabilização política aparece aqui como a tradução mais próxima para o termo, em inglês, *political accountability*.

das tendências centrífugas observáveis no mundo contemporâneo, tais como os nacionalismos ou, ainda, os conflitos étnicos, comumente associados ao continente africano (Chege, 1997, p.136).

Os defensores de um olhar particular, específico e orientado para a África afirmam, portanto, a conveniência de um conhecimento contextualizado e interdisciplinar, ao qual se agregam, de forma complementar, os conhecimentos universais. Ademais, a mesma corrente refere o risco de se privilegiarem os estudos globais, em detrimento dos estudos locais e, em particular, aqueles de acadêmicos africanos, o que acabaria por determinar, por um lado, a marginalização do conhecimento acadêmico africano, cada vez mais sofisticado e amplo sobre os temas continentais, e, por outro, a reafirmação da pretensa superioridade da produção intelectual do Ocidente (Chege, 1997, p.136).

Na segunda de suas vertentes, o debate sobre a territorialização do conhecimento está associado àquilo que Mbembe chama de *nativismo*, ou a uma abordagem segundo a qual, "a pretexto de querer proteger a especificidade cultural [da África], não se pensa em uma África que não seja a África negra, nem em um africano que não seja negro" (Mbembe, 1999c, p.3). Essa abordagem põe ênfase sobre o que há de tradicional e de específico nas sociedades africanas e seus fenômenos. No contexto da globalização,[6]

[6] Tade Akin Aina (1997) explica que "o termo *globalização* se refere a qualquer coisa complexa, difícil de gerir e agora vista como algo que se expandiu muito; (...) descreve, entre outras, as mudanças surgidas nas relações entre Estados, instituições, grupos e indivíduos, a universalização de certas práticas, identidades e estruturas, e mesmo de forma mais significativa, a expressão da reestruturação mundial que teve lugar nas últimas décadas na estrutura das relações capitalistas modernas" (p.8). O autor apresenta, também, várias definições que enfocam os múltiplos sentidos da globalização. No entanto, observa que "uma análise de muitas dessas definições mostra a amplitude do mutismo relativo à importância de noções tais como coerção, conflito, polarização, dominação, iniquidade, exploração e injustiça. Muitas das definições comumente utilizadas não inserem essas noções (...) ao contrário, temos as noções suaves de interdependência, de fluxos mundiais, de trocas etc., (...) mas não há nada, praticamente nada, sobre o tema dos monopólios, das rupturas e deslocações de mercados de mão de obra e outros, do surgimento de um caos mundial em matéria de regulamentação (...) Não há nada, tampouco, sobre as dores do ajustamento nas nações menos industrializadas, sobre a expansão da pobreza, a exclusão social e a alienação de um número crescente de indivíduos" (p.12-3).

em que se observa a tendência mundial à universalização de costumes e práticas, o nativismo reinstala, porém, a polêmica sobre as diferenças de natureza antropológica e social no ambiente africano e autoriza os cientistas sociais do continente a se indagarem sobre a pertinência de paradigmas universais que assumam a banalização das sociedades africanas e as tomem como uma, indistinta, entre tantas outras sociedades. Tal polêmica remete aos primeiros estudos de Antropologia sobre a África, anteriores mesmo ao Congresso de Berlim de 1884, que tinham, como traço característico, a pesquisa sobre *o outro, o diferente, o exótico, o nativo*, ou seja, a busca da diferença e sua caracterização em terras estrangeiras (Bisanswa, 2000, s. p.).

As pesquisas mais remotas sobre a África se fundavam, assim, sobre o postulado da diferença (Ela, 1998, p.11). Já as pesquisas mais recentes de Ciências Sociais se deparam com a possibilidade de romper com esse elemento tradicional, promovendo a banalização da África; mas elas podem, igualmente, lançar-se, contrário senso, ao desafio de identificar e indicar as diferenças e especificidades das sociedades africanas e dos fenômenos nela verificados.

Tem-se até aqui, como no simpósio da Wits, a referência às duas facetas do debate sobre a possibilidade de produção de um conhecimento especificamente africano: a dos estudos globais *versus* os estudos locais, ou seja, o universal *versus* o particular, e a da perspectiva do conhecimento que conferiria a quem olha de dentro, ou a partir de uma posição interna privilegiada, mais informação e sensibilidade para subsidiar e formatar seus estudos sobre a África. Parecem ser ambas fundamentais na medida em que suscitam a curiosidade científica e determinam o objeto das pesquisas.

PERSPECTIVA E CRÍTICA AO OCIDENTE: O PLURALISMO EPISTEMOLÓGICO

A discussão sobre a perspectiva do conhecimento no domínio das Ciências Sociais é de natureza mais propriamente epistemológica, pois situa o agente do conhecimento, no caso o acadêmico africano, como elemento distintivo do processo de produção intelectual, tanto no que diz respeito a suas opções pelo objeto de análise e pelos modelos teóricos, quanto à possibilidade de esse mesmo agente atribuir-se condições privilegiadas, talvez mais legitimidade, para melhor conhecer e interpretar tal objeto. A discussão sobre a apropriação pelos próprios africanos do conhecimento acerca dos fenômenos vivenciados por sociedades africanas dá margem, por sua vez, ao debate sobre a finalidade do conhecimento, sobretudo em um continente em que os generalizados avanços científicos e tecnológicos da humanidade ainda são pouco perceptíveis na vida da maior parte de seus habitantes.

Vários autores, africanistas e africanos,[7] já discutiram e seguem discutindo as possíveis diferenças entre as duas comunidades epistêmicas em função das respectivas origens geográficas, que poderiam, ou não, oferecer-lhes distintas perspectivas de análise ou para a produção do conhecimento. Iris Berger, por exemplo, é uma das autoras que rejeitam o pressuposto da perspectiva diferenciada ou da especificidade da perspectiva africana, lembrando que "complexas identidades individuais ou coletivas, baseadas em gênero, nacionalidade, língua, ideologia e orientação acadêmica vão contra qualquer simples perspectiva especificamente africana nos estudos africanos" (Berger, 1997, p.9). A autora levanta também dúvidas sobre a legitimidade ou autoridade de qualquer uma das comunidades epistêmicas para julgar ou aferir a produção de conhecimento sobre a África. Em jogo, esclarece, "estão complexas questões sobre como o conhecimento é gerado e validado, e por quem" (Berger, 1997, p.7).

Molefi Keta Asante e outros autores, como O. Owomoyela, sustentam, ao contrário, haver diferenças, com base na origem geográfica, que se explicam pela falta de familiaridade com o discurso africano e pela vinculação a "estreitos objetivos ocidentais".[8] Não obstante, Asante ressalva que o fato de ser africano não confere automaticamente, ao estudioso, perspectivas afrocêntricas.

Em seus trabalhos sobre a Sociologia do Conhecimento, Karl Mannhein (1960, s. p) afirma haver uma determinação existencial do pensamento, o qual é influenciado "em muitos

[7] Os africanos são aqueles nascidos no continente africano. Africanistas, por sua vez, são os não africanos que se dedicam ao estudo de temas africanos. Esses dois grupos serão mais propriamente identificados adiante.

[8] O trabalho desses autores é citado por Berger (1997, s. p.).

aspectos decisivos por fatores extrateóricos dos mais diversos tipos" (Mannhein, 1960, p.239-40). Ele prossegue indicando que os mesmos podem revelar

> se a influência desses fatores existenciais no conteúdo concreto do conhecimento apresenta mais que importância periférica, [ou] se não são relevantes apenas para a gênese das ideias, mas penetram em suas formas e conteúdos; e, ademais, se determinam, de forma decisiva, o escopo e a intensidade de nossa experiência e nossa observação, isto é, aquela a que anteriormente nos referimos como a 'perspectiva' do sujeito (Mannhein, 1960, p.240).

Um desses fatores extrateóricos, como apontou Y. Tandon (1974, s. p.) referindo-se aos anos 1970, foi o surgimento de povos independentes na Ásia e na África, provocando forte abalo em grande parte do pensamento eurocêntrico das Ciências Sociais de décadas anteriores.

Registra-se, porém, que a leitura de alguns dos mais destacados africanistas, como Góran Hyden, autor de obras sobre democracia e desenvolvimento, ou, ainda, Jean-François Bayart, especialista nas questões do Estado africano,[9] para citar apenas dois, oferece informações e análises relevantes sobre os temas africanos, entre os quais a política, a economia e as relações internacionais do continente. São comuns nesses textos, porém, as referências ou as preocupações com o leitor ou aluno não africano, com o doador estrangeiro, com o tomador de decisões políticas no mundo ocidental ou nas grandes potências. Observa-se, dessa forma, que os africanistas procuram traduzir para esse conjunto de leitores não africanos seus conhecimentos bastante especializados sobre a realidade africana. Trata-se, pode-se dizer, do olhar etnográfico sobre o *outro*.

[9] A referência a um "Estado africano" é, desde já, uma referência de cunho particularista, em que está subjacente a ideia de que o Estado que se institucionalizou no continente africano apresenta características próprias e, em princípio, distintas, dos demais Estados que se encontram no restante do mundo. Não obstante, é comum, entre os autores africanos, mas também africanistas, a referência ao "Estado africano", que nada mais é que o Estado em que se encontra no continente africano. O Estado africano será objeto de análise no Capítulo 4.

Segue-se, por exemplo, o parágrafo de conclusão de artigo de Hyden sobre ajuda internacional e processos de democratização na África:

> Este artigo tratou das ações da comunidade doadora no tocante à democratização e chamou atenção para alguns pontos que poderão ser revistos no presente momento, quando já temos alguma experiência prática, recolhida em diferentes partes da África, que poderá ser agora utilizada. (...) Isso mostra até que ponto os doadores são pautados por ideias ou paradigmas que se desenvolvem em seus próprios círculos, mas que nem sempre estão muito adequados às realidades dos países em desenvolvimento (Hyden, 1997b, p.239).

Ao longo do artigo, como indica a conclusão, a preocupação do autor repousava na percepção dos próprios doadores acerca dos programas de ajuda internacional ao desenvolvimento. Em nenhum dos parágrafos do texto, Hyden abordou a percepção dos líderes africanos, dos agentes de desenvolvimento internos ou mesmo das populações locais acerca desses mesmos programas, embora o autor tenha consciência da noção de adequação dos programas concebidos no exterior para aplicação no contexto africano.

Nesse debate acerca da perspectiva, estão em jogo, segundo F. Akindès (1998, s. p.), tanto a discussão sobre a pluralidade epistemológica, ou seja, sobre a existência de mais de um tipo de conhecimento sobre a África, quanto a discussão sobre a endogenização do conhecimento,[10] que, nesse caso, seria a dis-

[10] Endogenização do conhecimento é o processo de criação de um conhecimento de fonte local ou endógena, em oposição a um conhecimento exógeno ou de fonte externa. O termo endogenização, de acordo com Crossman (1998, s. p.), pode também ser substituído por africanização ou contextualização, mas Hountondji (1995, p.7) prefere utilizá-lo para tratar "de um produto ou valor cultural que provém ao menos da população, entendo-o como proveniente de sua própria sociedade, em oposição a produtos ou valores importados ou exógenos". Endogenização, explica Crossman, é um neologismo emprestado da botânica, que significa desenvolvimento a partir de dentro. Na literatura sobre África, é comum também o termo indigenização, utilizado em português com relação ao que é nativo, mas esse se refere, sobretudo, ao processo, subsequente às independências, de substituição de recursos humanos e de tecnologias e materiais, em que os nacionais eram privilegiados em detrimento dos estrangeiros.

cussão sobre a necessidade de haver outro tipo de conhecimento *para* a África, que não apenas o conhecimento produzido pelos africanistas.

Michael Chege (1997, s. p.) julga não ter havido, no entanto, pelo menos até o momento, uma rejeição sumária de teorias apenas com base na origem estrangeira de seus autores. Para ele, tal rejeição, que atribui aos estruturalistas relativistas, reflete apenas um dos paradigmas adotados pela comunidade acadêmica africana para tentar solucionar os imensos problemas do continente, em meio à ampla diversidade de abordagens teóricas na África referentes ao estudo das sociedades africanas. Observa, porém, que essa diversidade é francamente desconhecida dos acadêmicos ocidentais.

Dickson Eyoh (1998, s. p.) tampouco propõe uma divisão rígida entre os comentários endógenos e exógenos sobre a política africana. Ele sustenta que o fato de alguém ter nascido na África ou reconhecer-se como africano não determina uma perspectiva específica sobre os assuntos africanos. Tal afirmação lhe parece, ademais, absurda tendo em conta a convergência de posições entre autores africanos e observadores externos sobre alguns dos principais temas da agenda continental e, sobretudo, as condições em que se formam os intelectuais africanos, muitas vezes em escolas e institutos na Europa ou nos Estados Unidos.

Mudimbe (1998, s. p.) também opina, com base na procedência geográfica, sobre a questão das diferenças entre as comunidades epistêmicas e sobre o tipo de conhecimento produzido por cada uma delas. Ele reconhece haver uma diferença cuja origem, todavia, repousa na forma como o próprio pensador africano organiza seu discurso e, então, passa a controlá-lo, a partir de um exercício de libertação que se dá pela transformação radical das Ciências Humanas e Sociais transmitidas aos meios intelectuais africanos, ao longo de décadas, por um sistema educacional

---

Crossman define, portanto, endogenização como "... [um contexto em que] instituições de educação e de pesquisa africanas trabalham a partir de um ambiente físico, social e cultural particular, exercitam a criatividade e liberdade científica, mediante o recurso ao desenvolvimento de sistemas de conhecimento que refletem a natureza desse ambiente, inspiradas por tradições epistemológicas locais ainda existentes e que estejam atualmente inseridas nas culturas e sociedades africanas" (1998, p.5).

pautado nos modelos ocidentais. Não basta, portanto, para Mudimbe, ser africano; é preciso, para assenhorear-se de um discurso com perspectiva africana, que o estudioso africano reveja toda a sua formação intelectual, lastreada em conhecimento produzido a partir de uma perspectiva não africana.

> É preciso ser, por um lado, crítico do saber do Ocidente sobre a África, mas, por outro, também do discurso que os africanos têm sobre sua história, sua cultura, da maneira como eles encontram suas justificativas sobre o mesmo *dispositivo histórico* [grifo do autor] do Ocidente que encarcerou a África na barbárie, na selvageria, no primitivismo, na oralidade e no paganismo de modo a melhor compreendê-la (Mudimbe apud Bisanswa, 2000, p.707).

Mudimbe advoga, portanto, como perspectiva africana, a desconstrução da razão etnológica utilizada pelo Ocidente para descrever e explicar a África, propondo uma leitura nova, crítica e radical do passado, ou seja, da história e da tradição, bem como das sociedades, mitos e culturas africanas. Esse exercício demanda uma análise crítica dos próprios métodos dessa razão etnológica, assim como de suas estratégias, seus quadros teóricos e seus compromissos ideológicos. A desconstrução se materializa pela produção de um discurso científico cujo ponto de partida é a análise crítica da razão etnológica, mas que se atém às questões do presente e à atual realidade africana, assumindo, ao mesmo tempo, responsabilidades com um novo futuro.

Nos moldes da abordagem recomendada por Mudimbe para os que se disponham a adotar uma perspectiva africana, Paul Zeleza (1997b, s. p.) recomenda que se proceda, em primeiro lugar, à desconstrução da arquitetura discursiva dos estudos sobre África em geral, e, em particular, sobre a história da África, sobre a economia do desenvolvimento africano e sobre a Ciência Política no continente. Em segundo lugar, que se faça a reconstrução de narrativas alternativas, em especial dos processos e crises relativos ao desenvolvimento e à democracia. É uma análise com dois objetivos analíticos, como ele próprio afirma, pois, após a desconstrução, deve-se, necessariamente, perseguir a reconstrução, uma vez que o discurso africanista, ao contrário, tem se resumido a fazer da crise seu único objeto.

Como indicado por Berger, a questão da perspectiva suscita a discussão a propósito da legitimidade ou autoridade para julgar o conteúdo do que se escreve sobre a África. Mamoudou Gazibo (2001, p. 136) observa que,

> de um lado, alguns, como Zeleza, pensam que a África é construída e reconstruída para representar uma imagem negativa em que se reflete aquilo que não é a Europa. Para ele, todo discurso está destinado a valorizar e a afirmar a superioridade ocidental de modo a absolvê-la de toda sua violência existencial e epistemológica com relação à África. De outro lado, há os universalistas que acreditam que, africanos ou não africanos, todos os pesquisadores têm o direito e a possibilidade intelectual de estudar a África e de produzir um saber independente daquele vivido.

Chege (1997, s. p.) avalia que, embora haja críticas indiscriminadas, tanto por parte de africanistas quanto de africanos, contra as Ciências Sociais produzidas pelo Ocidente, nem todo produto dessa ciência precisa necessariamente ser visto como instrumento da Guerra Fria, muito menos como um apoio à submissão da África ao exterior, como sustentam alguns acadêmicos, entre os quais inclui Thandika Mkandawire.[11] Embora a linguagem dessa ciência social produzida no Ocidente, ou de parte dela, possa ser tendenciosa, grande parte ainda é insuperável no que se refere ao esclarecimento das condições objetivas da África e na apresentação de suas prováveis consequências. Recorda haver "trabalhos excepcionais sobre África, ainda hoje válidos, feitos com instrumentos das Ciências Sociais ocidentais" (Chege, 1997, p.137). Esses bons trabalhos, prossegue, deveriam, no entanto, ser agora submetidos a testes empíricos de modo a comprovar sua acuidade e a capacidade de previsibilidade de suas hipóteses, em vez de ser ignorados por sua origem ou pelo apoio financeiro que os viabilizou.[12]

Ainda de acordo com Chege, a desconsideração pelo trabalho não africano está associada ao argumento segundo o qual seus

---

[11] Chege se refere à denúncia de Mkandawire (1997, s. p.) sobre o interesse ideológico de alguns africanistas em desprestigiar e enfraquecer o continente.

[12] O autor está se referindo à questão da autonomia do pesquisador perante sua fonte financiadora.

autores estariam vinculados ao poder ocidental dominante na África. O argumento é inadequado, opina, pois não se podem invalidar algumas verdades factuais apresentadas pelos acadêmicos ocidentais durante o período colonial. No entanto, recorda que, para autores como Mudimbe e Paulin Hountondji, a África inventada em versões da Antropologia ocidental constitui não apenas uma informação parcial, mas um problema paradigmático para a compreensão das sociedades africanas, que exige algum tipo de conhecimento novo, endógeno e autoconfiante da África pelos próprios africanos.

Jean Copans (1998, s. p.) recorda haver uma crítica africana, ou etnonacionalista, aos trabalhos dos africanistas, que vai desde a invocação da prerrogativa cultural para a africanização[13] de temas e objetos de análise até a proibição da pesquisa feita por estrangeiros. Essa corrente etnonacionalista, observa, remontaria aos anos 1950, com autores como o senegalês Cheik Anta Diop; e, insistindo sobre o aspecto da autenticidade, defende a ideia de que "somente os negros podem compreender os negros, e somente os africanos podem compreender-se a si próprios" (Copans, 1998, p.94). Copans considera que os discursos da autenticidade e do cientificismo africanos são fragmentos de um nacionalismo que se apresenta como ideologia dominante, em que as Ciências Sociais e Humanas servem de instrumento para construir mecanismos de dominação, exploração e exaltação nacionais. Os reflexos desse discurso parecem, segundo o mesmo autor, atualmente minoritários nos trabalhos dos africanos, embora sejam comuns alguns arroubos, que considera "irracionais" (Copans, 1998, p.94).

Admitindo e defendendo uma perspectiva africana, Mamadou Diouf e Mamdani (1994, s. p.) sustentam que, a despeito das limitações materiais para realizar tal tarefa, é preciso trazer os estudos sobre a África para o próprio continente africano. Embora os africanistas aparentem estar trabalhando pelas causas do continente, entendem que eles estariam, de fato, perpetuando noções falsas sobre a África.

---

[13] O termo "africanização" substitui, como visto em nota anterior, o termo "endogenização", mas, no caso do termo "africanização", há o referencial geográfico explícito.

Sem que haja, portanto, consenso, mesmo entre os africanos, sobre a possibilidade de especificidade do conhecimento, Boubakar Ly (1990, s. p.) vincula esse debate à finalidade da ciência, explicando que o fim do colonialismo alterou não o objeto das Ciências Sociais africanas, mas a perspectiva do conhecimento produzido pelos africanos, que passa a estar orientado para a construção da nação e da promoção do desenvolvimento. Após a independência, explica, os cientistas passaram a se preocupar com a forma de fazer as Ciências Sociais servirem à África em via de desenvolvimento. Embora um pequeno grupo defendesse a independência da ciência no que tange a quaisquer finalidades, a maioria, porém, sustentava a vinculação das Ciências Sociais ao grande problema do momento, o desenvolvimento, sendo duas as questões principais: saber o que é desenvolvimento e escolher o tipo de desenvolvimento a que se consagrariam as Ciências Sociais.

Ly (1990, p. 196) lembra que essas questões continuam sendo objeto de debate entre os cientistas, sendo majoritária a opinião segundo a qual

> qualquer que seja a definição que se dê ao desenvolvimento e ao tipo de desenvolvimento preconizado, as Ciências Sociais devem manter-se rigorosas em seus procedimentos e, sobretudo, não devem deixar de fazer a crítica de tudo que até então se fez em nome do desenvolvimento, contribuindo, dessa forma, com a elaboração de melhores estratégias e de novos modos de desenvolvimento.

A desconstrução crítica do conhecimento africanista se converte, assim, a partir de uma discussão sobre a especificidade do conhecimento, em objeto que consensualmente se estabeleceu para as Ciências Sociais africanas. Nesse sentido, Ly observa que, se no princípio o funcionalismo, em suas diferentes variações, era um dos modelos teóricos clássicos comumente adotados pelos africanos, mais tarde predominam as escolas críticas que "puseram em causa as orientações clássicas aplicadas à África, uma vez que a situação desse continente requer a adoção de instrumentos teóricos e metodológicos mais adequados para explicá-lo" (Ly, 1990, p. 196). Ly contesta as escolas clássicas, em particular sua aplicação na África, e lembra algumas das críticas à "natureza a-histórica [das escolas clássicas], sua insensibilidade à mudança, seu positivismo cientificista e sua falta de compromisso" (Ly, 1990, p. 196).

Na opinião de Chege, as Ciências Sociais africanas se vinculam, todavia, a diferentes correntes teóricas, razão pela qual é difícil decidir "qual, se é que existiria alguma, escola de Ciências Sociais africana considerar autenticamente africana" (Chege, 1997, p.139). A diversidade é grande e tem suscitado amplo debate, por exemplo, em temas como crescimento econômico e democracia.

Nesse sentido, aos pesquisadores africanos se coloca a seguinte pergunta: como lançar mão das disciplinas de pesquisa que nasceram e se desenvolveram no Ocidente como resposta aos desafios próprios do contexto histórico do iluminismo e da Revolução Industrial e aplicá-las à África? Qual é a pertinência e qual é a eficácia operativa dos conceitos, teorias e procedimentos elaborados em contextos euro-americanos? (Ela, 1998, p.3.)

Essas perguntas, ou a consciência dessas dúvidas, levam quase que inevitavelmente os africanos a se indagar sobre a melhor maneira de pensar cientificamente o continente africano. Uma possibilidade seria a endogenização do conhecimento, que só se admite, como hipótese, quando o pressuposto é o da possibilidade da especificidade do conhecimento e da existência de uma perspectiva africana.

Peter Crossman (1998, s. p.) identifica, no entanto, a existência de parca bibliografia sobre a questão da endogenização do conhecimento pelas universidades africanas. Nessas universidades, houve, nos primeiros anos do pós-independência, uma preocupação com a africanização dos quadros docentes, mas, mais recentemente, a maior preocupação nas instituições de ensino superior tem se concentrado no domínio curricular, em que se privilegia uma abordagem fundamentalmente econômica da questão do desenvolvimento, em oposição a uma tendência anterior por abordagens sociológicas.

O debate sobre a produção do conhecimento, na África, estaria concentrado, portanto, segundo o autor, em questões estruturais e na influência externa, sendo negligenciada a discussão sobre os problemas epistemológicos.

> A africanização não é um tema, exceto para um grupo relativamente restrito de ideólogos que ou rejeitam ou defendem, de modo apaixonado, a noção de inserir a luta por conhecimento em um contexto sociocultural particular. (...) o discurso [mais genérico] sobre a alienação, a imitação e a colonização intelectual, enquanto aspecto da extroversão africana, aparece de forma recorrente na literatura (Crossman (1998, p. 212).

Como explica o autor, para alguns cientistas sociais, entre os quais Ali Mazrui, o problema não é simplesmente a substituição dos currículos, mas sim a dependência científica e intelectual do Ocidente e de seus modelos científicos.

Já Alassane N'Daw (apud Crossman, 1998, s. p.) dizia que a responsabilidade pela rejeição das iniciativas de emancipação do pensamento africano e de afirmação de sua originalidade intelectual deveria ser atribuída ao marxismo e ao ambiente cultural correspondente que menosprezava a cultura tradicional. Para Crossman, porém, o importante é que se ganhe e se aumente a consciência sobre o fluxo do conhecimento, que se faz em um único sentido – o da importação das tradições culturais e científicas ocidentais.[14] Sob essa perspectiva, acrescenta, a questão da endogenização pode ser abordada sob o ângulo da crítica ideológica, e não mais das dificuldades materiais ou estruturais, na medida em que se passa a defender a necessária contextualização ética e social da ciência.

A África, como outras regiões, sofreu a influência e recebeu a herança científica do Ocidente. No caso específico das Ciências Sociais, estas

> procuraram aplicar [à África], normalmente sem preocupações críticas, seus fundamentos e pressupostos centrais, (...) [autorizando que se diga que] a história das Ciências Sociais na África está ainda por ser escrita, havendo hoje um conjunto desigual de conhecimentos sobre o

[14] Partindo de uma pesquisa com um pequeno conjunto de universidades africanas, escolhidas em Gana, Uganda, Senegal, África do Sul, Etiópia e Zimbábue, Crossman discute a contextualização da educação superior na África e assume ser possível dotar a ciência produzida na África e pelos africanos de um conteúdo analítico e normativo mais adequado à realidade do continente.

> continente, enquanto a crítica das normas que presidiram a produção desse conhecimento foi ainda pouco explorada (Cordesia, 1998a, s. p.).

Quando se fala em endogenização, fala-se, portanto, em novos estudos da área de Ciências Sociais que busquem levar em conta

> a complexidade de situações que o discurso neoliberal dominante tende a simplificar, (...) os limites e insuficiências de conceitos, teorias e métodos utilizados para abordar tais situações e [a necessidade] de inscrever as experiências africanas a longo prazo e compará-las de forma útil a outras experiências mundiais (Cordesia, 1998a, s. p.).

Nesse sentido,

> a discussão sobre endogenização está ligada ao desenvolvimento de uma academia autônoma e crítica no continente. (...) [nós, acadêmicos] devemos abrir nossa mente para outras formas de lidar com o conhecimento e mudar atitudes acerca de várias tradições culturais fora do modelo dominante concebido a partir de um conceito ocidental de progresso e atividade técnico-racional (Crossman, 1998, p.33).

Crossman (1998, p.17) revela, porém, que, em pesquisa que realizou entre africanos, "uma vasta parte da elite acadêmica considera, de fato, que a ciência ocidental é a única ciência".

A questão da endogenização do conhecimento aparece, portanto, subjacente ao estudo do pensamento africano.

Crossman sustenta a tese da existência de um sistema de conhecimento endógeno africano, pertencente a um universo de múltiplos sistemas de conhecimento ou de pluralismo epistemológico, cuja premissa é a negação da ciência ocidental, ou dos paradigmas científicos ocidentais, como a única com atributos para ser considerada a ciência universal. Cada sistema de conhecimento é composto de valores, práticas e informações que se assentam sobre determinada epistemologia, e "cada epistemologia necessariamente reflete uma cultura e uma experiência local particular e está ligada a elas" (Crossman, 1998, p.3-4). Sendo assim, "ela [a endogenização] suscita a questão da pluralidade das tradições de conhecimento em relação à ciência hegemônica" (Crossman, 1998, p.4). A globalização da comunicação, reconhece o autor, tem, todavia, sido responsável pela tendência a admitir uma única forma de pensamento, com todos os seus atributos. No caso, o pensamento ocidental, que tem entre suas referências a democracia multipartidária e a economia de mercado.

Uma abordagem histórica, como a proposta por Crossman, permite observar como o pluralismo epistemológico cede lugar ao conhecimento universal, ou fica comprometido por força de fenômenos mesmo anteriores à referida globalização da comunicação. Por exemplo, em função do método de ensino que impunha, a colonização insistia, desde o início, na negação da existência de qualquer ciência ou conhecimento nativos. Os povos nativos eram a tábula rasa sobre a qual se edificaria o pensamento ocidental, particularmente após a expansão do iluminismo na Europa. Também o racionalismo, ao mesmo tempo que a negação da magia, tem influência direta na marginalização de outras formas e áreas de conhecimento e na promoção de políticas altamente discriminatórias, como o colonialismo e as teorias raciais que deram margem ao surgimento dos movimentos nacionalistas de inspiração socialista.

Na origem da discussão sobre a endogenização está, segundo o mesmo autor, a constatação irrefutável de que parte da missão civilizadora na África dizia respeito à promoção e à difusão dos valores do iluminismo, entre os quais a tradição científica racionalista do Ocidente, em detrimento das tradições de conhecimento locais. Os governos independentes da África pós-colonial mantiveram, na essência, a mesma política, reproduzindo, no tocante ao projeto escolar e particularmente à produção do conhecimento, os mesmos padrões e modelos ocidentais associados à modernidade.

Endashaw Bekele (1995, s. p.), pesquisador etíope da área de biologia, apresenta sua crítica diretamente contra a concepção científica de conhecimento que é dominante entre os ocidentais e afirma:

> É mais que hora de percebermos que conceitos, modelos e paradigmas ocidentais (...) são inapropriados para a compreensão das circunstâncias profundamente diferentes de nossas sociedades. Esses

> conceitos e modelos alienígenas conduzem a políticas inapropriadas e/ou ou retiram a atenção dos reais problemas ou se tornam escusas a ser utilizadas pelas estruturas de poder não necessariamente em favor dos governos [africanos] existentes. A sofisticação excessiva, a irrelevância esotérica, a ignorância e os falsos credos transmitidos por essas doutrinas são *oportunistas* [grifo do autor] e servem a interesses escusos (Bekele, 1998, s. p.)

Bekele defende a tese de que se faça um uso diferente da ciência, mais ético e contextualizado, e chama atenção para "a necessidade de proceder, em primeiro lugar, a uma crítica ideológica da tradição científica ocidental, de modo a ir ao encontro de inevitáveis demandas por uma apropriação sociocultural [do conhecimento]" (Bekele, 1998, s. p.). Sustenta, em outras palavras, que, se não for possível escapar à apropriação das tradições científicas ocidentais, que ao menos se proceda, previamente, a uma análise ideológica e crítica dessas tradições.

A aplicação do conceito de endogenização às múltiplas disciplinas acadêmicas se revela, todavia, heterogênea. Em algumas áreas do conhecimento, o processo de africanização é relativamente fácil ou quase automático, como nos estudos de História. Mas "a transição se provou mais complexa em muitas outras áreas das Ciências Sociais" (Crossman, 1998, p.10). Em várias dessas áreas, a influência das tradições europeias é muito forte, por exemplo, língua, literatura e direito.[15] Ainda mais visível é que todas essas disciplinas dependem dos conhecimentos produzidos na Europa ou nos Estados Unidos. Entre os fatores que contribuíram para esse cenário está o peso da tradição modernista. Na África pós-independente, por exemplo, os dois modelos políticos dominantes, o capitalismo democrático ocidental e o marxismo, eram, ambos, herdeiros da tradição iluminista e universalista, e negligenciaram ou mesmo suprimiram o conhecimento de aspectos étnicos e culturais dos povos nativos. No campo político, "as escolas africanas de pensamento político que surgiram [no período pós-colonial] favoreceram a construção do Estado-nação ou mesmo da consciência pan-africana, em detrimento das realidades endógenas com seu lastro étnico" (Crossman, 1998, p.10).

[15] Crossman não se refere especificamente à disciplina de Relações Internacionais.

A. S. Bujra (1994, s. p.) também discute a questão da indigenização ou domesticação das Ciências Sociais. Reconhece haver poucos consensos sobre o que seria, de fato, essa indigenização e quais critérios poderiam ser utilizados para aferi-la. Para tratar do tema, alega ser necessário, em primeiro lugar, reconhecer a diferença entre as duas escolas dominantes do pensamento das Ciências Sociais sobre a África. A primeira, ortodoxa, que se subdivide entre os adeptos da Economia clássica de mercado, da Ciência Política ou Sociologia da modernização e da História clássica, sendo o Banco Mundial e o FMI (Fundo Monetário Internacional) dois dos representantes dessa corrente no continente africano. A segunda, de esquerda, reúne o marxismo clássico, o neomarxismo e outras tendências marxistas, além da Teoria da Dependência. Essa segunda escola é, algumas vezes, considerada a Escola da Economia Política. Bujra apresenta, ademais, o Codesria como uma espécie de promotor de uma terceira via, francamente contrária à primeira das escolas, e não muito à vontade com tendências presentes na segunda escola. Essa via alternativa do Codesria apresentaria como proposta uma perspectiva africana relevante, de características únicas. Assim, a definição, do próprio Codesria, para indigenização das Ciências Sociais é que ela "é uma [nova] perspectiva, que é diferente tanto da escola convencional quanto da escola crítica" (Codesria apud Burja, 1994, p.157).

O Codesria, segundo relata Bujra, propõe que a indigenização se dê por fases: na primeira, busca-se a indigenização do pessoal e dos quadros; na segunda, privilegia-se o conhecimento propriamente sobre a África; e, na terceira, tenta-se a reconciliação entre o que é universal e a especificidade da experiência africana, sempre sob o peso do conhecimento herdado e da própria formação dos acadêmicos africanos, em geral obtida, ainda em grande medida, nas ex-metrópoles ou em países do Ocidente.

Bujra credita a Archie Mafeje o mérito de ter identificado os dois "elementos essenciais da indigenização das Ciências Sociais" (Codesria apud Burja, 1994, p.153). O primeiro vem assim expresso:

> a ideia de que cada região tem sua própria *especificidade histórica* ou *experiência* sem que se recuse haver o *analiticamente universal* [grifos do

> autor] e de que decifrar experiências locais ou regionais [é atividade que] só pode ser feita por meio de interlocutores autenticamente locais. [Trata-se de] rejeição à homogeneização de todas as Ciências Sociais sob o pretexto do universalismo (Codesria apud Burja, 1994, p.153).

No segundo elemento, tem-se que

> a experiência africana precisa ser *decodificada* e interpretada (...) pela compreensão do contexto do fenômeno social e das relações sociais (...) [devendo ser conduzida] por capacidades locais de modo a eivá-la de maior validade e objetividade (Codesria apud Burja, 1994, p.153).

A PRODUÇÃO AFRICANA, SUA FINALIDADE E LEGITIMIDADE

Um traço frequentemente observado no pensamento africano, ou nas Ciências Sociais africanas, como tradução de sua apropriação endógena, seria suas preocupações utilitaristas e normativas. O Codesria (1998a, s. p.) reconhece a existência de uma forte pressão para que as Ciências Sociais africanas tenham um valor utilitário, de modo a servir de instrumento à engenharia social e à transformação das sociedades. Isso se verifica, por exemplo, quando governos ou agências financiadoras decidem financiar pesquisas orientadas prioritariamente para o campo da aplicação, de modo que a legitimidade do conhecimento passe a repousar em sua capacidade normativa.

Como indicou Ly, as Ciências Sociais africanas procuram atender a alguma finalidade objetiva vinculada às carências e aos desafios do desenvolvimento africano. Já quando lançaram os primeiros estudos sobre a África e se decidiram por essa área de pesquisa, os acadêmicos africanos buscavam "construir novas bases de identidade nacional e, posteriormente, compreender e solucionar a herança de subdesenvolvimento" (Berger, 1997, p.3) do continente. A essência ou aquilo que resume, em última instância, os problemas científicos da pesquisa é "a noção de pertinência: pertinência da pesquisa africana em relação ao meio no qual ela evolui e pertinência em relação a seu objeto" (Ly, 1990, p.192). Cabe saber a forma como a pesquisa africana em

Ciências Sociais responde, do ponto de vista de seus objetivos, às necessidades da África; ou como os métodos utilizados nessa pesquisa são válidos para a África, quando desenvolvidos para aplicação em outros contextos; e, por fim, saber se estão determinados os objetivos das Ciências Sociais africanas.

Há aparente consenso entre os cientistas sociais africanos no sentido de que "os objetivos da ciência social devem estar adaptados à situação africana" (Ly, 1990, p.193). Claude Ake (1994, s. p.) defende, por exemplo, a ideia de que a produção acadêmica africana deveria fornecer aos trabalhadores, sobretudo aos campesinos, os meios necessários para superarem sua marginalização e reforçarem seu bem-estar. Deveria igualmente permitir a reconstituição das forças sociais internas para maximizar seu dinamismo e seu equilíbrio. Assim, de acordo com o autor, a liberdade acadêmica a serviço da sociedade africana implica, atualmente, o compromisso de luta contra enormes problemas, entre os quais o Estado opressor, o capital internacional, a hegemonia das superpotências, a exploração dos pobres e oprimidos, em especial os trabalhadores, as mulheres e as crianças, bem como os governos que assumem o poder sem o consentimento dos governados. Trata-se, segundo F. J. Ajayi, L. K. H. Goma e G. A. Johnson (apud Zeleza, 1997b, p.185), de uma questão de "*responsabilidade social* que deve ser decorrente da liberdade acadêmica e da autonomia universitária" [grifos do autor].

Perante o atual quadro de crise na África, Mafeje (1995, s. p.) registra a necessidade de intervenções políticas apropriadas, quer no plano nacional, quer no internacional, para realizar mudanças importantes; cabendo exatamente aos intelectuais africanos a responsabilidade de traduzir o significado do adjetivo "apropriadas" e criar os instrumentos para aplicar tais políticas. Discorda, porém, de outros autores, entre os quais Mkandawire (apud Diouf e Mamdani, 1994, s. p), para quem os intelectuais africanos não se preocuparam em resolver os problemas de suas sociedades. Mafeje entende que tais autores estão, sim, preocupados com os problemas de desenvolvimento de seus países, chegando mesmo, como no caso de intelectuais da esquerda, a revelar algum histerismo. Não se trata, portanto, de falta de engajamento, mas sim do tipo de engajamento. Esse engajamento tem relação com o fato de pertencerem ou não ao grupo dominante e defenderem ou não sua preservação. Os que buscaram sustentar o grupo dominante e o *status quo* não tiveram, de fato, êxito, como se vê pelo agravamento da crise africana e seu impacto sobre os governos. Por esses fracassos, estão desacreditados e perderam seu lugar e sua credibilidade.

Chege admite que, agora, como no passado, os cientistas sociais africanos devem procurar resolver os problemas que são de imediata relevância para as sociedades locais, diversificando sua agenda conforme mudam de região para região ou de país para país. A diversificação das agendas, conforme as necessidades locais, é muito importante. De qualquer forma, as fórmulas construídas pelos africanos devem ter relevância mais ampla, ou seja, uma relevância intelectual pan-humana. Sustentar que tais fórmulas se aplicam apenas à África seria contraproducente, ou daria argumento aos que ainda insistem que os africanos são uma parte diferente da espécie humana.

O debate sobre a aplicação prática da teoria ou sobre a vinculação entre teoria e prática é suscitado igualmente por Joseph Ki-Zerbo (1994, s. p.), que discute a responsabilidade social do intelectual na África. Segundo o autor, a responsabilidade social dos intelectuais africanos pode canalizar-se por três vias: a constituição de comunidades de intelectuais, a luta pela democracia ou a luta pelas estratégias de integração. No tocante à primeira delas, entende ser prioritário aumentar o número de acadêmicos, como forma de participar das relações de força dentro do Estado.[16]

> A função prioritária da inteligência africana atualmente não me parece ser de vanguarda, mas principalmente de garantir, ao maior número de pessoas, uma leitura crítica dos processos em curso. Radiografar e descrever a realidade a fim de descobrir os meios para transformá-la. (...) Mais que um magistério, o intelectual exerce um ministério (Ki-Zerbo, 1994, p.37).

Ki-Zerbo cita ainda A. Benachenhou, para quem

[16] Ki-Zerbo (1994, p.32) indica os seguintes números relativos à proporção de pesquisadores por milhão de habitantes: 52 para a África; e 2.954 para países desenvolvidos.

> uma das condições [da aquisição do conhecimento] diz respeito ao nível de desenvolvimento e à estrutura do sistema produtivo, em particular o industrial, mas igualmente o agrícola. A aquisição de saber em uma sociedade não assume realmente um sentido dinâmico sem que essa sociedade já tenha adquirido o domínio local da mudança técnica. Tal aquisição não será estável sem o surgimento e o desenvolvimento da produção local dos meios de produção e de uma pesquisa vinculada a essa produção. (...) Enquanto persistir a não industrialização estrutural do continente (...) a produção de ciência e a reprodução dos intelectuais estarão gravemente prejudicadas (Benachenhou apud Ki-Zerbo, 1992, p.37-8).

Nesse sentido, é relevante a afirmação de Ki-Zerbo, dando conta de que 85% da pesquisa sobre a África se faz fora do continente.

O mesmo autor preconiza, ainda, que os intelectuais africanos se engajem nos movimentos contemporâneos pela democratização na África; que estes sejam os promotores naturais de uma cultura libertária e de um comportamento que sirva de base às práticas democráticas. Dessa forma, entende que a razão de ser de uma universidade é descobrir e disseminar os conhecimentos, mas também aplicar seus conhecimentos às preocupações e necessidades dos indivíduos e da sociedade. Afirma que

> a comunidade acadêmica deve responder às necessidades da sociedade e estar nas posições dianteiras da identificação e reflexão de problemas da sociedade, com o objetivo de sugerir vias e modos de busca de soluções (Ki-Zerbo, 1992, p.41).

Na mesma linha, Amir Khan (1994, s. p.) afirma que a responsabilidade moral dos intelectuais está indissoluvelmente ligada ao engajamento social e político em favor da liberdade em todas as suas formas, ou seja, em favor da reforma radical do sistema político. É por esse compromisso utilitarista da ciência que Hyden (1996, s. p.) afirma que a crise da África afeta a comunidade de africanistas e chega mesmo a desesperar os intelectuais que vivem ou nasceram no continente. "O que podemos fazer?" (Hyden, 1996, p.2) é a pergunta que se põem os africanos perante o imperativo moral de fazer algo pela superação da crise africana.

No tocante às estratégias de integração, Ki-Zerbo (1992, s. p.) indica que essas devem buscar vencer as múltiplas manifestações de desintegração do conhecimento nas sociedades africanas, causadas em boa medida por forças externas. A integração pode ocorrer, sugere, por meio da interdisciplinaridade e da opção por uma via interafricana, reunindo todos os cientistas do continente, ao mesmo tempo em que se torna capaz de criar um conhecimento endógeno, bem como de apropriar-se das iniciativas relativas ao continente.

Hountondji (1990, s. p.) aborda a questão da finalidade e da pertinência das Ciências Sociais na África e no Terceiro Mundo em geral, a partir de um estudo sobre a Sociologia da Ciência ou do Conhecimento e, como ele próprio alerta, "emprestando dos economistas a noção de extroversão" (Hountondji, 1990, p.149). Constituindo um paralelo com o modelo de extroversão da economia africana herdado do período colonial, afirma que a atividade científica africana se processa segundo o mesmo modelo, havendo, no caso da atividade econômica, a drenagem dos recursos materiais africanos para processamento nos países do Norte e, no caso da ciência, "a drenagem da informação, com o objetivo de alimentar as universidades e centros de pesquisa da metrópole" (Hountondji, 1990, p.152). Trata-se do mesmo processo de acumulação à escala mundial, em dois momentos complementares.

> É também [a atividade científica] uma atividade de produção, mesmo que os objetos produzidos sejam, nesse caso, os conhecimentos, ou seja, os conceitos, objetos intelectuais e não materiais; sendo, portanto, natural que a anexação do Terceiro Mundo, sua integração ao sistema capitalista mundial, por meio do tráfico e da colonização, comporte também um eixo "científico"; que a drenagem das riquezas materiais vá de par com a exploração intelectual e científica, com a extorsão dos segredos e informações úteis, da mesma forma como foi natural em outro plano que ela se fizesse acompanhar das obras de arte destinadas a alimentar os museus da metrópole (Hountondji, 1990, p.152).

O modelo de extroversão da atividade científica permite examinar urgentes questões e situações como os objetivos da pesquisa científica, seus beneficiários, sua inserção no contexto em que é produzida e sua aplicabilidade em termos de resultados apropriados pelas sociedades em que é desenvolvida.

A primeira conclusão de Hountondji é que a atividade científica do Terceiro Mundo, como a atividade econômica, vive uma situação de dependência, na reprodução exata do modelo centro-periferia, sendo gerida e controlada pelos países do Norte, em que um exemplo seria a dependência dos financiamentos para pesquisa. Tendo em conta que a África e o Terceiro Mundo em geral têm acesso e condições apenas de realizar um *consumo científico periférico*, sugere, a esse propósito, um estudo sobre o produto científico exportado em bruto e o consumo científico periférico em comparação com os recursos materiais exportados *in natura* e o consumo de bens industrializados pelos mercados periféricos, o que permitiria aquilatar o grau de dependência científica e tecnológica em diferentes países.

Ainda na sequência da analogia às atividades econômicas, outra conclusão aponta que

> a multiplicação, nas periferias, das estruturas de produção intelectual e científica, longe de pôr fim à extroversão, tem tido por função essencial, até o momento, tornar mais fácil e, portanto, reforçar a drenagem da informação, a violação do segredo, a marginalização dos *saberes* [grifo do autor] tradicionais, a integração lenta, mas segura, de toda a herança científica (ou pré-científica) e informação útil disponíveis no Sul ao processo mundial de produção de conhecimento, gerido e controlado pelo Norte. (...) Essas estruturas de produção científica são também, da mesma forma que as linhas de montagem, as estruturas de *substituição de importações* [grifo do autor] que, longe de suprimi-las, ao contrário, reforçam a extroversão e a dependência da periferia com relação ao centro (Hountondji, 1990, p.153).

Algumas manifestações dessa dependência são: a incapacidade de produzir os instrumentos de pesquisa, como equipamentos para laboratórios etc.; a necessidade de recorrer a bibliotecas, arquivos, editoras etc., situados no Norte, embora se registrem no Sul alguns progressos nesse domínio; a escolha dos temas e métodos de pesquisa a partir dos critérios que serão válidos para leitores e editores do Norte; a opção por questões empíricas do contexto imediato em detrimento de temas universais, fazendo que "o pesquisador africano aceite desempenhar o papel subalterno, perante a ciência europeia, de um informante esclarecido" (Hountondji, 1990, p.154). A conclusão prática apontada é que a extroversão científica passa a ser imediatamente ditada "sem meias palavras ou sutilezas, pelas exigências de uma economia ela mesma extrovertida" (Hountondji, 1990, p.155).

A combinação entre o compromisso com a finalidade da ciência e a hipótese da perspectiva local se materializa, todavia, para autores como Copans, na abordagem a que os autores de língua francesa atribuem o qualificativo *par le bas*, ou seja, a partir do interior. Segundo ele, vê melhor quem observa do interior, pois está preocupado com um sentido prático que escapa a outros intelectuais, tratando-se assim o trabalho científico de uma experiência antropológica e cultural – muito mais que epistemológica. Nesse sentido, entende que os melhores estudos de política africana foram produzidos por africanos, a partir de uma perspectiva interna.

A construção da emergência e do atraso: os dois lados do subdesenvolvimento – os casos da África do Sul e Angola

Jonuel Gonçalves

Os grandes dados macroeconômicos da África do Sul e de Angola revelam dois contextos que parecem situar-se quase nos antípodas um do outro, resultado de duas histórias econômicas que também parecem referir-se a dois mundos distintos.

Em 2002 – ano importante na África Austral por ser o do fim da guerra angolana – a África do Sul tinha um PIB (Produto Interno Bruto) da ordem dos 148 bilhões de dólares, a preços do mercado, enquanto Angola estava na casa dos 11,2 bilhões de dólares. No mesmo ano, a dívida externa sul-africana representava cerca de 27% do PIB, ao passo que a de Angola era estimada na ordem mínima dos 100%, com as taxas oficiais de inflação oscilando entre 6% e 8% na África do Sul e na faixa dos três dígitos em Angola.

Nos dois anos seguintes ao fim da guerra, o PIB angolano quase duplicou, graças à produção petrolífera, e a inflação desceu para a faixa dos 50%, mas a distância da economia sul-africana permaneceu praticamente inalterada.

Esse conjunto de dados, que o FMI (Fundo Monetário Internacional) repercute com base nas estatísticas oficiais, decorre de um quadro com importante diversificação setorial sul-africana e quase monoprodução angolana, conduzindo a desempenhos muito distantes um do outro em macroeconomia e em IDH (índice de desenvolvimento humano).

Mas a comparação tem sentido por se tratar de países quase vizinhos, respectivamente a primeira e a segunda economia da região austral de África, ambos com elevados índices de desemprego, déficits da balança de pagamentos – apesar do saldo positivo da balança comercial –, desempenhos abaixo de seus enormes potenciais e várias dependências externas não só em relação a preços de produtos, mas também em alguns tipos de decisões.

Alem disso, esses países apresentam complementaridade em dois setores estratégicos: a África do Sul é exportadora de bens alimentares e importadora de petróleo; Angola importa bens alimentares e é o segundo maior exportador de petróleo da África subsaariana.

Nesses termos, as comparações têm a importância de revelar dois tipos de evolução e funcionamento dentro do marco do subdesenvolvimento, que podem ilustrar novas classificações nos estudos sobre a matéria e, junto com a constatação das diferenças quantitativas e qualitativas, avaliar onde estão os pontos de encontro e, portanto, de desencontro também.

O pensamento de Prebish sobre dependência foi considerado aplicável apenas à América Latina, enquanto as situações africanas, asiáticas, do Pacífico ou do Canadá eram classificadas no âmbito do colonialismo clássico ou da designação britânica de "domínios".

Esse tipo de abordagem teve algum sentido durante as primeiras décadas do século XX, alterando-se significativamente após a descolonização asiática e africana. Mas, mesmo antes disso, a África do Sul já revelava elementos que a aproximavam do modelo de análise prebishiano para a América Latina e sua evolução posterior.

Ao contrário de Canadá, Austrália e Nova Zelândia, domínios da coroa britânica, com vantagens e privilégios em relação às colônias decorrentes do predomínio de população de origem britânica, a África do Sul nunca teve tal estatuto. Por sua vez, seu grau de autonomia (sistema bancário próprio, Forças Armadas importantes, membro da ONU – Organização das Nações Unidas) também não permitia que fosse considerada colônia.

A Guerra Boer e a forte presença de população branca de origem *afrikaner* impediram esse tratamento e conduziram a um relacionamento da economia sul-africana com o mercado mundial mais direto e menos protegido por Londres, embora – como na América Latina ou em partes da Ásia – submetido às condicionantes e limitantes impostas pelos grandes centros de poder mundiais, que criavam subalternidade.

Mas mesmo colônias de tipo clássico – como Angola – antes de sua independência já obedeciam a regras mundiais de dependência, em virtude da importância de sua produção. No caso angolano, os preços do café e do ferro e todos os critérios (inclusive de propriedade) da produção petrolífera eram ditados pelo mercado mundial; não pela potência colonial.

Embora os dois regimes fossem opressivos e discriminatórios, em Angola era a potência colonial que arrecadava ou alocava os lucros que nos contratos cabiam à parte angolana, enquanto na África do Sul existia uma camada local privilegiada, com projeto próprio no qual investia fortemente, traduzindo certo grau de endogenização. Em Angola, tal camada era portuguesa e procurava retirar em favor da própria economia os benefícios da economia angolana, determinados pelo mercado mundial.

Essas diferenças incidiram, também, nas estruturas de ensino, gerando níveis muito diferenciados no desenvolvimento dos recursos humanos. Na África do Sul, foi erigido um sistema educativo sofisticado, no modelo inglês, voltado para a população branca, que em vários ramos se estendeu, também, aos outros grupos raciais, em virtude da importância da força de trabalho negra para o funcionamento econômico e, posteriormente, dos protestos dos movimentos políticos e sociais *antiapartheid*.

O primeiro centro de ensino secundário angolano só surgiu em 1919, e o de ensino superior, apenas em 1962, no qual, no momento da independência, em 1975, a maior parte dos alunos era portuguesa.

São óbvias as repercussões na formação de empresariado capaz de iniciativas e de tecnoestrutura moderna. Os processos de edificação econômica sul-africana e angolana foram assim balizados e conduziram a dois aparelhos de volumes muito diferentes. Esses pontos de partida vão revelar-se cruciais na construção dos níveis de desenvolvimento, acentuados pela evolução entre 1974 (começo da descolonização dos atuais Palop – Países Africanos de Língua Oficial Portuguesa) e 1994 (fim do *apartheid)* quando os dados geopolíticos de África Austral mudaram radicalmente.

Essa mudança coincidiu em larga medida com as mudanças políticas e econômicas mundiais que puseram fim às últimas consequências do pós-Segunda Guerra Mundial e abriram novas hierarquias de poder nas escalas regional ou mundial, desaconselhando o estabelecimento de simples dicotomias ou tabelas rígidas.

As maiores dificuldades na análise dos espaços criados pelo sistema mundial residem, no entanto, na identificação do que vários autores chamam de "semiperiferia", após ter também sido usada durante alguns anos a expressão "subimperialismo". Ambos os conceitos pretendem – ou pretendiam – localizar países com um grau de desenvolvimento intermediário e grande influência em suas regiões.

A imprecisão que em geral decorre de expressões compostas com "semi" e "sub" conduziu à formulação das noções – mais quantificáveis e de análise estrutural um pouco mais precisa – de economias emergentes e atrasadas.

As economias emergentes englobam um conjunto de países com atividades de transformação que já representam uma porcentagem importante do PIB e incorporam tecnologia avançada, um bom nível de articulação intersetorial, mercados de capitais com volumes de transação importantes, competência crescente dos recursos humanos e instituições estáveis e estimulantes. A elas se pode atribuir a designação "em via de desenvolvimento" e sua influência regional é evidente. Sem dúvida, encontram-se mais perto do centro do sistema que as mais atrasadas e mais pobres. Elas são classificadas pela ONU como PMA (Países Menos Avançados), designação diplomática para países mais atrasados. Tal classificação insere 49 países, dos quais 34 são africanos – entre eles se encontram os cinco de língua portuguesa –, incorporando países de diferentes níveis de recursos naturais (desde alguns produtores de petróleo a microestados desprovidos de quase tudo). Trata-se de países com forte dependência de um produto primário, com fracos índices de industrialização e de absorção tecnológica (tanto em relação ao equipamento como à qualificação do pessoal) e com instituições pouco estimulantes.

Comparando (e ironizando) as diferenças "emergentes–atrasados" com a geografia urbana, teríamos as categorias de periferia–bairro *versus* periferia–favela. Essas formulações apareceram no contexto da crise das teorias "clássicas" do desenvolvimento e da busca de renovação do pensamento econômico na matéria. Elas correspondem ao reconhecimento da diversidade do subdesenvolvimento, embora continuem exigindo mais testes práticos e melhores quantificações, capazes de enraizar avaliações sólidas.

Além da inovação na terminologia, para estabelecer esses escalões da economia mundial, articulam-se os itens de crescimento e composição do PIB (conjunto que faz aparecer o valor de setores de produção com mais impacto para o sistema à escala mundial), de estrutura da renda, de dimensão do mercado interno, de IDH, de capacidade dos recursos humanos, de legitimidade e de meios institucionais para estímulo à atividade econômica e à implementação de uma diplomacia de relevo.

Apesar das diferenças no desempenho e na hierarquia entre os dois blocos de países, a presente estrutura econômica mundial suscita interesses comuns na medida em que as relações norte–sul continuam em uma linha de herança histórica, dentro da qual as condições de decolagem do sul são muito difíceis, uma vez que o funcionamento do mercado mundial se produz por critérios estabelecidos segundo os interesses do norte. Juan Gabriel Valdés, antigo diretor-geral das relações econômicas internacionais no Ministério de Relações Exteriores do Chile, que coordenou a delegação chilena às negociações com o Nafta (North America Free Trade Agreement – Tratado Norte-americano de Livre-Comércio), afirmou:

> Os países desenvolvidos pregam comércio livre e recomendam a diversificação de nossas exportações e mais valor adicionado a nossos produtos naturais. Mas, se o fizermos, eles inventam novas medidas para proteger seus próprios mercados. (*South*, 1997)

Outro exemplo é a massa de capital especulativo que circula em função dos fusos horários e de operações pontuais agressivas, de proporções gigantescas. Os efeitos do capital especulativo são agravados pela aparição de uma poderosa economia internacional fora da lei, manejada por camadas sociais predadoras. Esse tipo de economia se dá por meio de máfias de escala planetária ou local, de vários tipos de tráficos ou de punções privadas em contratos públicos e chantagem político-militar para a captação de fontes de receita. A adição dessas parcelas compõe, hoje, porcentagens não contabilizadas do PIB em vários países.

Nos países em transição conflituosa – como ocorre em vários Estados africanos, alguns latino-americanos ou do Leste Europeu – decorre uma luta interna entre as estruturas de acumulação pelo binômio trabalho–poupança e estratégias de enriquecimento delinquente (nesse caso, incluindo suportes locais do capital financeiro especulativo e a economia de tráfico). Da correlação de forças entre essas duas atitudes dependem as regras das transições, período histórico geralmente longo e sinuoso. De fato, etapas da história definidas como "transição" assumem com rapidez o caráter de autênticos sistemas, estabelecendo normas de propriedade, de circulação da riqueza e de controle estrito dos centros de decisão.

A combinação desses fatores endógenos e exógenos constitui o quadro estrutural de estrangulamento do desenvolvimento sustentável e equitável, cujas incidências são maiores no Hemisfério Sul, quer nas economias emergentes, quer nas economias atrasadas.

ÁFRICA DO SUL: OS DADOS DA EMERGÊNCIA

I

A África do Sul é o único país subsaariano considerado emergente, embora as Ilhas Maurícias obtenham igual classificação entre alguns economistas ou empresas financeiras. Mas a dimensão da economia sul-africana e a diversidade e o grau de sofisticação de seus setores mais avançados fazem uma diferença abismal:

- Seu PIB é superior ao de alguns países da União Europeia;
- A soma da indústria transformadora com a energia gerada e a construção civil resulta em uma porcentagem de 24,4 % do PIB (*Quarterly Bulletin*, 2000) e inclui tecnologia de última geração;

- Há um elevado grau de *inputs* industriais na agricultura;
- Existe um setor extrativo com matérias decisivas para a economia mundial, como o ouro e radioativos;
- Seu mercado interno pode ser avaliado pela absorção anual de trezentas mil viaturas novas de fabricação local;
- Existe um setor financeiro e de relacionados com peso de quase 19,3% do PIB (*Quarterly Bulletin*, 2000) e um mercado de capitais (Bolsa de Joanesburgo) situado entre os 12 maiores do mundo.

Ao mesmo tempo, possui Forças Armadas de elevado poder nas três grandes armas e papel de proteção em uma das mais importantes rotas mundiais; capacidade nuclear própria; instituições políticas de grande legitimidade e uma moeda que lidera uma zona monetária na subregião austral de África.

Mas, por sua vez, seu desempenho social é deplorável e gerador de enormes desigualdades, que marginalizam a maior parte de sua própria população e reduzem a capacidade sul-africana de influência regional.

Tal fato, aliás, também é uma característica de todos os chamados emergentes ou semiperiféricos: a desigualdade social, que esboça um perfil em que dois níveis de desenvolvimento se estabelecem dentro do mesmo país.

II

Em 1652, a Companhia das Índias Orientais deu o primeiro passo para a formação do que seria – e até hoje é, em muitos aspectos – a África do Sul e mesmo outras zonas de África Austral. Seu agente Jan Van Riebeeck estabeleceu uma base em uma das baías junto ao Cabo da Boa Esperança, para reabastecimento de navios na rota entre a Europa e as colônias holandesas da Ásia; um ato que daria nascimento à Cidade do Cabo e, em seguida, atrairia colonos holandeses e malaios (estes em posição subalterna).

A primeira função atribuída à África do Sul foi, portanto, de facilitadora nas comunicações entre os dois grandes eixos do comércio mundial da época, e, ao fundar a Cidade do Cabo, os holandeses se antecipavam aos ingleses e franceses.

Os portugueses, por sua vez, tinham outra estratégia de escalas na mesma rota, colocando-as antes e depois do Cabo da Boa Esperança. A cidade de Luanda (mais tarde capital de Angola) foi fundada em 1575, e pontos da costa moçambicana eram também usados pelos barcos portugueses.

Outra diferença marcava as estratégias imperiais daquelas potências europeias: enquanto os holandeses buscavam uma escala para a Ásia, que se expandiu e se transformou rapidamente em entreposto comercial e agrícola, a costa de Angola interessava aos portugueses em função do comércio de escravos.

Para Inglaterra e França, as zonas de captura de escravos se situavam no oeste da África e, em menor escala, na África Equatorial, posicionando suas escalas para o Oriente já dentro do Oceano Índico. Os ingleses usavam a Costa do Natal, e a França, as Ilhas Mascarenhas (sobretudo Reunião e Maurícia), o que significa que nenhum dos dois países se implantou, então, no Atlântico Sul.

O fato de não existirem colônias norte-americanas ao sul do Equador pode ter pesado nisso, ao contrário do que foi para os portugueses.

Durante o século XVIII, os holandeses reforçaram o valor comercial e agrícola do Cabo, colocando um número crescente de colonos que denominaram *boers* (literalmente, camponeses) e, mais tarde, *afrikaners*.

No entanto, uma vez que a África Austral havia sido configurada em função dos interesses de expansão da Europa mercantil, o impacto dos grandes acontecimentos europeus foi determinante na área. As guerras de religião levaram à África do Sul milhares de protestantes franceses que antes tinham fugido para a Holanda, e, no fim do século XVIII, a Inglaterra, envolvida nas guerras napoleônicas, conquistava o Cabo à Holanda, país que se encontrava sob domínio francês. Na mesma campanha, os ingleses tomaram as Ilhas Maurícias aos franceses e, a partir daí, a Inglaterra passou a quase monopolizar o comércio com a Índia e com o extremo Oriente de forma geral.

A França passou a atribuir, por força das circunstâncias, mais importância à África Equatorial, sem jamais chegar à zona austral, cujas funções, atribuídas pelo Império Britânico, foram as de ligação, tal como fizeram os holandeses, mas lhe acrescentaram tarefas produtivas capazes de corresponder ao potencial que viam nas terras conquistadas.

Isso conduziu a três fenômenos decisivos:

1. A chegada de colonos britânicos ao Cabo e a consecutiva migração de grande número de bôeres para regiões do interior sul-africano;
2. A intensificação das operações militares para a ocupação de terras dos camponeses negros, a que chamariam "Guerras de Fronteira", processo semelhante ao que teve como alvo as comunidades indígenas das Américas;
3. A tolerância de Londres apenas com outra presença europeia em toda a subregião austral da África –, a dos portugueses, seus aliados (em Angola e Moçambique).

A partir de então, a África do Sul passa a mover-se com base nesses dados, e uma relação de grande conflito se estabelece tanto entre *boers–afrikaners* e britânicos como entre brancos e negros.

Neste segundo caso, à ocupação de terras se somará o alargamento da escravatura interna para a satisfação das exigências do mercado de trabalho suscitado pelas atividades dos colonos. Apesar disso, a população negra conseguiu manter-se em maioria, ao contrário do que ocorreu nos países da América do Norte, Austrália, Nova Zelândia e alguns da América Latina.

Mas o antagonismo entre os brancos aumentou, sobretudo, quando minas de ouro foram descobertas no século XIX, na região do Transvaal, onde os *boers* tinham criado uma República independente.

Londres criou uma faixa contínua de dominação, compreendendo as colônias do Cabo e do Natal, que ocupavam toda a costa do extremo sul do continente e entrou em conflito militar com as duas Repúblicas *boers* criadas no interior.

Em 1881, os *boers* conseguiram impor uma humilhante derrota ao exército britânico e consolidaram seu poder tanto no Transvaal quanto no Orange, desenvolvendo uma estrutura assente na exploração agrícola e em um regime de trabalho largamente escravo da população negra. A exploração de recursos de subsolo começou, e as duas Repúblicas negaram igualdade de direitos de propriedade aos *uitlanders* (imigrantes de origem britânica).

Duas lógicas capitalistas entraram em confronto novamente. Os *boers* em uma lógica de acumulação em autarcia e se servindo de métodos como a escravatura e o racismo aberto. Os ingleses em um processo de acumulação em escala imperial adotando cada vez mais o regime de trabalho assalariado e formas mais discretas de racismo.

A confirmação do potencial mineiro sul-africano (localizado, principalmente, no território de uma das Repúblicas *boers–afrikaners*) mudou a função que o Império Britânico até então reservava para a África do Sul, na medida em que esse potencial era um acelerador do processo de acumulação. O conflito em torno dos direitos de propriedade dos *uitlanders* passou a ter valor estratégico, e a segunda Guerra Bôer, iniciada em 1899, terminou em 1902 com a vitória do exército britânico.

As empresas britânicas passaram a controlar a extração de matérias-primas, dando à economia sul-africana uma dominância mineira acentuada e uma posição de dependência em relação à economia inglesa.

No entanto, a presença da população *afrikaner*, numerosa e muito ativa, na agricultura e no comércio e o fato de ela ter ganho na Europa uma imagem de anti-imperialista em virtude da luta contra os ingleses e também de ser então composta em grande maioria de famílias pobres, levaram Londres a procurar uma solução política como fez na época para outras colônias com grande população branca.

Mas, na África do Sul, o contexto era diferente e não se tratava apenas de atribuir direitos políticos a descendentes de colonos dispostos a respeitar a disciplina econômica imperial. A pobreza entre os *boers* fazia aparecer movimentos de reivindicação social e suas organizações nacionalistas mostravam disposição de buscar aliança com a Alemanha, que havia conseguido estabelecer-se poucas décadas antes na África Austral (na futura Namíbia).

Assim, a África do Sul nunca foi designada como "domínio da coroa".

O acordo assinado em 1911 criou a União Sul-Africana, reconhecendo igualdade de direitos a ingleses e *afrikaners*, mas excluindo as populações negra, mestiça e indiana.

Durante a Primeira Guerra Mundial, os riscos nas vias de comunicação mundiais facilitaram a diversificação de atividades industriais na África do Sul (como aconteceu em vários países), levando à aparição de um operariado como até então não existia em toda a África e modernizando o setor terciário em quase todos os seus componentes.

O exército sul-africano expulsou a Alemanha do Sudoeste Africano (mais tarde Namíbia) e a África do Sul passou a ser um membro do Commonwealth. Todavia, as contradições entre os dois grupos da população branca não cessaram.

Os *boers* mantinham o sentimento de discriminação na distribuição da renda, atestada pelo alto índice de pobreza em sua comunidade. Esse sentimento era acompanhado de racismo contra os negros, que eles viam como concorrentes no mercado de trabalho, pois estavam em condições técnicas de desempenhar funções subalternas na estrutura econômica.

Com base nesses fatores, o eleitorado *boer* – majoritário entre os eleitores reconhecidos, já que os negros estavam excluídos – votou maciçamente no Partido Nacional, que implantou o regime de *apartheid* e se afastou bastante da órbita inglesa em dois sentidos: saindo da Commonwealth (expulso em virtude de sua política racista) e criando internamente um empresariado industrial e financeiro de origem *boer* com o qual o capital local de origem inglesa teve de compor.

O crescimento industrial que se produziu na África do Sul após a Segunda Guerra Mundial fez aumentar o número de operários ou assalariados em geral, e os níveis de expansão ultrapassaram a capacidade da população branca. Tal como ocorreria nas minas, também na indústria transformadora e nos serviços os trabalhadores negros se tornam majoritários, enquanto em duas regiões (Cabo Ocidental e Natal) os mestiços e indianos são fundamentais em diversos ramos da vida econômica.

Gradualmente, a economia sul-africana vai entrando em outro "ciclo" – de industrialização –, após ter percorrido fases de domínio agrocomercial e mineiro, em uma trajetória com várias semelhanças em relação ao Brasil e à Argentina, inclusive na importância da década de 1930 como ponto de partida no contexto hoje designado emergente.

Como sempre ocorre, não se tratou de eliminação de vocações anteriores, mas de lhes acrescentar outra, modernizante e resultante da transferência intersetorial de investimentos.

De fato, os grandes grupos de base extrativa, como De Beers, Anglo-American ou Rembrandt, passaram a incluir bancos e fábricas em suas carteiras.

A política de industrialização vai criar um contexto pleno de contradições e fortes antagonismos. O Estado procura favorecer o capitalismo *afrikaner*, mas no emergente mercado de capitais os empresários de língua inglesa permanecem dominantes, apesar de terem aparecido alguns grupos financeiros *afrikaners* com impacto. Ao mesmo tempo, o Estado racista sul-africano diversifica os parceiros internacionais jogando nos mercados dos Estados Unidos e de vários países europeus, de maneira a reduzir a dependência em relação ao Reino Unido. Enfim, a importância insubstituível da força de trabalho negra no processo de acumulação interna dá lugar a medidas de repressão como forma de controlá-la, o que vai gerar aumento da resistência popular no país e boicote internacional, que criará sérios problemas para o relacionamento externo da economia sul-africana.

Para o sistema capitalista, a África do Sul se transformou em um caso *sui generis*. Por um lado, possuía produtos de origem mineral essenciais, como o ouro e os radioativos; por outro lado, seu mercado interno se tornou atraente para muitos exportadores em virtude de apreciável grau de sofisticação e razoável poder aquisitivo de uma parte da população; mas suas instituições racistas criam um problema de dimensão internacional: elas estabelecem relações sociais inaceitáveis e fazem correr o risco de radicalização da luta interna contra o *apartheid*.

Durante todo o período que vai de 1960 a 1990, o papel da África do Sul na economia capitalista mundial vai ser muito setorizado, quer dizer, assente nos produtos considerados essenciais para o conjunto do sistema, mas com limitações impostas a alguns outros (limitações que foram se estendendo).

Em relação à subregião, a África do Sul se impôs como centro do sistema, tanto pela intensificação da dependência dos vizinhos em relação a seus serviços e moeda como acionando o dispositivo militar.

Nesse contexto, a África do Sul correspondia bem à designação de subimperialismo, no sentido de país que tem meios próprios para executar uma política agressiva de hegemonia localizada. A classificação de semiperiferia, porém, levanta algumas objeções, já que ela implica um relacionamento articulado com o centro, fato que não ocorria no caso sul-africano, em virtude das sanções econômicas internacionais.

Internamente, o país vivia também uma conjuntura de "esquizofrenia": suas estruturas técnico-econômicas modernas não correspondiam a suas estruturas sociopolíticas arcaicas. A tensão entre ambas as esferas se processava em dois planos:

1. Entre a população negra, que exigia com cada vez mais sucesso seus direitos;
2. Entre o empresariado branco, que queria sua integração plena na economia do mundo e o alargamento do mercado interno, limitado pelas instituições.

III

A partir da década de 1970, o regime racista entra em fase de queda perante o vigor dos protestos populares, a alteração da conjuntura política regional, com um forte papel para Angola, e as sanções internacionais.

A interligação da história da África do Sul e de Angola aparece claramente nessa fase, enquanto as transformações econômicas dentro da África do Sul se acentuam em alguns planos de relevo.

O setor mineiro, que representou cerca de 40% do PIB nas primeiras décadas do século XX, passa para 21,1% em 1980 e para 6,5% em 2000 (Governo Sul-africano, 1995, s. p.), fazendo crescer na proporção inversa os setores industrial e de serviços; dados que fazem aparecer a hegemonia dos capitais industrial e financeiro e a redução da dependência do extrativo.

A correspondente distribuição da força de trabalho no começo deste milênio é também significativa. Dos 7,8 milhões de pessoas empregadas no setor formal, 3,8 milhões estão nos serviços; dois milhões, na indústria transformadora (incluindo construção civil); 1,2 milhão, na agricultura e pescas; e oitocentas mil, nas minas.

Em 1995, uma pesquisa (Saldru, 1995, p.80) cuja amostragem era de nove mil negros e brancos revelava dados importantes sobre a distribuição da renda. Notemos apenas três dos estratos. Veja a Tabela 4.1.

Tabela 4.1 Estratos sobre a distribuição de renda

Categoria	Negros	Brancos
Abaixo de 3.000	14,9%	1,3%
Entre 10.000 e 29.999	34,3%	15,7%
Acima de 100.000	0,2%	20,0%

Com a aparição, nos últimos anos de *apartheid*, de uma importante classe média negra e com o aumento do nível de vida de indianos e *coloureds*, essas diferenças diminuíram um pouco, mas mantêm, até hoje, seu valor comparativo de base.

O acúmulo de pressões internas e externas derrubou o *apartheid* político e, com ele, a "esquizofrenia", abrindo caminho à normalização das funções da África do Sul no quadro econômico global. No entanto, os efeitos sociais do antigo regime persistem de tal forma que pode considerar-se que o processo de transição em seu conjunto está longe da conclusão.

O impacto dos direitos de propriedade urbana e rural é de longa duração, determinando zonas residenciais marcadas essencialmente pela raça e níveis muito diferenciados nas explorações agrícolas, em que as grandes *commercial farms* são, quase na totalidade, propriedade de brancos.

O estabelecimento de equilíbrio nos dois casos só aparece como possível em uma perspectiva de longo prazo e na sequência de mais equidade na distribuição da renda. Com efeito, é inimaginável fazer remoções nas áreas residenciais ou efetuar aquisições maciças para a redistribuição. Quanto à reforma agrária, ela está sendo conduzida levando em consideração os direitos históricos e o imperativo de não fazer baixar a produção agrícola.

A tomada do poder pelo ANC (African National Congress – Congresso Nacional Africano) deu lugar a algumas reformas que procuram introduzir alterações na estrutura de propriedade e de distribuição da renda, partindo da política de "ação afirmativa". Algumas grandes empresas apelaram a gestores negros e venderam a grupos negros porcentagens de capital. Nas privatizações de empresas estatais, existe alguma preocupação em facilitar o acesso de investidores negros.

Esse processo está ainda no início e, por exemplo, na Bolsa de Joanesburgo, existente desde 1887, o número de empresas cujos proprietários são negros – ou que têm grande participação deles – não corresponde nem a 10%.

O poder de negociação do movimento sindical conduziu a novas tabelas salariais dos trabalhadores com emprego no setor formal, mas o mercado de trabalho não se expandiu.[1]

O momento da transição política na África do Sul corresponde, na área da economia, ao prolongamento da fase depressiva dos últimos anos de *apartheid*, agravados pelos choques das crises das bolsas do Extremo Oriente e da América Latina.

Essa sensibilidade da Bolsa de Joanesburgo a tudo o que ocorre nos demais mercados de capitais revela sua inserção no sistema, como aparece no volume de transações em 2003, de 110 bilhões de dólares ou 752 bilhões de rands, segundo o governador do banco de reserva sul-africano em discurso no Cabo em maio de 2004.

Esse fenômeno, situado muito acima da média dos países subdesenvolvidos, revela desde logo a posição intermediária da África do Sul na hierarquia do sistema, o que vai ser sublinhado por quatro aproximações importantes.

A primeira é com o FMI/Banco Mundial como medida destinada a facilitar o acesso ao mercado internacional de capitais, em que as novas autoridades procuravam proteger-se contra programas de ajuste estrutural que aumentassem os custos sociais internos. O nível de discussão e as críticas formuladas por diversos meios sul-africanos governamentais ou financeiros demonstram seu caráter excepcional – mas não único – no Terceiro Mundo.

A segunda aproximação refere-se à entrada da África do Sul na SADC (Comunidade de Desenvolvimento da África Austral), que, quando foi criada, em 1980, teve a designação de Conselho

[1] De acordo com o *Department of Labour*, citado pelo *Sunday Independent*, de 5 de maio de 2002, segundo o qual existem 6,5 milhões de desempregados no país, sobretudo mão de obra pouco qualificada. No setor formal, meio milhão de empregos teria sido perdido desde 1994, atingindo, principalmente, a área da agricultura e minas, enquanto na indústria haveria estagnação do mercado de trabalho.

de Coordenação para o Desenvolvimento da África Austral (SADCC) e a função de reduzir as dependências subregionais da economia sul-africana. Com o fim do *apartheid*, essa preocupação diminuiu e países como Moçambique se abrem ao capital sul-africano, que cada vez mais domina as trocas intrarregionais e executa algumas operações de deslocalização industrial para países fronteiriços a fim de beneficiar o setor com menores custos de mão de obra e impostos.

A terceira aproximação é com os Estados Unidos, com a constituição de uma Comissão Mista dirigida pelos então vice-presidentes Mbeki e Gore, na qual é patente o interesse de Washington de que a África do Sul seja o elemento normalizador e dinamizador do sistema em toda a África Austral.

A quarta refere-se à assinatura do Acordo de Livre Troca com a União Europeia, que trata de um volume de comércio da ordem de 17 bilhões de dólares, que foi assinado pelos europeus antes de o fazerem com o resto de África e com a América Latina.

Algumas preocupações relativas à África do Sul se mantêm por parte de alguns países membros da SADC e dizem respeito a aspectos políticos da subregião e ao controle de setores importantes da estrutura da SADC, em que se procura limitar a presença sul-africana, que é vista como mantenedora de objetivos hegemônicos.

Angola é o caso mais importante entre os países que revelam esses tipos de preocupação, por se tratar de um país com elevados recursos energéticos e hídricos (ao contrário da África do Sul em ambos os casos), possuidor de um exército relativamente forte e de influência política em alguns países vizinhos.

No entanto, a distância entre a capacidade produtiva da África do Sul e a dos demais membros da SADC e o fato de o rand ser a única moeda conversível na África a sul do Equador (junto com as quatro moedas que lhe estão ligadas) continuam mantendo os desequilíbrios históricos.

No ano de 2002, o PIB sul-africano era da ordem de 147 bilhões de dólares, cerca de quatro vezes superior à soma do PIB dos demais membros da SADC, e sua composição por setor não tem comparação com a de nenhuma economia da África subsaariana: o primário (agricultura e minas) representava 10,6%; o secundário, 24,5%; e o terciário 64,9%, traduzindo o peso do setor financeiro, a importância relativa da indústria e uma considerável diversificação inexistente no resto do continente.

O comércio exterior sul-africano (exportações e importações) representava, nos três últimos anos do século XX, cerca de cinquenta bilhões de dólares anuais, ao câmbio desse período. Na soma dos dois sentidos em 1998, os Estados Unidos são o maior parceiro (10%), seguidos pela Alemanha (8,8%), Reino Unido (7,8%) e Japão (5,8%) (Reserve Bank Quarterley apud Nattrass, 1999, s. p.)

Essa estrutura de parceiros é importante para constatar o relacionamento externo, acrescentando-se que, em termos setoriais da indústria, em 2001, ela contribuiu com 64,1% do montante total exportado (incluindo de metais de base a máquinas, veículos, produtos químicos, alimentos processados, têxteis e categorias assinaladas como miscelâneas) – embora incorpore *inputs* importados. Os minerais, liderados pelo ouro, representam 33% do volume exportado, mas parte deles incorpora diferentes níveis de transformação. A agricultura – que cobre as maiores fatias da demanda interna – correspondia a 2,9% das exportações.

Nas importações, aparece a importância das máquinas e dos equipamentos com 18% e 6%, respectivamente, e produtos de origem mineral, com destaque para o petróleo, com 14,4% (*South Africa at a Glance*, 1999, s. p.).

O perfil econômico da África do Sul é, portanto, de um país em que os setores primários ainda desempenham um papel crucial, mas onde a transformação é de relevo, traduzindo o nível de incorporação tecnológica e de formação de capital. A dimensão dessa economia e seu papel na região onde se localiza lhe atribuem uma posição hierárquica no sistema comparável à que desempenham Brasil e México, na América Latina, e Índia, na Ásia do sul. Sua estrutura apresenta um conjunto de redes integradas pela ação de grandes corporações presentes em vários setores e dos instrumentos reguladores estatais.

Entendemos por rede as formas de propriedade traduzidas por atividades com regras particulares e promovendo interesses, ligações, métodos e vocações específicas, uns em casos de tipo empresarial, outros em blocos de estratégias pessoais e outros, ainda, revelando situações híbridas.

A rede principal é composta de empresas sul-africanas de características multinacionais – algumas delas listadas em bolsas estrangeiras – que têm como origem histórica a extração mineira ou empreendimentos bancários e comerciais que, de forma direta ou indireta, emergiram em função das atividades extrativas, evoluindo entre as duas guerras mundiais no sentido da diversificação. Hoje essa rede ocupa o papel principal no investimento interno e serve como indicador de risco para o investimento internacional, com o qual forma parcerias há bastante tempo.

Em termos do lugar estratégico que ocupa, a rede das grandes empresas estatais pode ser colocada em paralelo com as corporações referidas, até porque quase todas estão em processo de privatização parcial, geralmente em torno dos 30%. Sua presença é mais visível nas áreas da energia, transportes e telecomunicações.

Em seguida, surge a faixa das grandes empresas locais de produção e comercialização de bens de grande consumo ou de serviços: supermercados, fazendas de grande porte (cujo número se situa em torno de quarenta mil, segundo o critério de dimensão usado), fábricas de bens correntes, transportadoras, mídia etc.; ou seja, uma rede que se estende pelos setores primário, secundário e terciário.

A pequena empresa também está espalhada por todos os setores nas áreas de produção e comercialização de bens de grande consumo e, tal como a rede anterior, registra sua presença em aumento de proprietários negros, que se beneficiam de medidas estimulantes especiais no quadro da ação afirmativa ou *black empowerment*. Esse tipo de iniciativa corretiva revela, assim, um processo de constituição assente em pequeno e médio capitais, com algumas aberturas de espaço na rede das grandes empresas, por meio de participações no capital, de acordos em ramos específicos ou de atribuição de posições profissionais executivas.

São essas as redes formais, com níveis de risco, vulnerabilidade e estabilidade equivalentes aos atuais padrões internacionais e que asseguram o funcionamento da chamada faixa moderna da economia sul-africana.

Fora delas ficam as redes da sobrevivência, inserindo provavelmente mais da metade da população: desemprego, subemprego, setor informal, microempresas ou negócios pontuais, pequena empresa familiar rural. Seus integrantes apresentam todo o perfil de ausência de poder – falta de capital, falta de formação profissional e confusão de estratégia tanto própria quanto das instituições de apoio – assinalando a linha da pobreza.

Se nas redes precedentes se notam frequentes graus de mobilidade – ascendente ou descendente –, no que se refere às redes de sobrevivência esse fator tem sido praticamente nulo no sentido ascendente, ou seja, o desemprego e a aquisição de produtos vitais nas redes formais são os pontos de contato. Os programas e projetos de "alívio da pobreza", "redução da pobreza" e microcrédito – política social do governo, iniciativas da sociedade civil ou entidades como o Banco Comunitário – livram a África do Sul da dependência da ajuda humanitária internacional, mas não são suficientes para a superação do caráter de sobrevivência dessas redes, inserindo-as nas mais estáveis, quer por meio do alargamento do mercado de trabalho, quer pela subida de dimensão das microempresas, miniexplorações e empreendimentos precários.

É com essa composição, típica do lado emergente do subdesenvolvimento, que a economia sul-africana procura novas margens de expansão, para se acercar cada vez mais do centro (como revelam os acordos com os Estados Unidos e a União Europeia) e melhorar os termos de distribuição da renda interna (começando pela redução do desemprego), fator de possíveis crises sociais racialmente marcadas.

A expressão de economia emergente se presta a vários equívocos, mas o posicionamento sul-africano no sistema mundial, ao mesmo tempo intermediário e dependente (em termos de repercussões financeiras, obtenção de *inputs* decisivos ou de troca e acordos), é bem patente.

Esse fato não obsta a que a África do Sul – assim como todos os emergentes – revele índices de grande pobreza em porcentagens elevadas da população, que no caso sul-africano mostram fortes traços raciais.

A questão do desemprego é, portanto, central e esse é, talvez, o maior tema de debate no país. Oficialmente, consideram-se desempregados 29,5% da população (negros em larga maioria) (*Statiscs South África*, 2004), e cerca de 21% dos empregos dos negros são classificados como "informal", isto é, precário.

Mas em um seminário do Euromoney, realizado na Cidade do Cabo em maio de 2004, o diretor adjunto das finanças públicas situou o desemprego do país entre 30% e 40% da mão de obra ativa, sendo que essa diferença corresponde às diferenças nos conceitos ligados à quantificação do fenômeno – inclusive sobre o que é formal, informal ou sazonal.

Analistas da política externa do país colocam as prioridades diplomáticas na área econômica: "A política externa deve ser direcionada de modo a permitir as melhores manobras possíveis na economia global, durante as mais competitivas procuras por nichos de mercados, produtos e investimento interior" (Mills, 2000, s. p. Tradução minha).

Nesse sentido, a questão que se debate em vários círculos sul-africanos – políticos, empresariais, acadêmicos, mídia – é sobre a validade ou a capacidade de o país assumir a liderança do desenvolvimento na África Austral, se deve orientar-se para áreas do mundo mais remuneráveis a curto prazo ou, ainda, se deve procurar harmonizar os dois.

Esta última opção dá fortes sinais de crescer através do empenho sul-africano na concepção e busca de meios de implementação do Nepad (Nova Parceria para o Desenvolvimento de África), implicando investimentos anuais de 62 bilhões de USD à escala continental e ao evoluir de negociações com a Índia, Estados Unidos e Mercosul, complementando a linha iniciada com o acordo de livre-comércio assinado com a União Europeia.

ANGOLA: A MECÂNICA DO DESAPROVEITAMENTO

Angola é um caso que traduz bem a natureza contraditória dos PMA, ilustrando os grandes traços atuais do subdesenvolvimento.

Por um lado, é um país com alta dependência externa, inclusive no aspecto alimentar, com uma economia fragmentada e que tem vivido 26 anos sob efeito de conjuntura de violência, quer se trate de política pelas armas, quer se trate de corrupção. Por outro lado, há recursos econômicos importantes e condições naturais favoráveis.

Do ponto de vista político, Angola foi sucessivamente peça fundamental na construção do Império Português e na formação do Brasil nos séculos XVII e XVIII; ponto de divergência entre aliados (Portugal e Reino Unido) na fixação das fronteiras coloniais do século XIX; e ponto de combate entre os aliados e a Alemanha na Primeira Guerra Mundial. Mais recentemente, Angola foi palco do último grande confronto da antiga Guerra Fria e país decisivo para a queda do *apartheid*.

I

A economia angolana é um exemplo do perfil atual do subdesenvolvimento bloqueado – apesar de seus recursos naturais estarem acima da média daqueles dos PMAs e de seu grande impacto estratégico em sua região .

A principal blocagem foi a violência bélica de 1975 a 2002, geradora de crise alimentar, que condicionava toda a atividade profissional, a vida das famílias e o sentido da moeda. A produção agrícola caiu brutalmente em relação aos dados do fim do período colonial, os estoques alimentares eram praticamente inexistentes e a dolarização e a tremenda especulação facilitada pelo desequilíbrio entre oferta e demanda impunham a curva dos preços determinando a inflação, calculada, em 2001, pelo Banco Mundial na faixa dos 300%. Em 2003, os cálculos de inflação pelo FMI assinalavam uma descida para 100% e uma previsão de 40% para 2004. Isso evidencia uma contenção notável, mas de sustentabilidade duvidosa em virtude da persistência do desequilíbrio no cenário alimentar e em outras áreas de consumo corrente.

Outro ponto importante foi a destruição de serviços indispensáveis à vida, como a água, a assistência médica, a educação e a energia elétrica, por causas bélicas ou por negligência na manutenção. Dois anos após o fim da guerra, nenhum projeto empresarial de alcance podia ser concebido em Angola sem que criassem suas próprias fontes de abastecimento de água e eletricidade.

As baixas rendas situavam, segundo o FMI, 65% da população abaixo da linha de pobreza, mas mesmo em caráter oficial é comum usar porcentagens mais elevadas, provocando um tipo extremo de *rent seeking* – de sobrevivência –, incluindo a generalização da corrupção desde os níveis mais baixos até os mais altos, além da "paralelização" de todo o comércio de grande consumo.

A economia angolana sempre foi afetada e balizada pela violência.

A escravidão sempre esteve presente na brutalidade, e sua abolição foi seguida por cerca de um século de estagnação, com a potência colonial incapacitada – ou desinteressada – de encontrar uma vocação econômica produtiva para o país. Os períodos da borracha e do café, se seguiram motivados pela subida de preços no mercado mundial, basearam-se no trabalho forçado.

Uma ligeira alteração na política econômica colonial só se produziu a partir de 1962 como resultado da insurreição camponesa de 1961 e, mesmo assim, o modelo era totalmente dependente de prioridades portuguesas, incluindo transferência para a então colônia de velho equipamento das matrizes metropolitanas, a monopolização do transporte internacional pelas empresas de navegação de Lisboa e os privilégios no mercado de trabalho para os residentes europeus. Os efeitos de tudo isso no momento da independência foram devastadores, na medida em que empresas se fecharam por abandono dos proprietários, mas também pela saída maciça do pessoal indispensável ao funcionamento, incluindo motoristas, operadores de todo tipo de equipamento, funcionários bancários, pequenos e médios gestores etc.

As estatizações de 1975 e 1976 se inserem nesse quadro de abandono, a que, rapidamente, se juntaram o autoritarismo e a guerra civil; a guerra pós-eleitoral em 1993 fez o país perder 23% de seu PIB (Ministério do Plano, 1996, s. p.).

A passagem do estado colonial para o pós-colonial se fez sem medidas de transição econômica – ao contrário do que sucederia 15 anos mais tarde na Namíbia e na África do Sul –, e os acontecimentos dos primeiros anos da independência geraram uma crise profunda, em que a penúria surgiu como traço dominante.

Angola passou a sofrer uma dependência ainda maior da extração petrolífera, sem que esta desse lugar à poupança ou à transferência de benefícios para outros setores, que se traduzissem pelo aumento da produtividade ou de mais capacidade de oferta.

A guerra no período entre 1993 e 1994 aprofundou a crise por meio de destruições maciças em zonas centrais da economia, com aumento dos desequilíbrios entre espaço, população e luta armada pelo controle de recursos naturais geradores de moeda conversível.

Cinco elementos estruturais podem ser sublinhados na economia angolana do fim do século XX, bloqueando e reproduzindo a situação de subdesenvolvimento:

1. O petróleo é o grande promotor de divisas e tem assegurado, direta ou indiretamente, o funcionamento do Estado, o pagamento de serviços e as importações. Ele representava, em 2002, 55,47% do PIB, o que, somados os 5,55% dos diamantes, significava 61,02% para o setor mineiro (IMF, 2003, s. p.),[2] acima de 90% das exportações em valor. Contudo, a atividade cria poucos empregos e não tem gerado novas frentes produtivas. Ele tem sido usado como garantia de crédito para importações, o que, com regularidade, cria situações em que a exportação é absorvida pela cobertura dos compromissos;
2. O comércio interno representa 15,25% do PIB. As próprias características do fenômeno dificultam uma avaliação bem quantificada da contribuição do setor informal ou paralelo para essa porcentagem. O elevado número de operadores informais ou paralelos trabalha em condições de grande precariedade, e apenas um pequeno grupo tem a capacidade ou a influência necessária para alargar as atividades e transformá-las em empresas. O acesso a produtos importados para revenda ou vantagens na aquisição de divisas ou, em menor escala, o tráfico de diamantes são a base do funcionamento de largos setores desse tipo de mercado, forte no domínio comercial, mas fraco no âmbito da produção. Seu peso, no entanto, pode ser avaliado pelo fato de representar, já no começo da última década do século passado, 78% do consumo básico na capital (Instituto Nacional de Estatística, s. n. t.).[3] Assinalemos, nesse pon-

[2] Todos os dados usados neste artigo, relacionados ao PIB de 2002, têm o IMF-FMI (2002) como fonte.

[3] O dado referido foi publicado várias vezes na década de 1990.

to, que uma pesquisa de 1992, em Luanda, indicava que 24,5% da população economicamente ativa era composta de "trabalhadores por conta própria", sendo que 41% eram mulheres e 16,2% eram homens (Stenman, 1992, p.25, 31), o que reflete o perfil dos mercados informais luandenses. Ainda mais difícil de avaliar é o número dos que fazem venda ou troca informal ocasionalmente e dos milhares que se dedicam ao garimpo diamantífero artesanal;

3. A produtividade é alvo de um círculo vicioso: não se elevam seus índices em um ambiente de salários baixos e altas carências, mas também não se viabilizam empresas com produtividade modesta. Salários de 15 dólares são comuns até nos setores formais – e existem valores menores;
4. O Estado tem sido muito centralizador, dispendioso e de baixa eficácia, o que retira a capacidade estimulante das instituições sobre o desempenho econômico; a reforma estrutural do Estado é hoje uma exigência de base – válida em quase todos os Estados pós-coloniais africanos – para garantir a segurança, direitos e bens das pessoas, manter a transparência orçamental e fiscal, criar mecanismos de desenvolvimento regional e canalizar recursos para as infraestruturas e formação profissional;
5. A função de Angola na economia afroaustral tem estado abaixo do potencial angolano, o que faz o país perder recursos e diminui seu impacto nas negociações internacionais. Essa situação não é característica apenas de Angola, na medida em que o comércio entre membros da SADC é minúsculo – excetuando as trocas com a África do Sul –, mas o potencial angolano permite encarar esse comércio de forma mais ambiciosa e até motivadora para alterar o panorama subregional.

Esse quadro revela uma configuração de redes bastante diferente da que existe na África do Sul. Podemos citar seis redes.

1. Uma rede diretamente conectada com o capital internacional é liderada pelo petróleo e compreende empresas legais estrangeiras – ou, em muito menor escala, parceiros angolanos – de extração, construção e prestação de serviços. No caso específico do petróleo, sua base contratual são acordos

de operação e concessão com a empresa estatal nacional, Sonangol. Essa rede é exemplo da economia de enclave, que trabalha segundo as prioridades do mercado mundial;

2. O Estado, ao distribuir salários, condições especiais de abastecimento durante 16 anos e grandes aquisições no mercado externo assegurava uma atividade econômica formal, financiada pela renda petrolífera. O posterior enfraquecimento do Estado nesses pormenores foi, em parte, preenchido por um segmento social privado constituído nos anos precedentes – em grande parte por antigos quadros do setor público –, mas que se debate com as dificuldades e incertezas da crise para constituir um setor empresarial formal e credível. Apesar disso, já na década de 1990, o Estado era empregador de 61,7% dos homens e de 43,4% das mulheres na capital; o desemprego se situava em 25,5%; e o subemprego, em 10% da população economicamente ativa, coincidindo este com boa parte do emprego informal (Stenman, 1992, p.25, 31). O formidável aumento da população suburbana e o acentuar da crise alimentar suscitaram a rede informal, com características iniciais de sobrevivência e que iria se desenvolver sob uma espécie de clandestinidade a partir de 1976, inicialmente combatida, mais ou menos tolerada cerca de quatro anos depois e que se tornaria hegemônica no abastecimento de primeira necessidade, como consequência do colapso do sistema comercial estatal. No começo da década de 1990, com a liberalização dos preços e o fim da maior parte dos subsídios públicos ao consumo alimentar, os preços do setor informal passaram a determinar os preços do formal. Embora os produtos alimentares continuem a representar a parte principal do volume de negócios, outros tipos de mercadoria (materiais de construção, eletrônica, água, medicamentos, roupa) entraram com importância, e os locais de venda adquiriram dimensões de verdadeiros super ou hipermercados ao ar livre. A prestação de pequenos serviços originou, também, uma profusão de oficinas – ou simples mesas –, às vezes nos próprios mercados, às vezes separadamente. Ainda assim, esse tipo de mercado nunca perdeu a característica essencial que revelava desde

seu início: a precariedade, traduzida no improviso das instalações, no aleatório dos níveis de fornecimento, nas relações de trabalho instáveis e nas oscilações da renda;

3. Num escalão abaixo da precariedade se situa a mendicidade, compreendendo os mais vulneráveis e, portanto, os menos equipados para tomar iniciativas de melhor sobrevivência no seio da crise. Em torno dos mercados informais e nos grandes cruzamentos de trânsito de Luanda, aparece essa realidade socioeconômica: pessoas propondo microsserviços ou vendendo quantidades irrisórias de produtos; crianças mendigando para sobrevivência pessoal (crianças de rua) ou aumento da renda familiar (crianças na rua); mutilados de guerra pedindo esmola; assaltantes de pequenos furtos. Entre os dois escalões, os vasos comunicantes são diversos, e a mobilidade entre ambos também;
4. Os negócios pontuais pela via do tráfico de influências ou de produtos valiosos estão na origem do que chamaremos atividades paralelas ou traficantes, quer dizer, à margem da lei, ultrapassando as exigências de sobrevivência. O número de operadores dessa rede é muito reduzido, mas, apesar disso, os montantes envolvidos são relativamente elevados. Na ausência de dados concretos, temos de lançar mão dos anos de observação direta feita por economistas, empresários ou consumidores e que, na maioria, estimam ser esta a rede que produz maior volume de capital após a renda petrolífera;
5. As pequenas e médias empresas legalizadas resultam de diversas formas de acumulação local de capital, de pequenos investimentos estrangeiros ou de *joint ventures* entre ambos. O resultado é o aumento da presença dessa rede na indústria e nos serviços, sobretudo, porém com valores muito modestos. A indústria, geralmente unidades de pequena dimensão se excetuarmos alguns casos como o cimento e a refinaria de petróleo, representou 7,14% do PIB de 2002, incluindo a manufatura, a construção civil, a energia e o abastecimento de água. Os serviços contemplaram 8,76% do PIB;
6. A agricultura tem ainda características de autossubsistência, com alguns excedentes em um número limitado de culturas, para conquista de rendas que permitam compras

no mercado informal e pequenas explorações de tipo empresarial. Dentro dessa rede, pratica-se com alguma frequência a reciprocidade em bases comunitárias ou interfamiliares. Os dados de 2002 atribuem à agricultura, às florestas e à pesca 7,82% do PIB, insuficientes para garantir autonomia no abastecimento alimentar, apresentando a produção local um déficit cerealífero próximo dos 50%, conforme declarações de um alto funcionário angolano à conferência da SADC sobre segurança alimentar em Dar-Es-Salam em abril/maio de 2004.

Existe ainda uma rede de outra natureza, não apenas em Angola, mas em grande parte dos países considerados PMA. Assim, em períodos de grande violência política, a ajuda humanitária internacional torna-se rede de vital importância. Ela se reduz fora daqueles momentos, mas continua relevante na medida em que o número de deslocados de guerra dois anos após o cessar-fogo de 2002 era de quase dois milhões de pessoas. O grande número de ONGs (Organizações Não-Governamentais) movimentando moeda conversível em volume apreciável para as condições do mercado angolano é parte da mesma rede.

II

A existência de distintas redes econômicas não implica compartimentos estanques. As vias de acesso à moeda conversível são eixos fundamentais de ligação, quer se trate dos mecanismos legais, quer se trate do mercado paralelo. Diversos são os operadores individuais ou coletivos que atuam em duas ou três redes simultaneamente – funcionários públicos que intervêm nos mercados informal ou paralelo, setores da economia tradicional camponesa que se lançam cada vez mais nos mercados e, em relação ao consumo, quase sempre é preciso recorrer a mais de uma rede para assegurar a vida cotidiana.

Mas, sobretudo, é a renda petrolífera que, direta ou indiretamente, intervém na animação de todas elas, embora o tráfico diamantífero contribua bastante, apesar das importantes tentativas a partir de 2003 para reduzi-lo. Nos dois casos, porém, não se trata de animação produtiva, mas apenas de financiamento que reproduz o funcionamento do sistema tal como ele existe.

Há redes de desenvolvimento e de contradesenvolvimento, sendo que a diferença está nos métodos de acumulação de que se servem e no destino que dão ao lucro. E também há redes orientadas para fora e para dentro.

No caso de Angola (como de quase todos os PMAs) seus eixos de articulação são precários, com forte predominância nas redes voltadas para fora: peso desproporcional do comércio exterior na formação do PIB, geralmente em termos de quase monoprodução; canalização para o exterior de lucros e outras formas de renda em detrimento do investimento interno.

É nesse contexto que se assenta a fragmentação econômica, característica comum das economias dos membros do grupo dos "49 menos desenvolvidos" e das condicionalidades internas e externas que as determinam. Contexto esse que se prolongará até que as redes promotoras de desenvolvimento se tornem predominantes e capazes de articulação estável do tecido socioeconômico.

CONCLUSÃO

A mudança na correlação de força entre as redes aparece, assim, como mudança institucional indispensável para o desbloqueio da situação de subdesenvolvimento, embora essa mudança tenha distintos imperativos de curto prazo, consoante se trate de economias emergentes ou atrasadas.

No caso sul-africano, o problema reside na inserção das redes de sobrevivência no conjunto mais estável, para multiplicar as oportunidades e tornar possível a distribuição equitativa da renda. No caso angolano, a questão é do reforço dos setores produtivos em detrimento dos setores do desaproveitamento e, além disso, movimentar parte da renda petrolífera para difusão de efeitos nos setores não petrolíferos.

O ano de 2002 foi um ano em que começaram grandes possibilidades para Angola, com o fim da guerra, com a entrada em atividade de novos poços de petróleo e com o aumento de seus preços (acentuados em 2004), o que promoveu uma taxa de crescimento do PIB de 15,2%, conforme cálculos do FMI, baseados em dados oficiais angolanos. Segundo a mesma fonte, os setores não petrolíferos cresceram 7,6%, uma porcentagem que pode ser enganadora se nos esquecermos de que, em valores absolutos, os níveis de que se parte são baixíssimos. Mas, por sua vez, ela demonstra até que ponto o PIB angolano é sensível à evolução dos preços do petróleo e de volumes de extração.

O crescimento da África do Sul desde o fim do *apartheid,* em 1994, é, em média anual, de 3% contra 1,5% na década de 1980, segundo declarações de Tito Mboweni, governador do Banco de Reserva na já referida conferência em Cape Town, de 24 de maio de 2004. É evidente, entretanto, que tais porcentagens têm um forte significado porque incidem em importantes valores precedentes e porque se trata de avanços superiores aos de algumas outras economias equivalentes ou até mais poderosas.

Nos dois casos, porém, tais crescimentos não foram capazes de fazer recuar os grandes obstáculos e, apesar das diferenças, os dois IDHs (Índice de Desenvolvimento Humano) são modestos. Em 1998, a respectiva classificação do PNUD (Programa das Nações Unidas para o Desenvolvimento) colocava a África do Sul na 103ª posição e Angola na 160ª, em um total de 174 países. As evoluções posteriores quase nada alteram e parecem resultar, sobretudo, de modificações na metodologia de avaliação.

Alem disso, o IDH geral não traduz as enormes disparidades internas, particularmente fortes na África do Sul, podendo afirmar-se que, em termos aproximados, se fosse o IDH dos brancos, a posição seria a 20ª ou 21ª, equivalente à da Espanha; se se adotassem apenas as quatro redes formais, teríamos provavelmente uma classificação da escala da Ilha Maurícia (entre a 65ª e a 70ª); e se fossem só os negros ficariam no nível de Gana ou Camarões (entre a 129ª c a 137ª).

No caso de Angola, o peso dos 70% abaixo da linha da pobreza (corrigindo em alta os dados do FMI na matéria) não autoriza grandes modificações, até porque nos 30% que estão acima, os ricos representam uma fraca porcentagem.

As diferenças entre economias emergentes e economias atrasadas não se situam, apenas, nos níveis das quantidades e montantes. A economia sul-africana atingiu um grau de articulação que contrasta com a fragmentação econômica, nos termos vistos em Angola. A extensão e o impacto empresarial sul-africanos igualmente contrastam com a precariedade da estrutura dos negócios não petrolíferos em Angola.

Esse contraste revela dados institucionais que promovem diferença entre os dois estágios de desenvolvimento por meio de maior capacidade de poupança interna e menos precariedade. Portanto, condições mais propícias para chegar a níveis satisfatórios de crescimento.

Historicamente, os graus dessa articulação determinaram mais ou menos difusão de efeitos a partir da agricultura e minas para as áreas industriais e financeiras.

No período entre as duas guerras mundiais e após a segunda dessas guerras, as classes dominantes sul-africanas edificaram uma economia sofisticada e diversificada, transferindo benefícios das explorações mineiras e agrícolas para a indústria e para a área financeira, como, aliás, ocorreu com outras economias do Hemisfério Sul, então orientadas pela teoria da substituição de importações ou das "indústrias industrializantes". Todas essas experiências se processaram em bases sociais opressivas, configurando, em geral, "modernizações conservadoras", que na África do Sul chegaram ao paroxismo da segregação e exploração racial.

Para todas as economias que passaram por esses modelos, o desafio atual é como expandir as bases materiais criadas, mas agora em termos sociais justos e sustentáveis.

Nos mesmos períodos, Angola também viveu opressão social e política com incidências raciais, mas não esteve inserida no mesmo movimento de transformação material, e o crescimento econômico da última década antes da independência apenas acentuou uma economia colonial de extração, acompanhada pelo aumento numérico das médias empresas voltadas para o consumo interno de base, sem acumulação de capital local nem formação dos recursos humanos necessários a modelos de desenvolvimento.

A esse atraso seria somado outro na transição para a independência em 1975, quando as empresas existentes em Angola, pela natureza de sua propriedade, esvaziaram-se de empresários, técnicos, capitais e estoques, seguindo-se uma longa guerra até que fosse possível estabelecer as regras de exercício do poder e iniciar a construção do quadro institucional moderno.

Na África do Sul, os interesses empresariais e sindicais locais influíram na delimitação da transição, sem perda de capacidade produtiva ou financeira e com radical redução dos conflitos violentos, o que, por si só, representa uma imensa vantagem.

Nesses termos, enquanto a economia sul-africana enfrenta o desafio de se ampliar para vencer os desafios sociais decorrentes das injustiças históricas, a economia angolana tem de se recriar para se dotar de meios de satisfazer os direitos sociais.

É a diferença fundamental entre emergentes e atrasados, que, no mesmo momento histórico, se encontram em duas fases muito diferenciadas: em um caso, passagem para as etapas seguintes da acumulação de capital e de mobilização da poupança, no outro caso, acumulação inicial do capital e formulação das respectivas regras e ética.

As diferenças de envergadura e de estrutura entre emergentes e atrasados determinam distinções importantes nas prioridades de curto prazo, tanto no que está relacionado aos desempenhos internos quanto aos posicionamentos nas negociações internacionais. Os estímulos e as orientações para a captação de investimentos, no plano interno, diferem nos graus de abertura, enquanto nas reuniões da OMC (Organização Mundial do Comércio), os PMAs são cautelosos em relação ao G20, temendo ser manipulados em função dos interesses dos emergentes.

Mas as coincidências também são importantes, tais como o tratamento das dívidas externas, o protecionismo agrícola do norte, os efeitos do grande capital especulativo e a dupla linguagem nos conceitos de abertura dos mercados.

Os motivos para se buscarem saídas comuns nas duas situações de subdesenvolvimento parecem suficientemente fortes porque decorrem das urgências em adequar as condições de vida ao grande potencial de cada país e de se reforçarem materialmente para mais equilíbrio nas relações internacionais. Mas a clarificação das intenções dos dois blocos de países e das respectivas capacidades em construir modelos de real crescimento ainda é uma exigência nessa direção.

Do contrário, seria mantido um quadro de crescimento insuficiente, em que uns procuram servir-se dos outros como forma de pressão ou áreas de expansão.

Dez anos de Plano Real: da alta inflação à necessidade de retomada do crescimento com melhor distribuição da renda

Renaut Michel
José Cláudio Ferreira da Silva

INTRODUÇÃO

A análise do desempenho da economia brasileira nos últimos dez anos permite identificar três elementos básicos: a estabilidade monetária, finalmente obtida com o Plano Real, a retomada do crescimento econômico e o problema, estruturalmente nunca resolvido, da distribuição de renda no Brasil.

Embora não se possa deixar de reconhecer os méritos do Plano Real como estratégia macroeconômica para eliminar o fantasma da inflação crônica que assolou nossa economia por duas décadas, é também indubitável que ele não conseguiu fazer com que se alcançassem taxas de crescimento que viabilizassem uma melhora permanente na distribuição da renda.

O que cabe indagar no início do segundo ano do Governo Lula é se, a partir da recomposição da estabilidade de preços que permeou o primeiro ano, poderemos evoluir para um novo ciclo de crescimento econômico que assegure melhora significativa no perfil distributivo vigente.

Uma interpretação mais ortodoxa entende que, preservada a estabilidade de preços, esse novo ciclo de crescimento será alcançado apenas com o aprofundamento de uma estratégia de inserção externa que tenha por características a aceleração do processo de abertura comercial e a manutenção dos fundamentos macroeconômicos, notadamente o desempenho fiscal e o saldo da balança comercial.

Mas é claro que a economia brasileira somente conseguirá alcançar e manter taxas de crescimento do produto compatíveis com seu potencial – em torno dos 5% ao ano –, se fizer muito mais que isso. Para a consecução desse objetivo, três movimentos são necessários.

O primeiro é o ajuste macroeconômico da interpretação ortodoxa referida anteriormente; uma condição necessária ao novo ciclo de crescimento. Contudo, embora necessário, esse ajuste não é suficiente.

O segundo movimento diz respeito à necessidade de consolidar-se, na dimensão econômica, às bases de uma economia internacionalmente competitiva, que, na dimensão social, possa realizar um novo tipo de crescimento, capaz de reduzir de forma substancial os níveis de pobreza e desigualdade que vigoram na realidade do país. Para tanto, é fundamental que o Estado assuma o compromisso com a implementação de políticas públicas que minorem o nível de exclusão vigente. Estamos nos referindo à urgência da implementação de políticas compensatórias que assegurem condições sociais mínimas para os excluídos da dinâmica econômica.

O terceiro, e talvez o movimento de maior fôlego, relaciona-se à necessidade de implantar no Brasil uma nova estratégia de desenvolvimento, que contenha as seguintes linhas de ação: (1) uma reestruturação industrial que fortaleça a competitividade dos setores mais afetados pela abertura comercial, desenvolvendo novas vantagens comparativas seletivamente em setores de novas tecnologias; (2) a implantação de uma política tecnológica que garanta ao país acompanhar o progresso técnico internacional nos principais setores; (3) o investimento maciço em educação básica e qualificação da força de trabalho; (4) a definição e implementação de uma política de defesa da concorrência; e (5) a elevação da taxa de investimento em relação ao PIB (Produto Interno Bruto), como condição absolutamente imperativa para que o novo ciclo de crescimento não conviva com estrangulamentos que nos levem novamente a conviver com situações de *stop and go*.

Construir e consolidar uma economia brasileira internacionalmente competitiva exige, de um lado, orientação para a competição e para a competitividade e, por isso, ajustada à abertura comercial, à globalização e ao novo paradigma tecnológico; e, de outro, que o novo modelo de desenvolvimento não seja um modelo voltado unicamente para as exportações, à semelhança daquele dos tigres asiáticos, mas reconhecendo o papel estratégico das exportações, utilizando-se do dinamismo do mercado interno para conquistar os mercados externos. Em suma, é na direção desses três movimentos que entendemos que a economia brasileira deve se voltar, visando a obter sucesso naquilo que é nossa maior pretensão: recuperar taxas de crescimento econômico compatíveis com a trajetória de crescimento potencial para que esse novo ciclo seja o primeiro passo na direção de melhorar os indicadores de desigualdade e pobreza.

Este artigo pretende ser uma contribuição sobre a análise da trajetória recente da economia brasileira e suas perspectivas. Ele está dividido em três seções, além desta introdução e da conclusão. Na segunda seção, é feita uma recuperação dos elementos que marcaram o desempenho econômico recente do Brasil, analisando particularmente o processo de estabilização inaugurado pelo Plano Real, seus dilemas e desafios. A terceira seção avalia os resultados do Plano e os problemas que envolveram, ou ainda envolvem, a restrição à retomada do crescimento econômico. Por fim, na quarta seção, é proposta uma agenda para a retomada do crescimento econômico e melhora do perfil distributivo. Deste último ponto de vista, os indicadores absolutamente lamentáveis colocam uma dimensão de urgência inquestionável.

UMA BREVE RECUPERAÇÃO DA TRAJETÓRIA RECENTE DA ECONOMIA BRASILEIRA

O fracasso das sucessivas tentativas de estabilização, desde a prefixação de preços e salários implantada pelo então ministro Delfin Neto no começo dos anos 1980 até o choque monetário do Plano Collor uma década depois e a consequente convivência com elevadas taxas de inflação deixaram pelo menos três importantes ensinamentos.

O primeiro deles, de certa forma presente nos diagnósticos que deram origem a todos os planos de estabilização, refere-se à inflação inercial, aquele estado de espírito empresarial que faz com que cada agente econômico com poder de estabelecer algum preço o reajuste periodicamente apenas porque o fez nos muitos períodos precedentes, independentemente da existência ou não de algum excesso de demanda que o justifique. Como nem os aumentos de preços praticados pelas empresas nem os reajustes salariais e as elevações de preços dos componentes, matérias-primas, serviços etc., que compõem os custos empresariais, ocorrem simultaneamente, uma vez iniciado o processo, sua continuada repetição torna a taxa de inflação permanente em determinado nível. A introdução de mecanismos de indexação de preços e salários sanciona o processo inflacionário, impedindo reduções de preços mesmo diante de situações recessivas. Em outras palavras, a taxa de inflação se torna rígida para baixo, apenas se elevando em razão de eventuais choques de oferta.

Um segundo ensinamento se relaciona à magnitude da taxa de inflação. Diagnosticada a inflação inercial como principal componente do processo, a solução seria a decretação do simples congelamento ou de instrumentos de controle das elevações de preços e salários. A taxa de inflação rapidamente cairia a seu patamar não inercial, podendo, a partir daí, ser controlada pelos instrumentos convencionais de política econômica, diminuindo em muito os custos sociais da redução inflacionária. Isso foi feito com bastante sucesso em muitos países, inclusive nos Estados Unidos durante o Governo Nixon no início dos anos 1970 (somente interrompido pela renúncia do presidente devido ao "Watergate") e, como se sabe, esteve presente em todos os fracassados planos de estabilização brasileiros. A principal razão da diferença entre os resultados registrados aqui e nos países que obtiveram sucesso na implantação de políticas desse tipo está na magnitude da taxa de inflação. Controles diretos de preços e salários podem obter sucesso em casos de inflação relativamente baixa, quando trabalhadores e empresas podem aceitar perdas temporárias de salários e lucros em benefício do objetivo maior da estabilidade econômica. Mas, com taxas de inflação de até dois dígitos mensais, como ocorria no Brasil, a magnitude do desalinhamento dos preços relativos gera perdas por "atrasos" nos reajustes de preços e salários quase sempre insustentáveis para as empresas e para os trabalhadores.

Um terceiro ensinamento, importante tanto para a credibilidade inicial do plano de estabilização quanto para a garantia de seu sucesso permanente, é o acerto dos fundamentos macroeconômicos no pós-plano, representados por uma política monetária prudente, de modo a não permitir o surgimento de nenhum excesso de demanda que justifique reajustes de preços, uma política fiscal restritiva, para não transformar as contas públicas em uma fonte de pressão inflacionária, e a manutenção de um nível seguro de reservas cambiais, para impedir o surgimento de especulações contra a moeda nacional.

A partir desses ensinamentos, a forma de enfrentar um quadro de inflação crônica e elevada seria a implantação de uma reforma monetária que criasse uma nova unidade de conta na economia, como havia sido proposta já fazia alguns anos (1984) pelos economistas Pérsio Arida e André Lara Resende, e que ficou conhecida como *Estratégia Larida* – contração do nome dos dois autores. Essa unidade de conta, como ocorreu em outros países, poderia ser uma moeda estrangeira com reconhecida estabilidade. À medida que as empresas passassem a fixar seus preços nessa moeda estrangeira – o dólar americano, por exemplo – e o Banco Central, a reajustar periodicamente, digamos diariamente, a taxa de câmbio, os preços na moeda nacional subiriam também diariamente, podendo gerar uma hiperinflação ordenada na moeda antiga, mas, ao mesmo tempo, estaria sendo construído um novo vetor de preços relativos na moeda estrangeira. Após algum tempo, findo o processo de marcação dos preços na moeda estrangeira, a economia estaria preparada para substituir a moeda antiga por uma nova não contaminada pela inércia inflacionária, bastando "ancorá-la" a essa moeda estrangeira. Essa foi a "lógica" usada na implantação do Plano Real.

A estratégia de estabilização inaugurada pelo Plano Real

Em meados de 1993, assumiu o Ministério da Fazenda do Governo Itamar Franco o sociólogo Fernando Henrique Cardoso, também conhecido como FHC, até então ministro das Relações Exteriores. Em um quadro inflacionário bastante crítico, o novo ministro conviveu inicialmente com muitas resistências a uma nova empreitada que envolvesse um congelamento de preços. O fracasso dos planos anteriores desestimulava a implantação de qualquer outro que a eles se assemelhasse. Além disso, o quadro técnico formado pelo novo ministro conhecia perfeitamente os ensinamentos enunciados anteriormente, e rapidamente passou a preparar um plano que geraria a dolarização artificial e temporária dos preços mediante a adoção de uma moeda indexada ao dólar americano.

O Plano Real, como se tornou conhecido, constituiu-se de três fases distintas. A primeira, essencialmente de preparação, seria caracterizada, pelo menos no discurso oficial, por um significativo ajuste fiscal, que garantiria o equilíbrio das contas públicas no pós-plano. A segunda, provavelmente a mais sofisticada, introduziria a nova unidade de conta na direção de criar um vetor de preços relativos mais realista ao provocar a dolarização artificial, ainda que, simultaneamente, gerasse uma hiperinflação na antiga moeda. E a terceira seria a da criação da nova moeda propriamente dita.

A primeira etapa

Esta etapa teve por objetivo a promoção de um ajuste fiscal. Para se ter uma ideia da importância que se dava a esse item, ensinamento retirado dos fracassos anteriores, convém lembrar declarações de vários membros da equipe econômica de então de que, sem uma reforma constitucional que garantisse o equilíbrio fiscal permanente, de nada adiantaria um novo plano econômico, já que, mesmo que debelada a inflação em um primeiro momento, ela voltaria logo adiante motivada pela pressão das contas públicas. O objetivo explícito era eliminar o déficit operacional (que inclui o pagamento dos juros da dívida pública, mas não incorpora os efeitos da inflação), ainda que mantendo o nominal (que incorpora os efeitos da inflação), que somente poderia desaparecer com o desaparecimento da inflação. Segundo Bacha (1988, s. p.),

> controlar o déficit orçamentário era um problema monetário e não fiscal, no sentido de que, se a inflação acabasse, o déficit nominal seria igual ao déficit operacional. Dessa forma, se o último estivesse equilibrado, a oferta monetária ampla deixaria de crescer, corroborando, assim, o fim da inflação.

Mas o ajuste fiscal assumiu a forma do FSE (Fundo Social de Emergência), cujo teor foi transferir verbas vinculadas no orçamento para a saúde e para a educação. Esses recursos deveriam, então, ser gastos com pagamento de juros da dívida pública, tendo como principal objetivo eliminar o déficit público. Paralelamente a esse ajuste, foram implementadas outras medidas como o processo de renegociação da dívida de estados e municípios e a reorganização do relacionamento contábil com o Tesouro Nacional e o Banco Central.

A segunda etapa

A segunda etapa, a entrada em vigor da nova unidade de conta, era, sem dúvida, a mais importante e delicada do Plano. A função dessa nova unidade de conta era produzir a dolarização artificial como mecanismo de construção de um vetor sustentável de preços relativos. Apenas a resistência do presidente Itamar evitou que a dolarização fosse explícita, forçando a equipe econômica a optar por uma unidade "intermediária", a URV (Unidade Real de Valor). Essa nova unidade de conta possuía as seguintes características:

- Variava diariamente, mantendo como parâmetro a evolução dos índices de preços e a paridade cambial máxima de um para um em relação ao dólar; tal característica trazia implícitos dois objetivos dessa fase do Plano: a "diarização do processo de precificação" na moeda antiga e o compromisso de que a nova moeda teria uma relação de paridade com o dólar de, no mínimo, um para um;

- Foi utilizada para a conversão livre dos preços de acordo com os preços de "mercado" e para todos os contratos, à exceção de salários, aluguéis, tarifas públicas e preços administrados, desde que fossem abolidos prazos de reajustes inferiores a um ano;
- Era apenas uma referência para reajustar preços em cruzeiros reais, ou seja, não poderia ser usada como meio de pagamento; isso significa que as notas fiscais das empresas, os recibos contra pagamentos, as duplicatas, os cheques e a própria moeda em espécie eram emitidos em cruzeiros reais.

A terceira etapa

Em 1° de julho de 1994, entrou em vigor a nova moeda, denominada real, marcando o início da terceira etapa da estratégia de estabilização. O governo fixou a taxa de conversão real-cruzeiro real exatamente no último valor da URV, ou seja, 2.750 cruzeiros reais. No início desta terceira etapa, a base monetária era muito baixa, de cerca de 3,2 bilhões de reais, e o volume de reservas internacionais era da ordem de quarenta bilhões de dólares, bastante elevado para os padrões brasileiros.

Ao longo dos primeiros meses de vida da nova moeda, foi adotada uma política monetária bastante rígida, com elevada taxa de juros, em torno de 8% ao mês.

No mesmo dia do início desta terceira etapa, foi anunciada a mudança do regime cambial, que passou a ser de taxa de câmbio flutuante. Simultaneamente, o Banco Central comunicou que o nível de suas reservas internacionais era adequado, razão pela qual deixaria de intervir no mercado de divisas, que estabeleceria livremente a taxa de câmbio.

Algumas inquietações sobre a preparação e a implantação do Plano Real

Descritas as três etapas do Plano, cabe relacionar algumas inquietações de economistas e analistas econômicos na época, preocupados com o sucesso da empreitada a longo prazo.

A primeira delas, surgida ainda na primeira etapa, referia-se à qualidade do ajuste fiscal realizado. É claro que a necessidade prévia de uma reforma constitucional que garantisse o equilíbrio fiscal permanente, como chegou a ser cogitado, era um exagero, como bem comprova a história dos planos de estabilização de sucesso. E a razão é simples. Em um país com inflação tão elevada, a ponto de exigir um plano de estabilização, não se deve esperar que o governo possua força política suficiente para impor uma reforma fiscal que, em palavras simples, significa determinar quem vai pagar a conta do déficit público. Por isso mesmo, nos planos de sucesso implantados em outros países, em primeiro lugar foi feita a reforma monetária para depois, garantida a redução drástica da inflação e assegurada a popularidade do governo, ser encaminhada a reforma fiscal. Além disso, o caso brasileiro era ainda mais dramático por se tratar de último ano de governo, enquanto na quase totalidade dos casos internacionais de sucesso os planos de estabilização ocorreram na primeira metade dos mandatos.

Mas, ainda assim, a criação isolada do FSE pareceu pouco a muitos analistas, que, entretanto, percebendo que se tratava de um instrumento explicitamente temporário, passaram a acreditar que a efetiva e permanente reforma fiscal seria encaminhada após o sucesso inicial do Plano ou nos primeiros meses do mandato presidencial seguinte.

A segunda inquietação se refere à adoção da URV nas tarifas públicas e nos preços administrados. Muitos acreditavam que, ainda nos primeiros meses de existência da URV, o governo estabeleceria o valor das tarifas públicas e dos preços administrados – que, na época, atingiam diversos setores de insumos básicos essenciais – nessa nova unidade, de modo a induzir o setor privado a seguir o mesmo caminho.

Mas isso não aconteceu. A maior parte das tarifas públicas e dos preços administrados somente teve seus valores estabelecidos em URV nos dois meses anteriores ao lançamento da nova moeda. Como esperar, por exemplo, que uma empresa transportadora de cargas estabelecesse seus preços em URV antes de conhecer o valor dos combustíveis nessa unidade? Exemplos como esse são muitos, já que, na época, eram muitos os preços administrados pelo Governo.

A terceira inquietação se relaciona ao tempo de existência da URV. Ao reconhecer-se o caráter inercial da inflação brasileira como o principal fator explicativo para a ausência de um vetor sustentável de preços relativos, uma pergunta emerge como óbvia, mas de resposta extremamente complexa: quanto tempo deve vigorar a unidade de conta que tem o papel de produzir a dolarização artificial e permitir a formação de um vetor sustentável de preços relativos? Ou seja, por quanto tempo a URV deveria ter vigorado para que, definitivamente, o conflito distributivo fosse eliminado, assegurando as condições necessárias e suficientes para a criação da nova moeda, livre da contaminação por novas pressões de recomposições de posições relativas na estrutura de preços da economia brasileira? Adicione-se a essa preocupação o fato de que grande parte das tarifas públicas e preços administrados somente teve seus valores estabelecidos em URV no final de sua existência, como relatado anteriormente, reduzindo ainda mais o tempo útil para a criação de um vetor de preços relativos realista.

Na verdade, valeria refletir sobre o seguinte: se, em 1° de julho de 1994, a economia brasileira ainda tivesse um importante nível de dispersão de preços, a criação da nova moeda viria acompanhada de outra corrida por recuperação de posição relativa na estrutura de preços, ou seja, seria restabelecido o conflito distributivo, que culminaria com a contaminação do real pela inércia inflacionária. Conclusão: mais um provável fracasso.

A resposta à indagação citada era a grande questão para o fracasso ou o sucesso do Plano Real. Talvez, mais dramático, o que existia era uma grande incerteza sobre se a URV tinha conseguido desempenhar seu papel de possibilitar a criação de um vetor sustentável de preços relativos, eliminando definitivamente o risco da inércia inflacionária.

Uma última inquietação importante se relaciona à política cambial nos meses que se seguiram à implantação da nova moeda. A substituição do regime cambial para o de taxa flutuante de câmbio e o anúncio de que o Banco Central deixaria ao mercado a função de estabelecê-la livremente foram extremamente sutis e seu resultado imediato, a queda acentuada da taxa de câmbio, deixou perplexa a maioria dos analistas. Ocorreu que, nos meses que antecederam a adoção do real, o Banco Central, muito corretamente, adquiriu, em média, mais que quinhentos milhões de dólares por mês para elevar o nível de suas reservas internacionais, como preparação para enfrentar eventuais ataques especulativos contra a nova moeda nacional. Optando por não intervir no mercado, logo suspendendo as compras habituais de divisas, o Banco Central, na prática, forçou a redução da demanda por dólares, e o resultado, totalmente previsível, foi a queda da taxa de câmbio.

Percebida a intenção do Banco Central em cumprir sua promessa de não-intervenção no mercado de divisas, os analistas voltaram suas preocupações para o decrescente resultado da balança comercial – que, em doze meses, passou de um superávit de oito bilhões de dólares para um déficit da mesma magnitude. O questionamento da sustentabilidade do Plano a longo prazo foi a preocupação natural.

Política e economia, uma interseção inevitável

É óbvio que as inquietações de economistas e analistas econômicos descritas acima eram do conhecimento prévio da equipe econômica, totalmente "mergulhada" nas tarefas de elaborar e posteriormente administrar o Plano Real. Por que, então, permitir que ocorressem?

A resposta exige o retorno à época em que o político (senador) Fernando Henrique Cardoso trocou o *glamour* do Ministério das Relações Exteriores pelo politicamente desgastante Ministério da Fazenda de então. Essa troca somente faz sentido ao aceitar-se que o novo cargo ensejava a possibilidade de um "plano de carreira" de longo prazo e esse parece ter sido o caso. Tudo indica que a aceitação do cargo era parte de um projeto para uma década, como de fato aconteceu: o primeiro ano como o ministro da Fazenda que preparou o Plano que debelou a inflação da economia brasileira, o segundo como candidato à Presidência da República, amparado no sucesso do Plano, e dois mandatos presidenciais seguidos, sem precedentes na história do país.

Com essas considerações em mente, pode-se perceber que a adoção da URV nas tarifas públicas e nos preços administrados, ao gerar eventual hiperinflação na antiga moeda, tornou-se indesejável no exato momento em que Fernando Henrique Cardoso deixava, por força de lei, o Ministério da Fazenda, lançando-se candidato à Presidência da República. Bem explorada pela oposição, que na época obtinha quase o triplo das intenções de voto dedicadas a FHC, a elevação exagerada dos preços na moeda antiga poderia fazer dele, em vez do desejado "candidato da estabilização de preços", o "candidato da hiperinflação".

Da mesma forma, o componente político pode explicar o pequeno período de existência da URV, possivelmente impossibilitando-a de cumprir sua tarefa de fazer com que surgisse um vetor sustentável de preços relativos. Que sentido faria deixar a implantação da nova moeda para depois das eleições, provavelmente com a vitória do candidato da oposição, que declaradamente fazia restrições ao Plano Real?

Finalmente, também a flutuação da taxa de câmbio em níveis irrealistas, sem nenhuma ação objetiva do Banco Central visando a defender a produção nacional, pode ser vista como uma consequência indireta do componente político. Receoso (ou, quem sabe, sabedor) de que a URV não teria cumprido sua função mais importante – deixando que a economia mantivesse um residual significativo de inflação inercial que poderia arruinar já no segundo o "projeto de dez anos" –, o então ministro fez com que a queda da taxa de câmbio produzisse um grandioso efeito compensador sobre os preços, garantindo o sucesso do Plano Real e da eleição presidencial.

Não se trata de acusar FHC – ou sua equipe econômica, ou seu partido político – de falta de ética ou de colocar interesses pessoais ou partidários à frente dos interesses nacionais. Apesar de tudo, o Plano Real foi um sucesso como instrumento de eliminação da elevada e crônica inflação brasileira, responsável por grande parte da deterioração, observada nos vinte anos que o precederam, da já degradante distribuição da renda no Brasil. Além disso, não faria sentido lógico elaborar um plano que fracassasse já em seu nascedouro (caso não tivesse ocorrido a queda da taxa de câmbio) ou que fosse implantado após as eleições (caso a URV tivesse tido tempo de cumprir suas funções). Por fim, é preciso reconhecer que qualquer político ou partido político de qualquer país do mundo teria feito o que foi feito, ou mais, deixando para depois das eleições ou da posse a solução dos eventuais problemas econômicos surgidos na fase eleitoral. A busca permanente de poder é a razão de ser da vida política.

O REAL: ESTABILIDADE SEM CRESCIMENTO

Diversos economistas, entre os quais nos incluímos, têm levantado a hipótese de que a URV vigorou por um tempo inferior ao necessário para desempenhar sua tarefa.[1]

Isso significa que, quando o real entrou em circulação, a economia brasileira ainda convivia com um quadro de significativa dispersão de preços relativos, que colocava sob risco a empreitada de estabilização. Assim, era imperativa a utilização de alguma âncora nominal que assegurasse a eliminação definitiva do componente inercial da inflação. A partir desse argumento, consideramos que, quando o Brasil adotou o regime cambial de taxas flutuantes, em julho de 1994, ficou implícito que a âncora nominal da economia seria o *preço* do dólar.

Com efeito, tal estratégia se mostrou coerente com o esforço de estabilização. A adoção de um regime de taxas de câmbio flutuante em um contexto de abundante liquidez de moeda estrangeira, assegurado, inclusive, pelas elevadas taxas de juros, resultantes de uma política monetária fortemente voltada ao contracionismo, levou o dólar a um processo de desvalorização em relação ao real.

Com efeito, esse novo regime cambial era absolutamente coerente com a estratégia de estabilização que estava em vigor. Sob a dúvida acerca do papel da URV como geradora do vetor sustentável de preços relativos, restou à equipe econômica do Plano gerar um "choque de oferta" compensador, via câmbio: "inundar" a economia brasileira com importados. O novo regime macroeconômico obrigou os preços que porventura ainda estivessem fora do vetor a entrar no vetor sob pena de não mais encontrar mercado, dada a competição com os produtos estrangeiros.

[1] Para uma análise mais detalhada, veja Sicsú (2003)

O chamado choque de oferta pode ser identificado por meio do comportamento do saldo comercial brasileiro após a implantação do real, quando um elevado superávit que se prolongava por vários anos se transformou em um pesado déficit apenas alguns poucos meses após o Plano. O Gráfico 5.1, em que a linha vertical mostra o momento inicial da existência do real como a moeda nacional brasileira, ilustra esse fato.

Gráfico 5.1 Saldo comercial brasileiro – 1993-6 (trimestral)

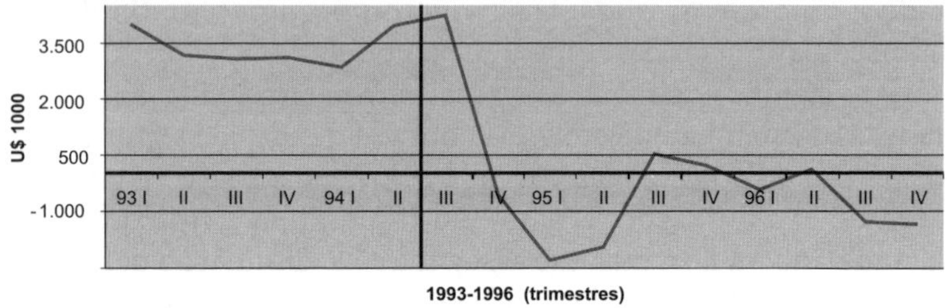

Fonte: IPEADATA

A estabilidade monetária e a restrição externa ao crescimento

A partir dessas premissas, estabeleceu-se aquilo que vamos denominar estratégia de estabilização articulada com um modelo de desenvolvimento de conotação liberal. Essa estratégia foi, na realidade, marcada por dois momentos. O primeiro consistiu em um regime macroeconômico cuja principal característica foi a articulação entre as políticas monetária e cambial. À política monetária coube criar um diferencial entre a taxa de juros interna *vis a vis* a externa que assegurasse um fluxo positivo de capitais internacionais para financiar o balanço de pagamentos do Brasil. Por sua vez, e como contrapartida disso, como ensina a boa macroeconomia, a apreciação da taxa de câmbio foi necessária para viabilizar o choque de oferta e a eliminação do componente inercial da inflação brasileira. Ainda como parte integrante desse primeiro momento, seria fundamental a implementação de reformas que assegurassem uma melhoria significativa dos microfundamentos da economia brasileira. É desse ponto de vista que nos sentimos confortáveis ao tratar tal estratégia como liberal. Com efeito, a tese implícita de melhorar os microfundamentos implica financiar a retomada do crescimento com poupança externa, vislumbrando a possibilidade de a economia brasileira vir a ser um importante *player* no mercado globalizado.

O segundo movimento foi o desfecho do modelo: alcançada a estabilidade e consolidados os padrões microeconômicos que nos tornariam uma economia em consonância com os padrões globais, estaríamos aptos a receber a poupança externa – marcadamente os investimentos diretos estrangeiros, atraídos pelo bom desempenho microeconômico e pelas boas oportunidades de negócios. A poupança externa desempenharia um duplo papel: em primeiro lugar, iria assegurar o equilíbrio do balanço de pagamentos sem a necessidade de juros internos elevados na medida em que, *grosso modo*, essa poupança seria composta de investimento direto; em segundo lugar, seria a principal alavanca para a retomada do crescimento econômico, objetivo principal de qualquer regime econômico.

A crise financeira internacional e os rumos do real: a estratégia em xeque

Sem embargo, por mais que existam críticas àquilo que denominamos modelo de desenvolvimento de conotação liberal, é preciso reconhecer que nele existe coerência interna. Ou seja, após a primeira etapa de consolidação da estabilidade e de avanços nos microfundamentos, a política monetária poderia ser "relaxada", adequando-se a um quadro de taxas de juros compatíveis com a retomada do crescimento, tendo em vista que o equilíbrio do balanço de pagamentos seria mantido por meio de fluxos de investimento direto. Ademais, em função da própria inserção externa liberal, seria possível contar no futuro com o aumento da produtividade que, pelo menos em tese, poderia viabilizar um superávit comercial também compatível com o equilíbrio externo. Contudo, a principal crítica que esse modelo recebeu foi exatamente sobre a fragilidade externa nele implícita. Em sua primeira fase, a de consolidação do processo de estabilização, era essencial a manutenção de um ambiente de estabilidade financeira internacional. Para infelicidade de seus formuladores, e dos brasileiros em geral, a segunda metade dos anos 1990 se caracterizou como uma fase de grande turbulência financeira internacional.

Como resultado da crise mexicana do fim de 1994 e início de 1995, o Brasil abandonou o regime de taxas flutuantes de câmbio, passando a adotar o regime híbrido de bandas cambiais. Precocemente exposto à primeira experiência efetivamente séria, o Banco Central não permitiu a elevação da taxa de câmbio, supostamente flutuante, em resposta à saída de capitais que atingiu a quase totalidade dos países emergentes. E não havia outra alternativa, já que, apenas alguns meses após o lançamento da nova moeda, com a "memória inflacionária" ainda latente na sociedade, dificilmente o retorno da inflação seria evitado no caso de uma elevação brusca da taxa de câmbio.

Após um breve período de calmaria, o ano de 1997 marcou o início de crises cambiais que problematizaram o processo de financiamento de déficits em transações correntes das economias emergentes. Foi o caso do Sudeste Asiático e da Rússia em 1998. Evidentemente que esse ambiente financeiro de incerteza e aversão ao risco contaminou a economia brasileira. O mecanismo tradicional de defesa de modelos de âncora cambial em ambiente de crise é a elevação da taxa de juros, e esse instrumento foi largamente utilizado no Brasil.

A utilização desse instrumento, porém, produz efeitos colaterais bastante perversos, notadamente sobre os investimentos privados e o desempenho das contas públicas. Uma vez que a equipe econômica optou preferencialmente pela política monetária para defender o balanço de pagamentos, ela gerou, em contrapartida, dúvidas sobre a sustentabilidade da dívida pública que, em um ambiente de incerteza, dificultou ainda mais a captação da poupança externa capaz de assegurar o equilíbrio do balanço de pagamentos. Assim, como em um círculo vicioso, as dificuldades em atrair capitais levaram o Banco Central a elevar os juros, o que, por sua vez, dificultou o já complexo processo de financiamento da dívida pública, gerando incerteza. Estava criado o ambiente propício para um ataque especulativo.

No segundo semestre de 1998, com dificuldade de fechar suas contas externas, o governo brasileiro recorreu ao FMI (Fundo Monetário Internacional) em busca de um colchão de liquidez que evitasse uma moratória, resultando em um acordo que assegurou ao país o montante de 41,5 bilhões de dólares, visando à obtenção de condições para enfrentar o ataque especulativo que o real já vinha sofrendo havia alguns meses.

Esse era o grande risco da aposta implícita no Plano Real. O risco de uma política de bandas cambiais em um contexto de completa mobilidade de capitais sempre gera a possibilidade de ataques especulativos contra as reservas internacionais do país.

Contudo, o grande problema implícito no modelo que vigorava desde 1994 era sua incapacidade de eliminar a restrição externa ao crescimento. Ao utilizar preferencialmente a política monetária para a defesa da moeda nacional, o modelo se mostrava incapaz de eliminar a barreira que impedia o Brasil de entrar em um círculo virtuoso de crescimento econômico e melhoria do perfil distributivo. Desde a implantação do real, havia, claramente, uma defasagem cambial importante que comprometia fortemente os resultados das contas comerciais e de transações correntes, exigindo vultosos fluxos de capitais externos. Para obtê-los, praticava-se uma política monetária que mantinha a taxa de juros doméstica sempre entre as mais elevadas do mundo. O governo retardou o enfrentamento do problema e, quando o fez, ampliando a magnitude das bandas cambiais, foi demasiadamente tímido.

Mesmo no final dessa fase, quando as contas externas já estavam havia muito deterioradas, prevaleceu o componente político. Em meados de 1998, já era perceptível a crise que se aproximava, com o país perdendo crescentes montantes de reservas internacionais. Mas a nova disputa presidencial protelou medidas mais fortes, permitindo que se alastrasse a especulação contra o real.

No entanto, diante da impossibilidade de conter o ataque especulativo ao real, que já havia consumido parcela significativa de suas reservas cambiais, e das dúvidas, agora cada vez mais concretas, acerca da capacidade de o modelo de âncora cambial assegurar o crescimento econômico, em janeiro de 1999, após uma desastrada transição na presidência do Banco Central, o país abandonou o regime de metas cambiais, implantando novamente o regime de taxa flutuante.

A primeira consequência dessa alteração foi uma significativa depreciação de nossa moeda, com sua posterior pressão inflacionária. Para evitar o descontrole da inflação, a nova direção do Banco Central usou o mesmo remédio adotado no modelo de âncora cambial: a elevação da taxa de juros. A segunda foi a perda da âncora cambial.

O modelo de metas de inflação: uma nova restrição ao crescimento?

Não mais podendo contar com a âncora cambial, o Banco Central passou a adotar a política de metas de inflação para balizar a política monetária. Trata-se de instrumento de política econômica relativamente recente, mas já utilizado, desde o início da década de 1990, em vários países, como o Chile e o Canadá (1991), Israel e Reino Unido (1992), Austrália, Suécia e Finlândia (1993), Espanha (1994) e Polônia (1998), entre outros.

Do ponto de vista conceitual, segundo Rigolon e Giambiagi (1999, s. p.):

> metas de inflação explícitas têm duas funções importantes: servir como mecanismo de coordenação para a fixação de preços e salários; e prover um objetivo preciso e transparente à política monetária, cujo desempenho pode ser avaliado pela aderência da inflação à meta estabelecida. Além disso, a introdução de metas inflacionárias é consistente com uma estratégia mais ampla para aumentar a eficiência da política monetária e que compreende: (1) a escolha da estabilidade de preços como objetivo prioritário da política; (2) a independência do Banco Central; e (3) o monitoramento do Banco Central e de seus objetivos.

São várias as motivações que se tem para implantar uma política de metas de inflação, podendo-se destacar: a redução da incerteza a longo prazo, criando o ambiente de alongamento do horizonte temporal de investimentos; o aumento da transparência da política monetária; e a definição de expectativas futuras por meio de um índice de preços, em vez de outro preço qualquer, como a taxa de câmbio, por exemplo. Os países que adotaram o modelo de metas de inflação ao longo da década de 1990, na prática, empenharam-se em estabelecer uma meta quantitativa explícita para a inflação, constituindo uma banda de confiança de 1,5% e 2,5% em torno da meta fixada. O objetivo dos modelos foi assegurar a estabilidade de preços como meta principal e a previsão da inflação como meta intermediária.

Contudo, na literatura que trata do tema, existe um grupo importante de economistas que assume uma postura crítica em relação ao modelo de metas de inflação. O principal argumento desse grupo diz respeito ao papel que assume a política monetária em um ambiente explícito de metas de inflação. Segundo essa corrente, ao focarem a política monetária exclusivamente na inflação, os governos estariam subestimando o papel desta como importante elemento na busca do crescimento econômico e do pleno emprego. Ou seja, usar o modelo de metas de inflação significa somente utilizar a taxa de juros para combater a inflação em vez de reconhecer que, evidentemente, além desse papel, esse instrumento de política econômica deve ser usado com outros objetivos macroeconômicos.

No que nos interessa, porém, a questão central para a economia brasileira era enfrentar o desafio de eliminar a restrição externa ao crescimento, que vigorava desde a implantação do modelo de âncora cambial. Ou seja, a adoção do regime de metas iria viabilizar o início de um círculo virtuoso de crescimento econômico? A verdade é que, excetuando-se o ano de 2000, quando o Brasil cresceu a uma taxa próxima de 4,5%, os anos seguintes à adoção do modelo de metas de inflação foram de taxas de crescimento medíocres, invariavelmente explicadas pela política monetária relacionada ao contracionismo que foi subproduto de desequilíbrios no balanço de pagamentos.

Assim, seja por um ambiente internacional de aversão ao risco dos países emergentes, seja pela crise energética, seja pela incerteza acerca da vitória de um candidato de esquerda nas eleições presidenciais de 2002, o que se verificou foi que todos esses eventos se traduziram em pressões na taxa de câmbio, com evidentes reflexos no comportamento da taxa de inflação, obrigando a autoridade monetária a usar a taxa de juros para tentar alcançar a meta estipulada para esse índice. Evidentemente, o principal custo dessa decisão foi impedir que a economia brasileira convivesse com taxas de crescimento do PIB compatíveis com a necessidade de melhoria na distribuição da renda e na desigualdade social.

Um breve comentário sobre o primeiro ano do Governo Lula

O começo do Governo Lula foi marcado por um ambiente de grande instabilidade macroeconômica. O discurso econômico do candidato vitorioso colocava em dúvida a manutenção da trajetória bem-sucedida, pelo menos no que diz respeito à questão da estabilidade monetária, da condução da política econômica. Questões como a renegociação da dívida interna e a possibilidade da introdução de controle de capitais, entre outras, criaram um ambiente de incerteza, expresso na elevação substantiva do chamado Risco Brasil – ultrapassando os 2.000 pontos – e também na significativa desvalorização do real, tornando o começo de 2003 um período delicado em termos de contexto macroeconômico.

Para surpresa de muitos economistas e analistas econômicos, a condução da política econômica no primeiro ano de mandato do novo presidente preservou os rumos que haviam sido traçados na era Fernando Henrique. A manutenção do compromisso com o superávit primário das contas do governo – inclusive com aumento desse agregado – e a utilização de uma política monetária restritiva para conter o surto inflacionário foram a expressão mais acabada dessa constatação. O resultado foi que, ultrapassado um primeiro momento de desconfiança, a postura ortodoxa da nova equipe econômica restabeleceu um ambiente de expectativas positivas acerca da gestão macroeconômica no novo governo. Porém, o remédio amargo dos juros, aliado ao aperto fiscal, gerou seus efeitos mais tradicionais sobre a economia real: estagnação econômica e aumento do desemprego.

Ou seja, diante de uma herança bastante complexa do ponto de vista macroeconômico, a equipe econômica do novo governo optou pela ortodoxia. Apesar das diversas pressões para a implementação de um possível plano B, o que se observou foi a manutenção dos bons fundamentos da gestão anterior, fato esse que, em si, foi capaz de reverter até com certa rapidez o quadro de expectativas que marcou o começo do governo. Isso pode ser comprovado pela redução do Risco Brasil – ao fim de 2003 já tinha se reduzido para a casa dos quinhentos pontos – bem como pela valorização observada no real ao longo do ano. No último trimestre de 2003, os economistas já concordavam que o processo inflacionário havia sido detido, e abria-se, mais uma vez, uma janela de oportunidade para uma inflexão da política monetária, na direção de criar as condições para a retomada do crescimento econômico.

Contudo, apesar de uma pequena e esperada elevação da taxa de inflação, as condições macroeconômicas estão muito melhores no início de 2004, mas muito ainda se tem por fazer. Se, no aspecto mais geral da política econômica, existe uma possibilidade de queda importante da taxa de juros – condição necessária, mas não suficiente, para o país voltar a crescer –, urge pensar nos problemas de caráter microeconômico. Questões como o gargalo no setor de infraestrutura, bem como dúvidas sobre o "marco regulatório", despontam como problemas que devem ser enfrentados. Desse ponto de vista, a possibilidade de uma retomada sustentada do crescimento pressupõe a preservação de um olhar atento sobre questões que desloquem o foco da atenção dos problemas macroeconômicos para priorizar elementos da dimensão microeconômica.

AGENDA CONTEMPORÂNEA: O DESAFIO DE CRESCER COM DISTRIBUIÇÃO DE RENDA

Uma das características mais marcantes da sociedade brasileira é a enorme desigualdade de renda e riqueza observada entre seus membros. Por isso, sempre que nos colocamos diante de uma agenda de urgência acerca dos problemas de nossa sociedade, emerge, como principal ponto, a melhora de seu perfil distributivo, razão pela qual um dos debates mais acalorados entre os pesquisadores em economia diz respeito a como fazê-lo.

De fato, parece hoje ser um consenso que, além das necessárias políticas sociais e de qualificação de mão de obra, assegurar uma trajetória de crescimento econômico sustentável é uma importante condição para melhorar o perfil distributivo brasileiro, razão pela qual entendemos que uma taxa de crescimento em torno de 5% ao ano seria a ideal para o êxito dessa empreitada. Por isso, o crescimento econômico deve ser tratado como o principal objetivo da política econômica para minorar o problema estrutural de desigualdade no Brasil.

Aparece aí um debate bastante contemporâneo na pesquisa em economia no Brasil: a investigação das causas dessa concentração de renda. Inicialmente, não se podem deixar de reconhecer razões de ordem histórica, tais como uma abolição da escravatura tardia em relação à de outras nações assemelhadas, o forte paternalismo estatal em grande parte da história republicana, o atrelamento dos sindicatos ao Estado, principalmente na era Vargas, o forte controle sindical exercido pela ditadura militar etc.

Mas, do ponto de vista econômico, a desigualdade é explicada pelo problema estrutural da economia brasileira de atrofia de mercados e salários reais. O pano de fundo dessa estrutura atrofiada de demanda seria a concentração de renda provocada pelos investimentos capital-intensivos que marcaram a entrada do Brasil na estrutura da planta metal-mecânica. Analisado sob esse ângulo, o problema da distribuição de renda deve ser entendido como um subproduto do modelo de desenvolvimento brasileiro. Estruturalmente, a evolução desse modelo se caracterizou por uma base produtiva altamente capital-intensiva e em mão de obra qualificada – *skills*, como é conhecida na literatura internacional.

A escolha desse modelo de desenvolvimento não pode, entretanto, ser entendida como uma opção nacional. A opção foi pelo crescimento e, na falta de tecnologia desenvolvida nacionalmente, o caminho restante era o da importação de tecnologia dos países desenvolvidos. Essa tecnologia visa a economizar mão de obra, que exatamente é abundante nos países subdesenvolvidos. Os resultados dessa tecnologia importada, portanto, seriam uma baixa capacidade de absorção de mão de obra pelos novos investimentos e, consequentemente, desemprego, baixa de salários, redução do poder aquisitivo e falta de mercados. Essa característica do modelo de desenvolvimento brasileiro diz respeito ao formato do processo de construção da planta industrial da economia brasileira. O modelo de substituição de importações, que caracterizou o processo de desenvolvimento industrial brasileiro a partir da década de 1930 até o início dos anos 1960, permitiu que os investimentos industriais fossem realizados sem que ocorresse, concomitantemente, o crescimento do mercado interno. As empresas encontravam um mercado já existente, antes suprido pelas importações. Atendido esse mercado preexistente, as empresas passavam a depender da expansão do mercado interno – já que o mercado externo estava fora de cogitação para a maioria das empresas brasileiras.

O problema é que o mercado interno não crescia no mesmo ritmo do crescimento econômico do país. Vencida a fase inicial do processo de substituição de importações (caracterizada pela instalação da indústria leve de consumo), a passagem para a segunda fase (marcada pela ênfase na produção de equipamentos, bens de consumo duráveis e produtos químicos) aprofundou a concentração de renda, na medida em que os investimentos necessários para esse tipo de produção são muito mais capital-intensivos do que para as indústrias leves. A tecnologia desenvolvida pelos países ricos para sua produção tem por objetivo economizar mão de obra. A natureza dos produtos, por sua vez, facilita o alcance desse objetivo, de forma que nas indústrias de bens de capital e bens duráveis e, em particular, na indústria química, a relação capital-trabalho tende a ser consideravelmente maior que nas indústrias leves. O resultado foi uma tendência estrutural à concentração de renda. Esse processo de concentração de renda foi se agravando à medida que os investimentos capital-intensivos foram se tornando dominantes. Como consequência, a economia brasileira mostrava cada vez menor capacidade de absorção da mão de obra decorrente do crescimento populacional e do êxodo rural.

Em resumo, o modelo de desenvolvimento brasileiro consolidou uma tendência estrutural à concentração de renda, tendo em vista a adoção de uma planta produtiva com características capital-intensiva, decorrente de sua entrada tardia no processo de desenvolvimento industrial capitalista. Apenas para ilustrar, entre 1950 e 1960, enquanto a população urbana cresceu 5,4%

ao ano em média, a taxa de crescimento do emprego industrial foi de apenas 2,6% ao ano. No mesmo período, a participação do setor industrial no PNB (Produto Nacional Bruto) cresceu de 20% para 29%, enquanto a parcela da população economicamente ativa empregada na indústria decresceu de 14% para 13%.

À exaustão do processo de substituição de importações seguiu-se um período politicamente turbulento, culminando com a ditadura militar e o cerceamento da atividade sindical, daí resultando o agravamento das desigualdades sociais. Duas décadas de elevada inflação, somente contida em meados dos anos 1990 com o Plano Real, também desempenharam um papel importante no agravamento das desigualdades. Primeiro, porque dirigiram a atenção da sociedade para outro problema – a inflação –, deixando a questão distributiva em um segundo plano. Mas também porque, ao escamotear as efetivas diferenças sociais por meio da conhecida ilusão monetária, não estimulavam nenhum movimento em favor da redução das desigualdades.

Desigualdade e desempenho macroeconômico no período inflacionário

Um tópico central quando se analisa a questão distributiva é a sua inter-relação com o contexto macroeconômico. Em outras palavras, é importante avaliar se situações como as vivenciadas pela sociedade brasileira nas últimas décadas – de elevada inflação, com anos de crescimento significativo alternando-se com anos de forte queda do PIB, até 1994, e de baixa inflação com baixo nível de atividade, após o Plano Real – exercem algum efeito sobre a desigualdade social.[2]

[2] A explicação tradicional, baseada no fato de que a concentração da renda e o crescimento econômico estão relacionados entre si por meio da taxa de poupança – isto é, como as pessoas mais ricas têm maior propensão a poupar, uma redistribuição da renda em seu favor tenderia a elevar a taxa de poupança agregada da economia e, potencialmente, a taxa de crescimento –, tem sido debatida em diversos trabalhos teóricos e empíricos. No presente artigo, estamos mais interessados nos efeitos de curto prazo sobre o nível de emprego e remuneração da mão de obra e menos nas implicações do argumento anterior, que, tipicamente, operaria a mais longo prazo.

Quanto à inflação, é consenso entre os economistas que taxas elevadas de aumento de preços afetam mais fortemente as camadas de mais baixa renda, com menos acesso ao mercado financeiro, logo com menor capacidade de proteção contra a perda de poder de compra da moeda.

Por sua vez, a literatura de *labor hoarding* sugere que, como trabalhadores mais qualificados são mais difíceis de repor, estes continuam mantendo seus postos de trabalho ao enfraquecer a demanda, ao contrário dos menos qualificados, que passam a enfrentar taxas mais altas de desemprego, mudanças temporárias para ocupações de menor remuneração, diminuição de cargas horárias de trabalho ou mesmo reduções salariais.

Os resultados de diversas pesquisas ajudam a mostrar as consequências de um período altamente inflacionário sobre o perfil distributivo brasileiro em anos selecionados, como atesta a Tabela 5.1.

Tabela 5.1 Distribuição pessoal da renda no Brasil – 1981-95 – (%)

Ano	10% mais ricos	50% mais pobres	Índice de Gini
1981	46,72	13,03	0,587
1983	47,74	12,36	0,599
1985	48,22	12,40	0,601
1986	47,17	12,91	0,590
1987	48,02	12,11	0,603
1988	49,70	11,34	0,619
1989	51,66	10,53	0,637
1990	49,05	11,35	0,616
1992	45,81	13,09	0,593
1993	48,58	12,30	0,604
1995	47,92	12,32	0,601

Fonte: IPEADATA

De acordo com os resultados consolidados na Tabela 5.1, o Índice de Concentração de Gini cresceu ao longo da década de 1980, com redução apenas em 1986, ano do Plano Cruzado, acompanhando de perto a evolução crescente do processo inflacionário brasileiro, como se pode observar na Tabela 5.2.

Esse resultado sugere a existência de uma forte correlação entre a taxa de inflação e a concentração de renda no Brasil, como se esperava.

A leve diminuição do Índice em 1990-2, por outro lado, deveu-se em parte ao Plano Collor, que atingiu mais fortemente a classe média, e em parte ao efeito passageiro da excepcional mudança de patamar inflacionário, de 496,71% em 1991 para 1.167,17% em 1992.

Já em 1995, como uma óbvia consequência do Plano Real, ocorreu pequena redução do Índice de Gini, com queda da participação na renda dos 10% mais ricos e elevação da parcela dos 50% mais pobres.

Tabela 5.2 Inflação e crescimento no Brasil – 1981-95

Ano	Inflação (Δ% IGP/DI – Índice Geral de Preços/Disponibilidade interna)	Crescimento (Δ% PIB)
1981	94,94	- 4,25
1982	102,30	0,83
1983	212,08	- 2,93
1984	227,95	5,40
1985	242,68	7,85
1986	60,95	7,49
1987	431,94	3,53
1988	1.117,86	- 0,06
1989	2.012,55	3,16
1990	1.216,97	- 4,35
1991	496,71	1,03
1992	1.167,17	- 0,54
1993	2.851,33	4,92
1994	908,01	5,85
1995	15,02	4,22

Fontes: FGV e IBGE

No que se refere ao nível de crescimento econômico como fator explicativo do grau de concentração de renda, a clara trajetória de *stop and go* do período 1981-95 prejudica a obtenção de qualquer conclusão. Mas, a piora do quadro distributivo, observada nesse período, sugere que desigualdades sociais importantes como as brasileiras somente podem ser significativamente amenizadas ao longo do tempo, com políticas persistentes, que ofereçam condições macroeconômicas consistentes com o crescimento sustentável.

Distribuição de renda e desempenho macroeconômico no período pós-real

O processo de estabilização inaugurado com o Plano Real conta com evidências empíricas de que, em um primeiro momento, ocorreu alguma melhora nos indicadores de distribuição de renda, como já se pode observar na Tabela 5.1. Nela se verifica, por exemplo, que, enquanto em 1993 os 10% mais ricos detinham 48,58% da renda total, esse mesmo estrato da população se apropriou de 47,92% da renda de 1995. Por outro lado, os 50% mais pobres elevaram levemente sua participação, de 12,30% para 12,32% da renda no mesmo período.

Também as pesquisas do IPEA (Instituto de Pesquisa Econômica Aplicada) confirmam essa trajetória inicial da questão distributiva no imediato pós-real. A Carta de Conjuntura do IPEA, de fevereiro de 1996, mostra que, em 1994, os 20% mais ricos detinham 65,7% da renda do trabalho, reduzindo sua participação para 63,3% em 1995, enquanto a parcela apropriada pelos 50% mais pobres subiu de 10,4% em 1994 para 11,6% em 1995.

É importante, para que se possa estabelecer a efetiva responsabilidade da estabilização dos preços sobre a distribuição da renda, ter em mente que esse resultado não se deveu a nenhuma política distributiva premeditada, algo "fora de moda" para os dirigentes da época. Ou seja, parte importante da melhora do perfil distributivo deve ser imputada ao processo de estabilização em si, ao patrocinar o fim do imposto inflacionário. Basicamente, em um contexto marcado por elevada inflação, é racional que os agentes econômicos mantenham sua renda protegida em aplicações financeiras que assegurem correção diária. Contudo, os estratos de renda inferior têm dificuldade de acesso ao sistema financeiro, sendo que, na maioria das vezes, são privados até mesmo de manter conta-corrente. Para esses grupos, o racional, quando do recebimento de seus salários, é a formação de estoques, quase em sua totalidade composto de gêneros de primeira necessidade. Contudo, para despesas do cotidiano (passagens, cafezinho etc.), os indivíduos precisam conviver com algum nível de monetização, que, para os estratos inferiores, significa manter consigo uma moeda que perde valor a cada dia, devido ao processo inflacionário. Eis o imposto inflacionário que, com o fim da inflação, deixa de existir e, pelo menos em um primeiro momento, beneficia os menos favorecidos.

No entanto, essa discreta melhora não teve a esperada continuidade. Como já se fez referência, economistas e analistas econômicos geralmente concordam que dificilmente situação de elevada taxa de inflação coexiste com um período de melhora da distribuição da renda. A estabilidade dos preços, porém, é apenas uma condição necessária para a obtenção de algum ganho distributivo, não suficiente para garantir tal objetivo. O crescimento da renda do país é outra condição necessária para o êxito da empreitada.

Como revelam os dados da Tabela 5.3, o Índice de Concentração de Gini deixou de cair, como acontecia no período inflacionário, mas permaneceu inalterado no triênio 1996-8, apesar do controle da inflação.

Tabela 5.3 Distribuição pessoal da renda no Brasil – 1995-99 (%)

Ano	**10 % mais ricos**	**50 % mais pobres**	**Índice de Gini**
1995	47,92	12,32	0,601
1996	47,59	12,08	0,602
1997	47,70	12,11	0,602
1998	47,92	12,24	0,602
1999	47,45	12,55	0,596

Fonte: IPEADATA

A principal razão para a descontinuidade da melhoria distributiva foi a política econômica adotada a partir do começo de 1995 no enfrentamento inicialmente da crise mexicana e, posteriormente, das demais crises econômicas que abalaram o mundo na segunda metade dos anos 1990. Praticando uma política monetária fortemente restritiva, com taxas de juros sempre entre as mais elevadas do planeta, o Banco Central garantiu até 1998 os recursos externos necessários para financiar os pesados déficits em conta-corrente, mas desestimulou fortemente os investimentos privados, destituindo o país de uma fase de crescimento sustentado. Os dados da Tabela 5.4 mostram com clareza esses resultados. Após três anos de crescimento médio próximo de 5% ao ano (1993-5), o PIB brasileiro reduziu seu patamar de crescimento para cerca de 3% ao ano no biênio seguinte (1996-7), encerrando a década com mais dois anos de crescimento insignificante.

Tabela 5.4 Inflação e crescimento no Brasil – 1995-2003

Ano	Inflação (Δ% IGP/DI)	Crescimento (Δ% PIB)
1995	15,02	4,22
1996	9,22	2,66
1997	7,11	3,27
1998	1,84	0,13
1999	19,91	0,79
2000	9,52	4,36
2001	10,23	1,31
2002	27,66	1,93
2003	7,67	- 0,20

Fontes: FGV e IBGE

Do exposto, verifica-se que, após alguns meses de estabilização, a economia brasileira deparou com um ambiente de frequentes crises financeiras internacionais, o que tornou ainda mais problemática a melhoria do perfil distributivo. Com a agenda macroeconômica pautada na manutenção da estabilidade, mesmo em ambiente de crise, a economia brasileira entrou em uma fase de crescimento econômico medíocre, que perdurou até 2003, com a única exceção do ano 2000, quando pôde contar com um suspiro de crescimento de 4,36%. Ou seja, na medida em que não se conseguiram superar os limites impostos pelo modelo de estabilização inaugurado em 1994, a melhoria do perfil distributivo ficou refém das políticas sociais do setor público; medidas necessárias, mas, mais uma vez, insuficientes para assegurar uma melhora significativa dos indicadores de distribuição e pobreza.

Embora ainda estejam disponíveis informações estatísticas confiáveis sobre a distribuição da renda nos anos recentes, as evidências indiretas sugerem que a questão voltou a se agravar desde o início desta década. Por exemplo, o rendimento médio real dos assalariados na região metropolitana de São Paulo mostra clara trajetória de queda desde 1999, como revela o Gráfico 5.2.

Gráfico 5.2 Rendimento médio real dos assalariados no trabalho principal — região metropolitana de São Paulo (média de 1985 = 100)

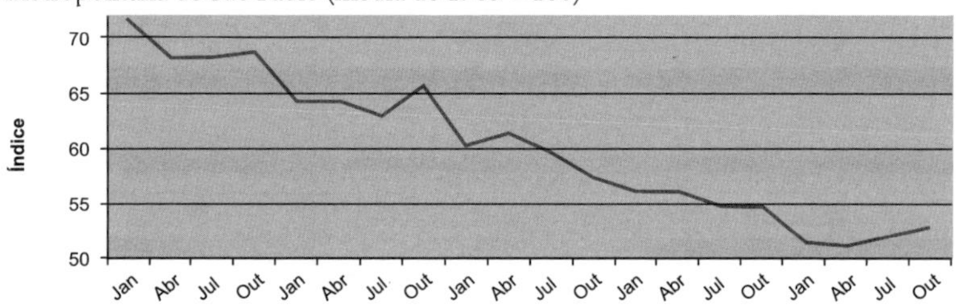

Fonte: DIEESE/PED

CONCLUSÃO

Neste trabalho, procuramos historiar as trajetórias da economia brasileira e de sua inquietante questão distributiva durante as últimas décadas com a finalidade de embasar conclusões e propostas para que, no futuro próximo, o país possa recuperar sua capacidade de crescimento, como observado até o fim dos anos 1970, e promover crescente processo de redistribuição da renda, como jamais observado em nossa sociedade.

O leitor atento já percebeu que, para a consecução do objetivo maior de redução das enormes desigualdades sociais no Brasil, três condições são necessárias: a manutenção da estabilidade monetária, a obtenção de altas taxas de crescimento do produto e a implantação de vultosos programas sociais, que amenizem as precárias condições de vida de grande parcela da atual geração de brasileiros, definitivamente excluídos dos mercados de trabalho modernos e exigentes do mundo atual.

Com relação à estabilidade monetária, a primeira das pré-condições enunciadas, é preciso reconhecer que a equipe econômica do presidente Lula agiu de forma absolutamente correta ao longo do primeiro ano de governo, mesmo que contrariando frontalmente diversos pontos do "discurso de campanha". A elevação dos preços ao fim de 2002 se encontrava em patamar crítico, muito próximo de estimular demandas por reindexação de salários, que novamente "engessariam" as taxas de inflação, virtualmente destruindo tudo o que se construiu nessa área na última década.

Mas hoje essa parece ser uma preocupação superada. O governo já deu mostras suficientemente claras de que não pretende aventuras no campo da estabilização monetária e que a reconhece como condição necessária para a obtenção de uma situação duradoura de crescimento com distribuição da renda.

A segunda pré-condição para garantir melhoras distributivas importantes, a obtenção de taxas de crescimento elevadas e permanentes, ainda está em estado embrionário.

É verdade que a restrição externa, representada por medíocres resultados comerciais com o resto do mundo, parece, pelo menos temporariamente, superada. O saldo comercial de aproximadamente 25 bilhões de dólares obtidos em 2003 demonstrou, uma vez mais, a capacidade brasileira de, a longo prazo, saldar seus compromissos externos, razão pela qual o conhecido Risco Brasil recuou a patamares há muito não registrados. Mesmo o esperado incremento das importações quando da retomada de taxas mais elevadas de crescimento não nos parece um fato perturbador imediato, embora, em prazo mais longo, certamente seja um fator de constrangimento da continuidade do crescimento econômico, como se discutirá adiante.

É na definição do "ambiente microeconômico" que se encontram as dificuldades no estabelecimento claro das prioridades. Parece que duas importantes mudanças na formulação do modelo brasileiro – que ainda é o do governo passado – precisam ser implantadas para acelerar o crescimento econômico.

Em primeiro lugar, defendendo um novo esforço de substituição de importações. Tal esforço se justifica pela forma que assumiu o processo de inserção externa da economia brasileira a partir dos anos 1990, que teve por característica uma forte integração pelo lado das importações. Assim, sempre que a economia brasileira inicia um processo de retomada do crescimento, mais cedo ou mais tarde ele é abortado pela restrição externa, tendo em vista que o crescimento é acompanhado por aumento significativo das importações. Essa pressão sobre o balanço de pagamentos se torna um limitador para o crescimento econômico na medida em que se reflete em elevações da taxa de câmbio, aumentando os custos das empresas. Para conter o repasse da elevação dos custos para os preços, o Banco Central se vê obrigado a elevar as taxas de juros, desestimulando as vendas e impedindo o crescimento. Um forte esforço de substituição de importações seria um instrumento importante para romper esse círculo vicioso da estagnação.

Em segundo lugar, embora pareça aceitável o modelo de metas de inflação, ainda assim ele pode ser aperfeiçoado. É preciso ter em mente que a introdução dessa metodologia de combate à inflação no Brasil se deu em um contexto de grave crise – a transição para o regime cambial de taxas flutuantes. Nesse contexto, foi natural que seus formuladores tivessem tido a preocupação de não "fabricar" grandes novidades em um modelo já estabelecido em importantes economias do mundo. Quando de sua implantação, dado o elevado risco de retomada da inflação, era indispensável usar o modelo da forma mais ortodoxa possível. Contudo, o quadro atual é diferente. Afastado o risco de descontrole inflacionário, é importante realizar algumas alterações metodológicas no modelo, a fim de adaptá-lo à nova agenda macroeconômica: a urgência da recuperação de taxas de crescimento econômico. Uma mudança que poderia contemplar essa preocupação seria a adoção do "núcleo da inflação" como base para o modelo de metas, dando à política monetária um grau maior de liberdade. Ao adotar o conceito de "núcleo", teríamos todas as condições de evitar que, por questões excepcionais ou sazonais, a política monetária fosse usada para conter um repique de inflação, que, tudo o mais constante, em poucos meses voltaria à sua trajetória normal.

Por fim, a terceira pré-condição para uma redução significativa da desigualdade social no Brasil, complementar à estabilidade monetária e ao crescimento acelerado, é a implantação de programas sociais que possam amenizar as precárias condições de vida de grande parte de nossa população.

É preciso reconhecer que uma parcela importante dos brasileiros pouco ou nada se beneficiará do crescimento econômico, uma vez que, por seu baixo ou nulo grau de instrução e qualificação, por sua precária condição de vida e, principalmente, pela idade atingida, está definitivamente excluída do mercado de trabalho moderno e exigente do mundo atual. Aceitando que "sacrificar" esse grupo de indivíduos, como o fizeram algumas nações no passado, está fora de questão, é preciso garantir-lhe as condições mínimas de sobrevivência digna.

Esse é um assunto que vem assumindo maior relevância no Brasil a partir da instalação do atual governo, que definiu como prioridade absoluta o combate à miséria. Sua expressão mais acabada, o programa Fome Zero, apesar das diversas críticas de que tem sido alvo, vem conseguindo mobilizar a sociedade brasileira para o assunto.

Um último tópico, até aqui apenas tratado *en passant*, deve ser analisado quando se trata da questão distributiva. Ele diz respeito ao processo de qualificação da força de trabalho.

Desde o início dos anos 1990, a economia brasileira vem convivendo com um processo de reestruturação produtiva, como um subproduto do processo de abertura comercial. O aprofundamento da inserção externa é um desdobramento do processo de globalização em sua dimensão comercial e tecnológica. Nele, a qualificação da mão de obra tem importância central, uma vez que as exigências dessa nova estrutura produtiva em termos de qualificação da mão de obra são cada vez maiores. Consequentemente, implementar um programa de qualificação da mão de obra é condição absolutamente necessária para evitar o aprofundamento das desigualdades. E, é preciso salientar, não se trata de um problema setorial, localizado, que pode ser deixado a cargo das empresas diretamente interessadas. É, isso sim, generalizado, e inibe investimentos nos mais variados setores da economia.

A nova planta produtiva exige, em todos os níveis de sua estrutura ocupacional, trabalhadores que tenham como perfil básico uma formação em que se destaca a crescente importância de habilidades mentais em detrimento das habilidades manuais. De outra forma, aprender a pensar se tornou mais importante que aprender a fazer. E, para conseguir qualificar esse novo trabalhador, é importante compreender que se exige um novo tipo de educação, tarefa que, necessariamente, compete ao governo central coordenar.

Portanto, uma sólida formação profissional é uma condição para melhorar o perfil distributivo. Treinamento e qualificação podem não ser suficientes, mas são absolutamente necessários para que ocorram crescimento econômico sustentado e diminuição contínua da desigualdade e da pobreza na sociedade brasileira.

Mas talvez o mais importante seja não deixar que a agenda nacional perca o foco na questão distributiva. Tanto tempo de negligência com os aspectos sociais nos obriga a priorizar o combate às desigualdades.

Em resumo, este artigo elencou o que, na opinião dos autores, deve servir como base para minorar a questão distributiva no Brasil: estabilidade monetária, crescimento econômico, educação e políticas sociais. Infelizmente não temos tempo a perder.

A APLICAÇÃO DAS POLÍTICAS NEOLIBERAIS NA ARGENTINA A PARTIR DA DÉCADA DE 1970*

Marcelo Javier de los Reyes

Em primeiro lugar, é mister considerar que o liberalismo é um conceito múltiplo que deve ser abordado a partir de suas vertentes política e econômica.

O liberalismo na Argentina não inclui as duas vertentes em uma mesma corrente de pensamento. Em suas origens, durante o Estado-nação, foi um liberalismo econômico abraçado pela classe latifundiária, detentora do poder, conservadora no âmbito político e excludente de qualquer outro setor da sociedade.

No presente trabalho, procura-se, por meio de uma síntese comprimida das origens do liberalismo, analisar como o *neoliberalismo* foi se introduzindo nos mecanismos do Estado argentino visando a produzir as mudanças necessárias que iriam beneficiar os setores econômicos do poder.

Ele emergiu durante o segundo pós-guerra, com a intenção de modificar as estruturas do Estado intervencionista e do estado de bem-estar para dar lugar a uma nova estrutura do capitalismo (Anderson, 1999, p.15-27). Friedrich A. von Hayek é a principal figura do neoliberalismo, assim como Adam Smith foi o expoente do liberalismo.

---

* Tradução de Magda Lopes.

Suas ideias foram se propagando na Europa e na América e introduzidas a partir dos anos 70 pelos governos cívico-militares que dominaram o cenário político na América Latina.

A Argentina não foi, obviamente, uma exceção. Embora a filosofia neoliberal se fizesse presente desde meados da década de 1970, seu aprofundamento só ocorreu na década de 1990.

DAS ORIGENS DO LIBERALISMO NA ARGENTINA À CONFIGURAÇÃO DA "MATRIZ ESTADO-CÊNTRICA"

As raízes do pensamento liberal precedem o nascimento da Argentina como Estado-nação.

Sua filosofia já se encontra presente no pensamento de Juan Bautista Alberdi, que, em seu livro *Bases y punto de partida para la organización política de la Confederación Argentina* (1852), assentou as bases que levaram à redação da Constituição Nacional. Nessa obra, devem ser destacados os temas referidos à defesa do livre-comércio, à livre navegação dos rios e ao progresso baseado no desenvolvimento industrial.

Em termos políticos, Alberdi considerou o sufrágio qualificado em função da instrução, mas, também, por meio de seu lema "governar é povoar", outorgou prioridade à imigração, assentando dessa maneira as bases que levariam a Argentina a se abrir à imigração. Não obstante, seu critério se apoiava no fato de que essa imigração proviesse do Norte da Europa, fato que não aconteceu como ele havia imaginado.

Esse espírito liberal de Alberdi se encontra plasmado na Constituição Nacional de 1853.

Por sua vez, a denominada *geração de 1880*, no fim do século XIX, deu origem ao período político conhecido na história como "oligarquia liberal", marcado por um esquema de dependência econômica comercial da Grã-Bretanha que se perpetuou de forma sustentada até 1930, quando começou a declinar como produto da emergência de um novo ator internacional: os Estados Unidos.

O conjunto de dirigentes políticos correspondente à geração de 1880 – à qual muitos atribuem o "único" projeto de desenvolvimento nacional – adotou as ideias positivas em voga na Europa e conformaram o Governo sobre a base de uma estrutura liberal, cujas reformas residiram no ideal de progresso, assim como em uma profunda indiferença em termos religiosos, o que provocou problemas sérios com a Igreja Católica.

Os conflitos com o clero surgiram a partir de duas leis. Uma delas foi a Lei n. 1.420, de 1884, sobre a educação comum, que estabelecia a instrução primária obrigatória e gradual e que o ensino religioso nas escolas fosse ministrado opcionalmente. Em seu artigo 8°, essa lei diz: "O ensino religioso só poderá ser dado nas escolas públicas pelos ministros autorizados dos diferentes cultos às crianças de sua respectiva congregação, antes ou depois do horário de aula".

Outra lei que gerou uma controvérsia ainda maior com os setores católicos da sociedade foi a que criou o registro civil; e a lei do casamento civil de 1888 arrebatou das igrejas o monopólio da inscrição de nascimentos, matrimônios e óbitos. A crise com a Igreja derivou na ruptura de relações com a Santa Sé.

Do ponto de vista político, os dirigentes da geração de 1880 tentaram conservar o poder, ainda que recorrendo à fraude eleitoral, à intervenção das províncias e a uma pactuada sucessão presidencial. Em síntese, tratou-se de uma política excludente de amplos setores da sociedade.

Em termos econômicos, a oligarquia dirigente procedeu à outorga de concessões, à assinatura de empréstimos com os capitais estrangeiros, que passaram a controlar as vias férreas, os portos e os serviços públicos, à emissão de papel moeda sem respaldo e à concessão de créditos bancários a particulares por amizade ou por influências políticas. Tudo isso derivou na especulação, no endividamento do país em benefício de alguns grupos de poder e, definitivamente, na corrupção. Cerca de cem anos depois – entre 1891 e 2001 –, a cúpula política utilizaria boa parte desses procedimentos, levando o país à beira do abismo: a obtenção de dinheiro sem importar como, a especulação, os lucros fáceis, as concessões corruptas, a ostentação e o luxo desmedidos criaram uma "nova moral" na sociedade argentina que, em 26 de julho de 1890, culminou na revolução que derrubou o presidente Miguel Juarez Celman (1886-1890) e, entre 19 e 20 de dezembro de 2001, na renúncia do presidente Fernando de La Rua, pondo fim ao ciclo iniciado por Carlos Saul Menem em 1989.

O ciclo da oligarquia liberal foi se debilitando durante os governos da União Cívica Radical, mais precisamente com os do presidente Hipólito Yrigoyen, mas se fechou em 1930, com o golpe cívico militar do general José Félix Uriburu, que o derrubou. Mas o ano de 1930 significou também o fim da tradição democrática que estava funcionando deficientemente desde 1860 na nação. Como expressa o historiador britânico Ferns, pôs fim "a 68 anos de um sistema político representativo liberal, que, amiúde em perigo e objeto de frequente abuso, havia sobrevivido e inclusive parecia ter se fortalecido" (Ferns, 1973, p.206).

Foi assim que, a partir de 1930, desenvolveu-se na Argentina uma política de governo com um forte intervencionismo estatal por meio da sucessiva criação de organismos, instituições e empresas estatais como a Comissão de Controle do Câmbio,[1] o Banco Central da República Argentina, a Junta Nacional de Carnes, a Junta Nacional de Grãos etc.

De alguma maneira, o intervencionismo estatal foi proporcionando o clima necessário para a emergência, em meados da década de 1940, da "matriz estado-cêntrica", que se manteve vigente até os anos 1990, mas começou a deteriorar a partir de meados da década de 1970 com o endividamento externo dos países em desenvolvimento e que derivaria em um – atualmente – processo agônico de desestatização.[2] Esse processo passou a seguir os "modelos de desenvolvimento" impostos pelo neoliberalismo, que podiam ser extrapolados e aplicados a qualquer país sem levar em conta os componentes socioculturais.

A partir de 1930 e até 1983, o cenário político argentino girou em torno de uma alternância de governos democráticos derrotados por golpes cívico-militares. Esses golpes contaram em sua gestão econômica com funcionários liberais, o que se encontra marcadamente no governo do autodenominado Processo de Reorganização Nacional (1976-1983) – mais conhecido como a última ditadura militar –, cujo principal ministro da Economia foi Alfredo Martínez de Hoz.

---

1 A Comissão de Controle de Câmbio passou a controlar as divisas que ingressavam por meio das exportações. Os exportadores tinham a obrigação de vender suas divisas à Comissão, que lhes pagava em pesos argentinos, um tipo de câmbio inferior ao do mercado.

2 A respeito da "matriz estado-cêntrica", ver Amiune (2003).

O RETORNO DO LIBERALISMO: O PROCESSO DE REORGANIZAÇÃO NACIONAL

Em 24 de março de 1976, as Forças Armadas, com o apoio de setores civis, protagonizaram um golpe de Estado que derrubou a presidente María Estela Martínez de Perón. A tomada do poder em si não foi sangrenta e não constituiu uma surpresa para a grande maioria dos argentinos.

O governo das Forças Armadas redigiu uma ata que fixava o propósito e os objetivos para o Processo de Reorganização Nacional, que estabelecia:

> erradicar a subversão e promover o desenvolvimento econômico da vida nacional baseado no equilíbrio e na participação responsável dos distintos setores, a fim de assegurar a posterior restauração de uma democracia, republicana, representativa e federal, adequada à realidade e às exigências de solução e progresso do povo argentino. (Junta Militar, 1984, p.110-1)

Cabe acrescentar que, entre os objetivos da ata, destacava-se a

> concreção de uma situação socioeconômica que assegure a capacidade de decisão nacional e a plena realização do homem argentino, em que o Estado mantenha o controle sobre as áreas vitais que geram a segurança e o desenvolvimento. (Idem)

Os militares se dedicaram aos aspectos políticos do governo e à eliminação da subversão, enquanto a economia ficou nas mãos de Alfredo Martínez de Hoz (1976-1981) – naquela ocasião ministro da Economia, vinculado aos setores agropecuários.

Martínez de Hoz implementou uma forte política liberal e, a partir de 1979, uma política cambial que fixava o valor do dólar futuro, conhecida pelo nome de "tablita".

O mesmo Martínez de Hoz (1996, p.16) explicou posteriormente sua política:

> Por acreditar no princípio de que não há nação forte sem uma moeda estável, exigimos do país um esforço considerável para romper com a espiral inflacionária que teve seu efeito culminante no último

ano e meio anterior a 29 de março de 1981. Assim chegamos a que, no último trimestre de 1980, a média anual do índice de preços no atacado e no varejo fosse inferior a 40%, em comparação com o nível de quase 1.000% quando assumimos nossas funções.

Em sua opinião, as críticas que costumam ser feitas a sua gestão só obedecem a fins políticos, pois a responsabilidade pelos desacertos se deveu às propagandas daqueles setores mais afetados por esse esforço, que se pronunciavam criticamente contra o que se denominou "atraso cambial", como também à transferência traumática do governo de um presidente militar – general Jorge Rafael Videla – para outro presidente militar – general Roberto Viola – em 29 de março de 1981. Essa transferência, sempre segundo sua argumentação, gerou "incerteza e desconfiança", com a consequente fuga de divisas.

Martínez de Hoz (1996, p.16) considera:

> A mudança de rumo imposta pelas novas autoridades, a partir de abril de 1981, afetou seriamente a confiança que o Processo havia conquistado na opinião pública e nos mercados nacional e internacional.

Apesar das justificativas que o ex-ministro possa apresentar, a realidade é contundente, tanto por meio dos dados econômicos como pelos custos sociais que sua política econômica impôs aos argentinos. Ela girou em torno do endividamento externo para manter sua "tablita cambiária" e da abertura indiscriminada às importações de produtos, o que afetou a indústria nacional, provocando o fechamento de numerosas fábricas e uma forte redução salarial, entre outras medidas pouco auspiciosas para a população.

Durante sua gestão à frente do Ministério da Economia, foram tomadas as primeiras medidas de um liberalismo radical que terminou por derrubar a estrutura industrial que a Argentina havia conseguido manter durante as décadas anteriores e a havia consagrado como uma potência no mundo periférico.

Quando as Forças Armadas tomaram o governo em março de 1976, a dívida externa montava a quase oito bilhões de dólares e ao final de seu governo havia se elevado a mais de 45.069 milhões de dólares (veja a Tabela 6.1). Se tomarmos os números proporcionados pelo INDEC (Instituto Nacional de Estatísticas e Censos), no ano de 1976 a dívida externa era de 9,378 bilhões de dólares, e, em 1983, de 45.069 bilhões da mesma moeda. Em 1981, quando Martínez de Hoz deixou o Ministério da Economia, a dívida externa havia superado os 35 bilhões de dólares.

Já em 1979, o sistema financeiro havia saído do controle do Governo, a queda dos salários era notória, com sua consequente redução no consumo, e a inflação se refletiu em uma alta de 139% nos preços do varejo.

O "mecanismo do endividamento" foi o seguinte:

> Para obter empréstimos dos bancos privados, o Governo exigia que as empresas públicas argentinas se endividassem com os banqueiros privados internacionais. As empresas públicas se converteram então em uma alavanca fundamental para a desnacionalização do Estado, por meio de um endividamento que implicou a renúncia de grande parte da soberania nacional (Toussaint, 2002, p.3).

Mas o prejuízo que isso ocasionou ao Estado e ao povo argentino foi ainda maior. Também as empresas privadas argentinas e estrangeiras contraíram dívidas que somaram cerca de 14 bilhões de dólares. Nos poucos dias em que Domingo Felipe Cavallo esteve à frente do Banco Central da República Argentina, em 1982, a dívida externa privada foi nacionalizada, favorecendo importantes empresas privadas argentinas, como também as filiais das multinacionais.

Desse modo, o propósito e os objetivos fixados pelo Governo militar só ficaram no papel. Não foi apenas a crise da transferência do Governo, em 1981, referida por Martínez de Hoz, que significou uma fuga de capitais.

Entre os anos de 1978 e 1981, ou seja, durante a própria gestão do ministro Martínez de Hoz,

> mais de trinta bilhões de dólares teriam saído da Argentina de maneira "excessiva ou injustificada", e isso era permitido fundamentalmente pelo fato de cada residente argentino poder comprar vinte mil dólares por dia, que podiam em seguida ser colocados no estrangeiro (Toussaint, 2002, p.3).

OS ANOS 1980

Costuma-se considerar que as políticas neoliberais adotadas pelos governos da América Latina respondiam às configurações emergentes da consolidação do liberalismo a partir da ascensão de Margaret Thatcher e de Ronald Reagan, na Grã-Bretanha e nos Estados Unidos, respectivamente.

Isso mereceria ser reformulado, pois essas políticas econômicas foram aplicadas na região pelos governos cívico-militares que derrubaram os governos democráticos a partir dos anos 1970. Emir Sader declara:

> As políticas anti-inflacionárias foram a pedra de toque da variante latino-americana do novo modelo que, surgido na Bolívia com as políticas propostas por Jeffrey Sachs, se estendeu ao Chile de Pinochet e dali a praticamente o conjunto do continente, desde o México de Salinas de Gortari até o Brasil de Fernando Henrique Cardoso, passando pela Argentina de Carlos Menem (Sader, 2001, p.9-10).[3]

Tabela 6.1 Dívida externa argentina 1975- 2000

Ano	**Dívida**	**Serviço pago (amortização + juros) (em milhões de dólares)**
1975	7.875	
1976	8.280	1.616
1977	9.679	1.849
1978	12.496	3.310
1979	19.034	2.255
1980	27.072	4.182
1981	35.671	5.390
1982	43.634	4.875
1983	45.087	6.804

Continua

[3] Em relação à implementação de medidas neoliberais na América Latina antes dos governos de Thatcher e Reagan, veja, também, Anderson (1999, p.15-27) e Juncal (1999).

Continuação

1984	46.903	6.281
1985	48.312	6.208
1986	52.449	7.323
1987	58.458	6.244
1988	58.834	5.023
1989	65.256	4.357
1990	62.730	6.158
1991	65.405	5.419
1992	68.937	4,882
1993	65,325	5.860
1994	75,760	5.771
1995	99.364	8,889
1996	111.934	13.054
1997	130.828	18.308
1998	144,050	21.573
1999*	147.881	25.723
2000		30.926
Serviço pago 1976–2000		212.280

* Segundo a OCDE (Organização para a Cooperação e Desenvolvimento Econômico) (2001, p.20), no fim de 1999, a dívida externa total da Argentina alcançava 169.066 bilhões de dólares.

Fonte: *World Bank*, GDF 2000 e 2001; BCRA e cálculos do autor (adaptado de Toussaint, 2002, p.3).

Nesse sentido, deve-se destacar que o ciclo de governos militares que começaram a aplicar essas medidas precedeu aos paradigmas *thatcheriano* e *reaganiano*: Pinochet ascendeu ao governo do Chile em 1973, e Videla ao da Argentina em 1976. Como se disse *ut supra*, em 1979, o governo militar argentino havia perdido o controle sobre a economia, o que derivou em uma espiral inflacionária, em desvalorização e em desemprego, após a aplicação de medidas de cunho liberal – levantamento das barreiras que protegiam a indústria nacional diante das importações, mudanças na política financeira que favoreceram o investimento especulativo – sustentadas por meio do endividamento externo. A situação na Argentina ficou muito mais patética que nos outros países da região, tanto durante a ditadura militar como durante os anos 1990, nos quais se agudizou o processo de desestatização iniciado em 1975.

Isso se deveu ao fato de as medidas neoliberais terem sido aplicadas com uma menor consideração a seus efeitos sociais e, paralelamente, seria possível afirmar que a imposição dessas políticas econômicas foi acompanhada de um desprestígio do sistema democrático, assim como de um processo de "desnacionalização" do ser argentino e da perda de seus valores morais, que trabalharam em favor do avanço da corrupção. Os meios de comunicação de massa colaboraram em boa medida com isso ao mostrar que o corrupto era o cidadão bem-sucedido e honesto que percorria o caminho para o abismo na escala socioeconômica.

O RETORNO À DEMOCRACIA

Segundo o ex-ministro da Economia do governo militar José Danigno Pastore, a estatização ou nacionalização da dívida externa das empresas privadas foi uma imposição dos credores internacionais como consequência da crise da dívida externa que se iniciou em 1982 com o caso do México.[4]

Em 1983, o presidente Raúl Alfonsín assumiu recebendo a pesada herança da dívida externa. Sua gestão econômica em uma primeira tentativa introduziu uma espécie de "cláusula gatilho", pela qual o aumento das tarifas e dos preços desencadeava automaticamente um aumento de salários. Esse foi um primeiro período no Governo de Alfonsín em que esteve à frente do Ministério da Economia Bernardo Grinspun (1983-1985), que não mantinha uma boa relação com os organismos de crédito internacionais e tentou iniciar a criação de um "clube de devedores latino-americanos".

Em 1985, um forte processo inflacionário levou a uma substituição de funcionários na área da economia, dando início a uma etapa de ajustes a partir do Plano Austral do ministro Juan Vital

[4] "Los '80 y los '90: similitudes y diferencias", *Dirigencia*. s. l.: s. n., nov. 1995.

Sourrouielle.[5] Durante um curto tempo, o Plano conseguiu seu objetivo de deter a inflação, aumentou o consumo reativando a economia, mas depois precisou ser ajustado em várias oportunidades por ter aumentado a dívida interna devido à emissão de bônus para financiar o gasto público (poupança forçada). O Governo começou a perder o controle sobre a economia, o que o afetou seriamente em termos políticos.

Do mesmo modo, o governo de Alfonsín – por proposta de seu ministro de Obras Públicas, Rodolfo Terragno – tentou levar adiante as primeiras privatizações, entre elas a das Aerolíneas Argentinas, que contemplava a administração da empresa por parte da escandinava SAS. O projeto de privatização encontrou forte oposição nos setores sindicais e no Congresso, entre os representantes do peronismo. Paradoxalmente, as privatizações tiveram de esperar que aqueles que se opunham a elas chegassem ao Governo em 1989 para concretizá-las.

UMA EXPERIÊNCIA NEOLIBERAL PARTIDÁRIA: A UNIÃO DO CENTRO DEMOCRÁTICO

Durante os anos 1980, as propostas neoliberais começaram a ser "massificadas". Em 1982, foi criado o partido UCD (União do Centro Democrático), que foi conquistando alguns setores independentes da população com sua prédica a favor das privatizações e suas críticas diante da inoperância do Estado.[6] Em boa medida, seus membros foram herdeiros desses dirigentes decimonônicos conservadores no âmbito político e liberais em termos econômicos.

Eles provinham do conjunto de políticos que sempre acompanharam os golpes de Estado cívico-militares e, por isso, nunca necessitaram da ação democrática para chegar ao poder. Mas,

[5] O Plano Austral foi anunciado em 14 de junho de 1985, de maneira que a inflação não foi desencadeada pelos desacertos de Sourrouielle, mas pela expansão monetária de Grinspun à frente do Ministério da Economia e de García Vázquez no Banco Central. O Plano consistiu em uma reforma monetária que incluiu uma mudança de moeda – o peso foi substituído pelo austral –, um tipo de mudança que fixava o valor do dólar e uma tabela de deságio.

[6] Em relação à origem e ao desenvolvimento da UCD, ver Gibson (1996).

depois do fracasso do último Governo militar, as regras políticas mudaram e isso os obrigou a considerar sua inclusão no circuito da democracia.

Nas eleições legislativas de 1983, obtiveram 8,7% dos votos e, no final do Governo do presidente Alfonsín, seus dirigentes se converteram em severos críticos de suas medidas econômicas.

Quando o presidente Carlos Menem assumiu suas funções, decidiu convidá-los para fazer parte do Governo, cooptando a UCD e contribuindo para sua fragmentação, porque alguns de seus dirigentes, em geral membros do segundo escalão, se recusaram a integrar o Governo. Por sua vez, seria possível dizer que as ideias neoliberais da UCD cooptaram o Governo de Menem, impondo-lhe sua agenda econômica.

Assim, as principais figuras da UCD participaram das gestões de privatização das empresas estatais e muitas delas terminaram suspeitas de corrupção.

A tentativa neoliberal de participar da democracia foi efêmera, pois o partido se pulverizou em consequência dos desacordos entre seus dirigentes e porque a população deixou de confiar em suas propostas depois que eles se uniram ao partido governante.

Em meados dos anos 1990, a UCD havia praticamente desaparecido da política. Mas pelo "cruzamento de sangue" com o partido governante, o Partido Justicialista, este sofreu uma perda de identidade que se projeta em sua fragmentação atual.

OS ANOS 1990

O presidente Alfonsín renunciou ao Governo antes do fim de seu mandato, pressionado por um "Golpe de Estado econômico organizado" por alguns grupos de poder em conivência com quem seria o primeiro-ministro e depois ministro da Economia do Governo de Carlos S. Menem, Domingo F. Cavallo.

Durante sua campanha eleitoral, Menem havia prometido que suas medidas econômicas girariam em torno da "revolução produtiva" e de um forte aumento de salários que serviria para incentivar o consumo.[7] A realidade foi que nenhuma das propos-

[7] Menem denominou esse aumento de salários de "salariazo".

tas se cumpriu e, desde que assumiu o Governo, em meados de 1989 até 1991, o fantasma da hiperinflação continuou assustando o Governo e a sociedade.

Desde o início, Menem estabeleceu uma associação com as corporações econômicas, fundamentalmente com Bunge & Born, o que lhe proporcionou seus dois primeiros ministros da Economia.[8]

Em 1991, Cavallo assumiu como ministro da Economia, sendo o quarto da administração Menem, e a partir desse momento foram postas em funcionamento todas as medidas ultraliberais que pretendiam abrir os mercados econômico, financeiro e de trabalho. As medidas que não conseguiam ser aprovadas pela oposição do Congresso eram impostas por decretos presidenciais.

Dessa maneira, a Argentina abriu totalmente sua economia, em um momento em que os países desenvolvidos se aferraram ao protecionismo como resultado da recessão que os afetava desde o início dos anos 1990. Nesse contexto, devem-se considerar o reordenamento da Comunidade Econômica Europeia, a reunificação da Alemanha em 1991, a desaceleração da economia do Japão e a recessão nos Estados Unidos, que ainda perdura e que se manifestou com as piores vendas de Natal em 2002 em vários anos.

Setenta por cento das exportações argentinas se compõem de produtos agropecuários – a granel e manufaturados – e combustíveis. A exportação petroleira se encontra limitada pelas reservas e a exportação de alimentos sempre tropeça nas barreiras dos países centrais.

Os investimentos nos anos 1990 se limitaram, praticamente, ao setor de serviços e à compra das empresas estatais. É o período em que aumentam a concorrência e a abertura das cadeias de supermercados e hipermercados, o que afetou profundamente o comércio varejista e alguns setores das pequenas e médias empresas (*pymes*) mediante a importação de produtos que competiam com a indústria nacional. Sem dúvida, a sequela disso foi um aumento na taxa de desemprego.

[8] O primeiro ministro da Economia de Menem, Roig, faleceu poucos dias antes de assumir. O segundo ministro, Nestor Rapanelli, precisou deixar seu cargo diante de um reinício hiperinflacionário e foi substituído por Erman González, que, diante de outra crise, foi substituído por Domingo Cavallo.

Do mesmo modo, as cadeias de supermercados nacionais e estrangeiras tiveram e têm, ainda hoje, como cativos seus provedores, impondo-lhes elas mesmas os preços e os prazos de pagamento, e inclusive alguns abusos dentro de uma relação claramente desigual.

Nessa época, também se deve ter presente que a afluência de capitais para a Argentina foi resultado de empréstimos financeiros para as empresas privadas e para as empresas estatais privatizadas e internacionalizadas.

Em linhas gerais, repetiu-se nos anos 1990 a mesma situação que a Argentina conheceu a partir de meados dos anos 1970.

A sanção em 1991 da lei de convertibilidade do ministro Cavallo, que fixou a paridade cambial de um dólar e um peso, novamente impôs uma ficção na sociedade argentina, que se percebeu com capacidade econômica para cobrar seus salários ao valor do dólar. Assim como na época do ministro Martínez de Hoz, os argentinos podiam viajar para o exterior e adquirir veículos, eletrodomésticos e produtos de alta tecnologia, o que despertou na sociedade o fascínio pelo gasto e não pela poupança.

A grande maioria da sociedade argentina não recordou a experiência do Governo militar, e uma vez mais se deixou levar pela ilusão.

Esse processo significou mais um golpe para alguns setores da indústria, que se viram afetados pela importação de bens manufaturados. Abriu-se, assim, outra etapa de desindustrialização, com seu correspondente aumento na taxa de desemprego e na economia informal.

Portanto, o crescimento dos indicadores macroeconômicos que permitiu aos defensores do ultraliberalismo – argentinos e estrangeiros – falar de "economias emergentes" ou de "tigres" na América Latina foi um crescimento sem emprego, um crescimento da desocupação e que não levou em conta amplos setores da sociedade, que foram lançados ao desemprego e abandonados pelo Estado que, não ingenuamente, foi reduzido à sua expressão máxima.

A "minimalização" do Estado favoreceu o relaxamento no controle de fluxos de capitais, a evasão impositiva por parte dos grandes contribuintes e a inoperância dos entes reguladores que deveriam controlar o funcionamento das ex-empresas estatais.

Mais um traço da falsidade das políticas neoliberais foi considerar que o relaxamento das medidas de controle e da flexibilidade do trabalho contribuiria para a competitividade empresarial e para a criação de empregos como produto dos investimentos e da concorrência de novas empresas.

O monopólio do Estado foi transferido para um monopólio ou oligopólio estrangeiro, que aumentou progressivamente os custos dos serviços em um país de inflação zero. Como exemplo disso, as tarifas das empresas telefônicas flutuavam segundo o índice inflacionário dos Estados Unidos. Do mesmo modo, o oligopólio desfrutava um período de proteção que venceu em novembro de 1999, mas, por pressão das empresas do setor, foi prorrogado pelo Governo para evitar a concorrência. As mesmas empresas telefônicas estenderam seu domínio ao setor da telefonia móvel, impedindo a concorrência de novas empresas e fixando tarifas muito superiores àquelas dos países centrais.

A ARGENTINA TRANSITANDO NO NOVO MILÊNIO

Sobre a situação argentina depois do abandono da política de convertibilidade no início de 2002, Ian Vásquez, diretor do projeto sobre a liberdade econômica do CATO Institute, assim se pronuncia:

> A suspensão dos pagamentos da dívida e a desvalorização enviaram esse país a uma profunda depressão, semeando dúvidas na mente de muitos argentinos sobre as reformas de mercado. O decepcionante crescimento de 1,5% *per capita* da América Latina nos anos 1990 foi melhor que o da "década perdida" dos anos 1980 (- 0,68%), mas certamente não correspondeu às expectativas e frequentemente foi acompanhado de agitação econômica. Foi dentro desse contexto de desilusão que os políticos, usando a retórica populista ou demagógica, assumiram o poder na Argentina, Brasil, Venezuela, Peru e outros lugares, vilipendiando o livre mercado como a causa dos problemas desses países. (Vásquez, 2002)

Entretanto, Vásquez considera um erro culpar o mercado, pois a implementação das medidas do mercado se deveram "ao fracasso das políticas do passado e não porque os governos estavam comprometidos com os princípios do livre mercado". Seria demais dizer que Vásquez – assim como opinava Cavallo e outros empreendedores da política neoliberal – acha que a Argentina chegou a essa situação porque os governos não aprofundaram as medidas e se detiveram nos sucessos da primeira reforma. Uma das medidas que se critica não ter sido tomada foi a da flexibilização do trabalho que houvesse solucionado a questão do desemprego.

A realidade é que foi precisamente a política neoliberal que incrementou de forma surpreendente o desemprego por meio dos demitidos das empresas privatizadas e internacionalizadas e do fechamento de numerosas empresas privadas como consequência da abertura às importações. Dessa maneira, o índice de desemprego foi aumentando consideravelmente desde a década de 1990. Veja a Tabela 6.2.

Tabela 6.2 O desemprego em números (em percentagem)

981	1982	1983	1984	1985	1986	1987	1988	1989	1990
5,4	4,6	3,9	4,4	5,9	5,2	5,7	6,1	7,1	6,3

1991	1992	1993	1994	1995	1996	1997	1998	1999	2001
6,0	7,0	9,3	12,2	16,6	17,3	13,7	12,4	13,8	14,7

Fonte: Pesquisa Permanente de Domicílios, INDEC (adaptado de Aglamisis, 2001, p.8-9).

Enquanto a América Latina se abria, os Estados Unidos recorriam ao protecionismo, impedindo a entrada de produtos alimentícios, aço e têxteis, assim como aos subsídios agrícolas e agroindustriais. Os estados dos Estados Unidos lançam mão de barreiras não alfandegárias para impedir a importação de determinados produtos e é frequente a recorrência a demandas de "competência desleal", as quais afetaram, por exemplo, as exportações argentinas de mel.

A situação na Europa não foi muito diferente, e para isso basta, também, recordar a questão dos subsídios agrícolas que impedem a entrada dos principais produtos de exportação da América Latina.

REFLEXÕES FINAIS

A situação da América Latina até agora demonstrou que as políticas neoliberais contribuíam de forma relativa para controlar a inflação, mas a um custo social extremamente alto. De fato, significou trocar a inflação por recessão e desemprego.

Na II Conferência Ministerial de Comunidades de Democracia e no II Fórum Internacional de Comunidades de Democracia, realizados em Seul, na Coreia do Sul, de 10 a 12 de novembro de 2002, a situação da América Latina foi motivo de preocupação:

> O relatório final destacou com realismo que nos últimos vinte anos a América Latina trocou seus regimes autoritários por governos democráticos, com a única exceção de Cuba. Entretanto, essa mudança não resolveu os sérios desafios do subdesenvolvimento que todos os países latino-americanos enfrentam. Ao contrário, as profundas reformas da política econômica dentro das linhas da filosofia liberal não permitiram o desenvolvimento econômico da região, que se mantém lento e extremamente volátil.
>
> São elevados os níveis de pobreza e desigualdade social na maioria dos países e, em alguns, até seu incremento. Foi destacado que os poucos progressos econômicos conseguidos o foram à custa de importantes problemas sociais, como o desemprego, a criminalidade, a insegurança e a corrupção. Do mesmo modo, ressentiram-se os níveis de saúde, educação e infraestrutura social. (Fasciolo, 2002, p.4-5)

Mas cabe perguntar se só os neoliberais são responsáveis pela decomposição do Estado, tanto na América Latina como na Europa. A se pensar nas medidas de nítido cunho neoliberal tomadas por governos socialistas na Europa, pelos pós-comunistas ou "comunistas *aggiornados*" do Leste Europeu, pelos governos trabalhistas da Austrália e da Nova Zelândia, ou na *terceira via*, será possível perceber que não só os neoliberais introduziram essas reformas de exclusão.

No caso argentino, a cidadania votou uma mudança nas eleições de 1999 ao escolher a Aliança – supostamente de centro-esquerda ou de tendências social-democratas – para gerar uma mudança de rumo, mas a gestão de Governo demonstrou que podia se aprofundar o modelo econômico iniciado pelo presidente Menem.[9] Mais uma vez, Cavallo foi convidado para ocupar o cargo de ministro da Economia, aplicando as medidas que levariam aos tristes acontecimentos de 19 e 20 de novembro de 2001.

O conjunto dos países da América Latina está tentando há trinta anos e não consegue substituir esse modelo de crescimento que se estendeu durante meio século.

Desde meados dos anos 1970, foram aplicadas medidas econômicas de cunho liberal que foram corroendo a MEC para dar início ao ciclo neoliberal de privatizações que, no caso argentino, em particular, deve ser considerado não tanto de privatização, mas de internacionalização. À guisa de exemplo, pode-se mencionar o caso das Aerolíneas Argentinas, empresa do Estado argentino que, mediante a *privatização*, converteu-se em uma empresa de um Estado estrangeiro: a Espanha.

Mais recentemente, no ano de 2002, uma das empresas privadas tradicionais da Argentina, a petroleira Pérez Companc, foi adquirida pela Petrobras, a estatal petroleira do Brasil.

A consolidação do modelo neoliberal a partir de 1991 revelou um crescimento nas variáveis da macroeconomia que não foi mais que uma ficção, pois estas não se refletiram na microeconomia e ocasionaram uma gravíssima deterioração não apenas da qualidade de vida dos argentinos mas também dos laços interpessoais, toda vez que – em termos socioeconômicos – aumentaram o individualismo e enfraqueceram as redes solidárias na sociedade.

Enquanto a MEC demorou cinquenta anos para sucumbir, deixando de algum modo um crescimento tangível na Argentina, o ciclo neoliberal se esgotou em uma década com gravíssimas sequelas de desindustrialização e de desocupação que derivaram na destruição da cultura do trabalho, na emergência do trabalho informal e em um incremento da pobreza e da exclusão de amplos setores da sociedade.

Atualmente, a política econômica, em vez de tender a procurar um novo modelo de desenvolvimento que substitua o ciclo

[9] Sobre a social-democracia na Argentina e o início da experiência da Aliança, ver Reyes (2001, p.275-88).

neoliberal, que permita sair da estagnação e apresente soluções para as aberrantes sequelas que deixou, limita-se a renegociar a dívida externa com os organismos internacionais.

Com as vantagens que a retrospectiva outorga, seria possível sustentar que, se os dirigentes, em vez de "haver favorecido o colapso da MEC", houvessem replanejado sua reestruturação por meio de uma administração eficiente e de uma erradicação da corrupção, provavelmente teriam atingido os objetivos de um Estado desenvolvimentista.

Como diz Muiños Juncal, "se há uma conquista clara do neoliberalismo é o crescimento das taxas de lucro líquido dos empresários" (Juncal, 1999). Isso vale tanto para a Argentina quanto para os países desenvolvidos, pois basta acompanhar as notícias internacionais sobre economia para perceber que cada fusão empresarial bem-sucedida neste "mundo da competitividade" neoliberal tem seu lado negativo, que consiste na reestruturação da empresa ou corporação que deixa na rua centenas ou milhares de empregados.

Para a democracia, a governança e o desenvolvimento na África: o Nepad é uma resposta ou uma pergunta?*

Peter Vale

Tal qual um verso de uma balada sentimental, o Nepad [*New (Economic) Programme for Africa's Development* – Novo Programa (Econômico) para o Desenvolvimento da África] está no ar – por toda parte, todo dia. Dificilmente, um discurso de um político ou seu derivado local, o noticiário de hora em hora da SABC (South Africa Broadcast Corporation), passa sem alguma menção a seu nome como a esperança – não, a *única* esperança – para o futuro do continente africano. Quando essa mensagem não consegue ser transmitida, como algumas vezes acontece, a força soporífera da indústria publicitária entra em ação para vender a União Africana, com a mesma facilidade com que vende produtos para a segurança doméstica. Não é surpresa alguma, então, que, em quase todas as esquinas da África do Sul, pequenos grupos – sindicatos, pesquisadores médicos, acadêmicos – estejam discutindo o que este momento socialmente construído

* Versão expandida de um artigo submetido pela primeira vez a um seminário interno da IDASA em 11 de julho de 2002. Versões atualizadas foram apresentadas em um seminário na Rhodes University e outra na University of Pretoria no início de agosto de 2002.
Tradução de Cristina Yamagami.

chamado Nepad significa para eles, para esse país e para a África. Tudo isso é emocionante: é difícil para o analista ignorar, principalmente por estar saturado de um profundo apelo emocional, os famintos e os destituídos do continente – porque a promessa de salvação de um continente inteiro parece ser possível pela "pura racionalidade que impulsiona" (e "ajusta") os mercados livres e que, com uma fachada diferente, recentemente levou um africano ao espaço.

As ideias que se seguem não pretendem celebrar o Nepad, que, como muitas pessoas me lembraram, não passa da mais recente em uma longa fila de tentativas de tirar a África da beira do abismo proverbial, mas também não pretendem criticar a proposta (e, com ela, a África) de voltar à Idade da Pedra da ideologia simplista. A intenção é utilizar essa plataforma como uma oportunidade de esboçar a história do Nepad; de colocar alguns dos argumentos em perspectiva apresentando algumas das influências filosóficas mais amplas que fundamentam tanto a ideia quanto o processo. Dessa forma, este texto não é uma crítica concentrada, mas um passeio pelas ricas oportunidades de análise social e política que a ideia do Nepad oferece a intelectuais, acadêmicos e ativistas.[1] Vamos começar por onde já estivemos.

A GRANDE IDEIA

Em um artigo de 1998, o finado Sipho Maseko e eu observamos que o Renascimento Africano, o prelúdio de Mbeki ao Nepad, tinha

> muito sentimento, pouca substância. Como o New Deal de Franklin Roosevelt e a Grande Sociedade [de Lyndon Johnson] (...) (com o lema ressonante de uma 'Guerra contra a Pobreza'), o Renascimento Africano existe como uma meta política solapada proposta por uma liderança política diante de um conjunto particular de desafios, tanto locais quanto internacionais (Vale & Maseko, 1998, p.271-87).

[1] Para um exercício paralelo, ver Melber et. al (2002, s. p.).

Essa comparação ainda pode parecer obscura para os não iniciados nos estudos comparativos e, mesmo assim, uma recente avaliação do New Deal sugere como ideias políticas vazias podem tornar-se eficazes se caírem em solo político fértil. Alan Brinkley recentemente escreveu:

A expressão New Deal sobreviveu como um lema para o mandato de doze anos de Roosevelt na Presidência e, mais especificamente, para as consideráveis... Realizações de sua administração. Eclético e experimental, o New Deal desafia os rótulos fáceis. Muitos de seus programas já nasceram mortos; muitos outros foram fracassos. Mas alguns sobreviverem e fizeram do New Deal o episódio mais importante na formação dos Estados Unidos no século XX (*Oxford Companion to Politics of the World*, 2.ed. 2001).

Um dos problemas para os analistas interessados no Nepad é justamente seu ecletismo, seu experimentalismo e a dificuldade de classificá-lo, uma questão apontada de imediato pela miríade de análises que tentaram explicar e compreender sua retórica muitas vezes exuberante.[2] O programa deve ser compreendido à luz das lições aprendidas pela antes orgulhosa OAU (Organização da União Africana)? Se for o caso, devemos vê-lo do ponto de vista apresentado pelas relações internacionais da África. Seria ele mais bem explicado olhando para o Norte, na direção da União Europeia? Nesse caso, deveríamos utilizar estudos regionais comparativos para compreender o Nepad? Até mesmo elementos isolados de seu ser – o mecanismo de avaliação por especialistas – não são, como veremos, facilmente enquadrados em algum sistema ordenado de classificação. A proposta de avaliação por especialistas se baseia na OCDE (Organização para a Cooperação e Desenvolvimento Econômico)? Ou podemos compreender melhor a avaliação por especialistas no contexto analítico da Psicologia industrial ou de relações trabalhistas? Ou será que, apesar do nome, não se trata de especialistas nem avaliações, mas apenas de satisfazer tipos específicos de relações sociais? Será que o Nepad em si, portanto, seria mais bem compreendido com base nas ideias de Robert Cox sobre economia

[2] Como exemplo, ver Dlamini (2003, s. p.) e Bukula (2002, s. p.).

política, com suas complexas ramificações e raízes na obra de Antonio Gramsci?

Apesar dessas interpretações alternativas, a noção da grande ideia continua sendo uma referência tentadora para compreender o Nepad. Será que ela será julgada daqui a cinquenta anos (ou mais) como um sucesso monumental? Essa ideia preencherá (o que é visto como) o vácuo político da África com energia e visão? O Nepad abrirá as possibilidades para o que Basil Davidson notoriamente chamou de "O Fardo do Homem Negro", para que os Estados-nações da África e seus líderes decrépitos finalmente sejam punidos? Será que estamos finalmente testemunhando a concretização do grande sonho africano – os Estados Unidos da África? Essas e outras questões têm pairado sobre a narrativa que se desvela ao redor do nepad – se não foram diretamente invocadas pelos originadores do Nepad, a imprensa, os intelectuais e os estadistas as encorajaram.

O problema da política exuberante – e essa é uma lição tão antiga quanto a própria política formal – é que os fracassos tendem a ser engrandecidos com muita frequência pelo terrível sofrimento humano. É por isso que – por necessidade e não à força de um pessimismo afro ou de qualquer outro tipo – é melhor chamar atenção para quais formas os desastres podem assumir quando os líderes recorrem à engenharia social como se fosse política. Para um público africano, o *apartheid*, especialmente a política do Homeland, de Verwoerd, é o exemplo quintessencial. Porém, em outras partes do mundo – por exemplo, na China –, grandes ideias se manifestaram em resultados desastrosos. A Revolução Cultural de Mao Tse-tung – a reviravolta política chinesa das décadas de 1960 e 1970 – oferece-nos uma boa lição. Seu alvo, devemos lembrar, foram os "Quatro Velhos": velhos costumes, velhos hábitos, velha cultura e velhas formas de pensar. Até mesmo uma análise superficial dos recursos de alfabetização utilizados para apresentar o Nepad sugere que ela também se baseia em livrar o continente de uma lista paralela de "velhos". Hoje em dia, quase quarenta anos depois de ser inflamada pela ditadura de Mao, a Revolução Cultural é vista como uma década de caos e considerada o período mais sombrio da história moderna da China.

A experiência do fracasso impõe um pesado fardo sobre a análise e a relação entre analista e objeto. Não importa qual seja sua matiz ideológica, os líderes têm a responsabilidade de liderar e os intelectuais devem analisar. Vaclav Harvel, no discurso do Harvard Commencement Address de 1995, talvez tenha inadvertidamente exposto as responsabilidades respectivas de ambos:

A principal tarefa dos políticos é assumir sua parte da responsabilidade pelo futuro de nosso mundo a longo prazo. A responsabilidade deles é pensar com ousadia... Explicar vez após vez – tanto ao público quanto aos colegas – que a política deve fazer mais que refletir os interesses de grupos específicos ou *lobbies*. A política é uma questão de servir a comunidade, o que significa que é a moralidade na prática.

E é responsabilidade dos analistas avaliar continuamente o último aspecto em sua vida pessoal e privada. É por isso que, apesar da indubitável promessa que o Nepad oferece à África e a seu povo, não pode haver outro recurso para a academia que não submeter a ideia e a miríade de comentários que têm aplaudido incondicionalmente o Nepad a uma sistemática investigação teórica. Isso implica, como Mahmood Mamdani recentemente nos lembrou, "problematizar em vez de canonizar as vacas sagradas da política e refletir sobre resultados não democráticos" (Mandani, 2002, p.790-1).

NASCIMENTO

Apesar de os bajuladores (categoria na qual a imprensa hagiográfica da África do Sul continua se encaixando) sustentarem que Thabo Mbeki é um africano consumado, sua aparência e, com efeito, seu estilo parecem desmentir isso. Em muitos aspectos ele não é diferente de seu antecessor, um consumado anglófilo. À vontade com o código de vestimenta ocidental, especialmente o terno e a sempre presente camisa polo, ele é a epítome do novo internacionalista – utilizando um velho termo para descrever uma criatura política totalmente nova.[3] Como

[3] Para um ponto de vista crítico sobre Mbeki, ver Jacobs & Calland (2002, s. p.).

outros novos internacionalistas, mas diferentemente de muitos outros políticos, Mbeki atua em um mundo de análises, não de pessoas. Se você precisar de evidências disso, basta olhar o intrincado jargão político que se desenvolveu ao redor da política do HIV/Aids de seu Governo. De uma forma pequena porém significativa, é por isso que as mudanças políticas prometidas pelo Nepad parecem ser férteis em possíveis resultados apesar do fato – como veremos ao analisar o mecanismo proposto de avaliação por especialistas – de o programa não ser destituído de um verdadeiro conteúdo político.

Mesmo assim, os bajuladores podem estar certos em relação a Mbeki e à África, porque, como nenhum outro líder da África do Sul (incluindo seu reverenciado antecessor), ele conseguiu transmitir os anseios da África do Sul para a África com profunda ressonância emocional. O melhor momento foi, é claro, o hoje famoso "Eu sou um africano!". O discurso proferido no Parlamento sul-africano no dia 8 de maio 1996 evocou um profundo senso de anseio entre sul-africanos de todas as cores e apelou aos mais profundos sentimentos do continente – há muito tempo semeados, mas nunca totalmente expressos ou comprovados – de que a África do Sul não era um posto avançado europeu, mas um Estado africano, e que seu povo (todo o seu povo) pertencia ao continente.

Na ocasião, contudo, alguns poucos observadores – incluindo Sipho Maseko e a mim[4] – ousaram sugerir que, sob o manto desse compromisso essencialmente cultural, o homem que se tornaria o presidente da África do Sul estava embarcando em uma campanha de desenvolvimento econômico e regeneração política e social do continente e suas instituições. Salientar esses primeiros vislumbres do prelúdio do Nepad, de natureza emocional ou não, é enfatizar a continuidade do desenvolvimento de um processo em vez de sugerir, como os anúncios no rádio parecem fazer, que a União Africana, se não o próprio Nepad, constitui algo completamente novo.

[4] Vale & Maseko (1998, nota 2).

RAÍZES

O impulso atual na direção do Nepad,[5] contudo, tem suas raízes nas celebrações do milênio, quando a ideia do renascimento se desenvolveu para se transformar no African Millennium Partnership (Parceria Africana do Milênio) para o MAP (Africa's Recovery Programme Plan – Plano de Recuperação da África), que foi estreitamente associado (especialmente na imprensa sul-africana) com as ideias de Mbeki sobre o futuro do continente. Mas o comando de ir ainda além veio de outra parte. Em 2000, a OAU instruiu Mbeki, sua contraparte nigeriana, Olusegun Obasanjo, e o presidente algeriano Abdelaziz Bouteflika a investigarem como o continente poderia lidar com uma importante, porém mundana, questão: a crise da dívida. Esse compromisso multilateral foi a primeira fagulha no desenvolvimento do Nepad.

Uma segunda iniciativa veio do Senegal, cujo presidente Abdoulaye Wade, um recém-chegado tanto ao comando quanto à ideia de revitalizar o continente, propôs o Plano Ômega: com ênfase no desenvolvimento da infraestrutura regional e questões educacionais, o Ômega, talvez de forma previsível, recebeu o apoio entusiasta dos países africanos francófonos.

Uma terceira e ainda inadequadamente explorada iniciativa pode ser encontrada no *Compact for African Recovery* (Acordo para a Recuperação Africana) iniciada pelo comissário econômico das Nações Unidas para a África, K. Y. Amoako. Das três, essa foi a iniciativa mais sólida; as questões que ela colocou em pauta sem dúvida foram estreitamente refletidas no programa do Nepad, apesar de não contar com o mesmo apoio político peso-pesado. Essas três iniciativas foram reunidas na NAI (Nova Iniciativa Africana – *New African Initiative*), em um encontro do Ministério Africano de Finanças e Economia em Argel em maio de 2001. Dois meses depois, uma reunião da OAU, realizada em Lusaka, nomeou um comitê de implementação de quinze chefes de Estado para administrar o processo em desenvolvimento. Três meses mais tarde, em outubro de 2001, o processo foi rebatizado de Nepad – cuja sigla é pronunciada como NÊPAD, e não KNEEPAD

[5] A maior parte da história que se segue é de Waal (2002, p. 479-791).

(literalmente, protetor de joelhos ou joelheira), como vários humoristas sul-africanos prontamente insistiram em chamá-la.

Alguns relatos[6] incluíram uma quarta iniciativa na evolução do Nepad – a relação de paz e segurança, relacionando-a retroativamente à CSSCA (Conference on Security, Stability and Cooperation in Africa – Conferência de Segurança, Estabilidade e Cooperação na África) realizada no início da década de 1990 –, o Processo Kampala, no qual Olusegun Obasango exerceu um importante papel. No mínimo, essa relação adicional mascara as alegações regenerativas feitas pelos idealizadores do Nepad por eclipsar as reivindicações internacionalistas liberais do valor dos esforços para manter a paz, que passaram a marcar as relações internacionais contemporâneas.

No ano pós-Guerra Fria, intervenções em nome da ordem, ou da democracia, ou da ideia onipresente da governança são mais que corriqueiras. O padrão é o mesmo: essa *Democracia pela força* (para usar o título de um livro escrito por Karin von Hippel, 2000) tem testemunhado poderosos vizinhos ou coalizões dos poderosos intervindo nos conflitos dos fracos. A ideia de manter a paz na África não é incomum para a época, mas a possibilidade de Estados africanos poderem embarcar em intervenções desse tipo levanta, como veremos, uma série de interessantes desafios tanto na teoria quanto na prática das relações entre os Estados africanos.

No círculo íntimo de Mbeki, a principal e imediata liderança coordenadora tem sido proporcionada por Wiseman Nkuhlu, um contador certificado e ex-vice-chanceler universitário que hoje é o conselheiro econômico do presidente bem como seu confidente. Mas dizem que Steven Gelb, um economista e no passado (ou talvez ainda) um marxista, que participou da equipe de Mbeki, esboçou o documento do Nepad e, apesar de atualmente ser um consultor, permanece profundamente envolvido em sua implementação.

Não temos espaço nem tempo aqui para entrar no complexo desenvolvimento do poder político de "especialistas", com exceção, talvez, para saudarmos com reverência a discussão de

[6] Ver Cilliers (2002, p.97-100).

Gramsci sobre o papel dos intelectuais. O direcionamento sugerido pela distinção de Grasmci entre intelectuais tradicionais e orgânicos nos permite ver que poucas ideias programáticas, especialmente quando preparadas pela autoridade do conhecimento especializado, são neutras em termos de valores.

Em um artigo muito circulado, o dr. Gelb (2002, s. p.) alega que as ideias para o Nepad foram amplamente ponderadas tanto no continente quanto no exterior e que as organizações multilaterais consultadas incluíram a Comissão Econômica das Nações Unidas para a África, o Banco Africano de Desenvolvimento, a OAU, o PNUD (Programa das Nações Unidas para o Desenvolvimento), a FAO (Organização para a Agricultura e a Alimentação), a OMS (Organização Mundial da Saúde), a African Connection, bem como o Banco Mundial World Bank, o FMI (Fundo Monetário Internacional) e a OCDE. E Gelb confirma que o secretariado do Nepad foi formado e opera nos escritórios do Banco de Desenvolvimento da África do Sul em Midrand, com pessoal composto de nativos de vários países africanos.

INFLUÊNCIAS

Dadas essas iniciativas díspares e a variedade de impulsos ideológicos, sem mencionar comprometimentos políticos e diplomáticos, envolvidos na elaboração do documento do Nepad, não é de surpreender que ele seja marcado tanto pela ambiguidade quanto pela superficialidade. Vejamos, a título de exemplo, a seguinte autodefinição:

- Um plano concebido e desenvolvido por líderes africanos;
- Um plano de desenvolvimento abrangente e integrado que aborda importantes prioridades sociais, econômicas e políticas de forma coerente e equilibrada;
- Um compromisso que líderes africanos estão firmando com o povo africano e a comunidade internacional para colocar a África em uma trajetória de crescimento sustentável;
- Um compromisso que líderes africanos estão firmando para acelerar a integração do continente africano à economia global;

- Um quadro de referência para uma nova parceria com o resto do mundo; e
- Um apelo ao resto do mundo para se aliar à África em seu próprio desenvolvimento com base nas próprias prioridades e nos programas de ação.

No que se refere a declarações de intenção, contudo, essas definições não são tão ruins e, como já observamos, a experiência sugere que costuma ser uma vantagem distintiva ser vago e até mesmo ambíguo no estabelecimento de metas amplas, de natureza política ou outras. Mesmo assim, o documento do Nepad foi, em geral, insatisfatório em uma série de pontos como muitos não hesitaram em apontar. Por exemplo, ele se absteve completamente de se posicionar em relação à questão politicamente delicada das diferenças entre sexo e das mazelas do grupo majoritário do continente, suas crianças.

As metas de desempenho – para nos apropriar de um termo da gestão de recursos humanos – que o Nepad estabeleceu são certamente ambiciosas. Veja, por exemplo, a meta declarada (estabelecida no Millennium Summit das Nações Unidas) de atingir um crescimento econômico geral de 7% por ano para reduzir pela metade a pobreza no continente até o ano 2015. Isso pode ser feito?

Se levarmos em consideração os dados recentes de crescimento econômico – 2,1% na década de 1990 –, a resposta é certamente não. Esses dados de crescimento costumam ser contrastados com a taxa de crescimento populacional de 2,8%. Para crescer, contudo, o continente precisará de um enorme financiamento – estimado em dez bilhões de dólares por ano durante dez anos. Na superfície, as perspectivas para que isso se concretize parecem vagas. A poupança doméstica no continente é praticamente inexistente, apesar da expansão da anulação de dívidas e da captação de outros recursos assistenciais certamente ajudarem. No prazo mais longo, o Nepad esperaria aumentar os investimentos no continente, entre outras ações, por meio da redução do custo de fazer negócios e do aumento do acesso da África aos mercados do norte.

A estratégia do Nepad seria a apresentada na Tabela 7.1.

Tabela 7.1 Estratégia do Nepad

Pré-condições para o desenvolvimento	**Setores prioritários**	**Mobilização de recursos**
Paz, segurança, desenvolvimento e governança política	Infraestrutura	Aumento da poupança privada doméstica
Governança econômica e corporativa	Informações e comunicação e tecnologia	Melhoria da administração da receita pública e dos gastos para aumentar a renda
Cooperação e integração regional	Desenvolvimento humano e redução da pobreza com ênfase na saúde e na educação	Melhoria da captação de recursos externos – por meio de anulação de dívidas, maior captação de recursos de desenvolvimento e privados
	Agricultura	
	Diversificação da produção e exportações e foco no acesso ao mercado do norte	

O impulso na direção do Nepad indica a determinação de Mbeki (e agora da África) de buscar uma forma dirigida de comprometimento com esse neoliberalismo, tanto localmente quanto no exterior. Nesse processo, qualquer ligação entre ricos e pobres, Norte e Sul, deve ter como premissas códigos de comportamento institucionais que foram desenvolvidos nos últimos anos.

São eles:

- Administração não violenta de conflitos, presente na discussão do Nepad de um *mecanismo de manutenção da paz para o continente*;
- Garantia da execução das leis e prestação de contas, presente na frequente evocação, no Nepad, da ideia de boa *governança*;
- Criação de condições para concorrência aberta, presente na ideia de *acesso igualitário aos mercados globais*.

Essa lista sugere que qualquer esperança para a regeneração da África e de que o Nepad simultaneamente apresente um novo ou alternativo paradigma de desenvolvimento aos neoliberais dominantes quase desapareceu. Com efeito, a esperança de Mbeki e de seus colegas parece ser que os africanos aceitarão as ideias neoliberais como uma questão de bom senso ou como essenciais para os bens públicos globais (para empregar um termo recentemente usado por Joseph Nye – 2002, p.233-44 –, da Harvard), necessários para o progresso, para a estabilidade e para a paz.

Devido a esse tom pragmático, trata-se patentemente de um momento profundamente filosófico, como veremos em breve, também por permitir uma ampla trajetória de intensa divisão estratégica, que também analisaremos mais adiante.

COMPORTAMENTO

Resumindo rapidamente a narrativa imediata, temos a ideia de que o Nepad deveria ser um exercício baseado em trocas – o bom comportamento no continente africano para ampliar e manter o envolvimento econômico dos ricos e poderosos. Mas a questão de como isso será feito imediatamente se agiganta: *como* o bom comportamento será monitorado? E *como* esse envolvimento econômico será mensurado?

Muito tem sido feito na badalação que levou ao desenvolvimento do Nepad em termos de "governança efetiva do monitoramento". Esse conceito não é novo, é claro, mas o que o Nepad tem feito é deslocar as condicionalidades para a assistência e para o investimento externo a câmaras políticas no continente. Dito de outra forma, os africanos agora definem as condições para o comportamento internacional, garantindo que elas satisfarão os investidores e monitorando eles mesmos a implementação. É nesse ponto, é claro, que o "mecanismo de avaliação por especialistas" pretende exercer um papel tão importante. Em sua forma idealizada, acredita-se que o sistema seja elaborado com base no mecanismo de avaliação por especialistas da OCDE. Mas, como a discussão a seguir demonstrará, o consenso em relação à avaliação por especialistas ainda é muito vago. No entanto, uma definição fundamental permanece sem resposta: o que é a condicionalidade? O finado Claude Ake, cujos pontos de vista em relação ao Nepad são gravemente negligenciados, observou que a condicionalidade política é pouco mais que outra forma de exercer poder político.

A revista *The Economist*[7] sugeriu que Mbeki favoreceu um pequeno painel de avaliação composto de pessoas eminentes – juízes, políticos aposentados, acadêmicos etc. O mesmo artigo, contudo, observou que o presidente da Zâmbia, Levy Mwanawasa, que foi favorecido por uma eleição não isenta de contestação, acredita que a "avaliação por especialistas não deve se basear em isolamento". Essas duas afirmações tocam em dois aspectos importantes do processo de avaliação: quem conduzirá a avaliação e para que fim? Uma terceira questão diz respeito ao melhor momento de fazer isso. Segundo relatos, o presidente de Moçambique, Joaquim Chissano, afirmou que era cedo demais para falar de pressão social, mesmo em países tão mal governados quanto o Zimbábue.

No final, chegou-se a um acordo de estabelecer um mecanismo de avaliação por especialistas em outubro 2001. O primeiro encontro desse painel de pessoas eminentes foi realizado na Cidade do Cabo no fim de julho de 2003. O objetivo do encontro era reiterar o principal objetivo do mecanismo africano de avaliação por especialistas – impulsionar a adoção de políticas, padrões e práticas para promover a estabilidade política, alto crescimento econômico e desenvolvimento sustentável, bem como a integração econômica subregional e continental acelerada.[8]

A reação do público à avaliação por especialistas já estava causando muitas dores de cabeça aos defensores do Nepad. Tanto Mbeki quanto seu colega nigeriano, Olusegun Obasanjo, foram vítimas de pesadas críticas em Zimbábue, onde a hesitação em condenar o presidente Robert Mugabe foi interpretada como aprovação por parte do Nepad tanto no que se refere ao resultado quanto ao processo que levou à recente eleição presidencial. Apesar de o incidente em si e sua orientação errada particular sugerirem como a avaliação por especialistas se tornou politicamente carregada, a medida de seu sucesso indubitavelmente se baseará em detalhes de duas naturezas. Em primeiro lugar,

---

7 "Great Expectations", *The Economist*. 20 jun. 2002. Disponível em: <www.economist.com/agenda/displayStory.cfm?Story_id=1192754>.

8 "High-level Meeting Discusses African Peer Rebvoew Mecanism". *NEPAD Dialogue. Focus on Africa*, n.10. s. l.: s. n., 29 jul. 2003.

quais critérios serão utilizados para definir quem está dentro e quem está fora do "clube" do Nepad e, em segundo lugar, o que será feito dos que ficarem de fora.

A própria natureza da política internacional da África está repleta de tentativas fracassadas de deslocar, modificar e até mesmo acotovelar a política doméstica alheia. Se a censura ou a pressão diplomática falhar, qual será o próximo passo? Mbeki falou sobre a relação entre o mercado e as avaliações e mencionou vagamente um sistema de classificação de crédito para os países participantes. É com certeza plausível que isso possa funcionar e que a racionalidade econômica por si só bastará para impedir o mau comportamento de Estados difíceis. Se for o caso, isso servirá para confirmar que as políticas do Nepad serão... Bem, não serão política alguma fora dos rituais do controle técnico; elas se constituirão dos modelos de escolha racional, despolitizados e secos que ignoram o que o teórico do desenvolvimento Adrian Leftwich recentemente chamou de "intensidade e enormidade dos dramas da política" (Desai, 2002, s. p.). Incidentalmente, a discussão sobre o Nepad, como a maioria das discussões sobre a governança, é inspirada na ideia (desenvolvida pelo físico inglês Lord Kelvin) de que, se não puder ser mensurada, uma sanção é fraca e insatisfatória.

Mas, por mais que essa abordagem ofereça aberturas para sanções e mudanças, ela também simplifica inteiramente as dificuldades dos processos sociais na África. Tokyo Sexale, talvez inadvertidamente, recentemente levou o sublime desse tipo de racionalidade na direção do absurdo. Ele disse à revista *Time* em junho:

> Entrar nos mercados internacionais é como um desfile de beleza. Você precisa ter as estatísticas vitais certas – no caso, democracia, direitos humanos, justiça social, os fundamentos de uma economia. É nesse ponto que o Nepad é tão importante. O Nepad é o juiz dizendo aos concorrentes: caprichem na aparência. De outra forma, vocês não se aproveitarão das oportunidades de desenvolvimento que o Nepad oferecerá. Se perdermos esse trem, o próximo pode levar gerações para chegar.[9]

[9] "The Selling of Mbeki's New Deal", *Time Magazine*. s. l.: s. n., 10 jun. 2002.

A questão permanece: o que acontecerá àqueles que se virem fora do clube ou do concurso de beleza? Como eles sofrerão as consequências de seu comportamento? Aqui uma velha história diplomática vem à tona – retire uma alavanca diplomática e observe um problema internacional se aprofundar.

Escrevendo no *New York Times* dias antes do encontro do G8 em Kananaskis em 2002, Mbeki (2002, s. p.) retomou o tema da avaliação por especialistas. O sistema, ele escreveu, "terá provisões visando a prever problemas e impedir que eles se espalhem – em vez de simplesmente censurar e punir quando as coisas derem errado". Nesse ambiente, a avaliação por especialistas se parece mais com uma diplomacia preventiva que com uma política multilateral.

Independentemente do direcionamento assumido pelo processo de avaliação por especialistas, a principal questão política a ser respondida é: o que esse movimento significa para a soberania. Nenhuma questão tem envolvido os políticos internacionais do continente com mais paixão que essa, uma questão proveniente do entendimento europeu das relações de propriedade mas utilizada para sancionar a não-interferência na África. Proveniente por quê? Apesar de em geral os Estados africanos seguirem a prática internacional de não ingerência interna, os Estados sobre os quais eles presidem estão longe de estar formados.

UBUNTU

Dizem que o maior apelo da ideia do Nepad é o fato de que ela é de propriedade dos africanos e desenvolvida por africanos. Então, eis a questão que se segue quase naturalmente: onde o Nepad se encaixa na filosofia africana? Em um rápido exame, o excelente desempenho e o elemento gerencialista incorporado ao Nepad sugerem que os defensores da filosofia Ubuntu em especial se sentiriam pouco à vontade com suas ideias.

Mas essa é a parte fácil; eis o obstáculo epistemológico (como sabemos o que sabemos): o conhecimento existente pressupõe uma construção específica da África – e essa construção fez da África, para todos os fins práticos, apenas o terceiro dos continentes do Terceiro Mundo! O desafio do Nepad à filosofia, aos políticos e à política é mudar essa construção. Se o Nepad aceitar o mundo pós-Guerra Fria como ele é, o programa tem poucas chances de mudar o modo como o mundo funciona para os ricos e poderosos.

No entanto, a abordagem que isso sugere iria contra as metas da filosofia africana que se baseiam em uma sólida tradição de hermenêutica radical – em especial um contundente envolvimento com a bifurcação do mundo por meio da força da dominação europeia do continente. Essa questão tem raízes em uma crise generalizada da identidade africana devido à presença de uma cultura – uma tradição estrangeira e dominadora – e da necessidade de autoafirmação na construção tanto da cultura quanto da tradição. De todas as formas possíveis essa é a ideia de um Renascimento Africano enunciada por Mbeki. O clima criado foi uma tentativa de explorar e reapropriar o que a modernidade insulou no despontar desse momento originativo da história (Serequeberhan, 2001, p.14-5).

Mas aqui vemos um paradoxo fundamental – um paradoxo traduzido no título deste artigo. O foco de grande parte do interesse na filosofia política africana tem se concentrado no Estado africano, o próprio agente selecionado para ancorar o Nepad.

O bom senso sugere que outras formas de comunidade na África são possíveis. Mas onde elas podem ser encontradas? Muito tem sido dito sobre a noção da sociedade civil: não apenas na África, mas em todo o mundo. Com efeito, em sua recente publicação do Nepad, Stephen Gelb salienta a importância do que ele chama de "colaboração neste processo de todos os cantos da África – o setor privado, associações comerciais, organizações comunitárias e de direitos humanos, associações agropecuárias, grupos de mulheres e estudantes" e enfatiza: "existe um 'espaço' cada vez maior para esse tipo de colaboração". Mas qual é a esperança de que a "sociedade civil" da África possa ser mobilizada e envolvida nos processos aos quais o Nepad dedica sua energia se essa mesma sociedade foi excluída da elaboração do programa?

A ideia de incluir a sociedade civil na regeneração da África evidentemente não é nova. Todas as teorias de democracia visam a abrir espaço para a sociedade civil, mas dados históricos indicam que com muita frequência a cooperação com a democracia equivale à cooptação com formas de tirania representada pelo Estado. Como mostra o exemplo de Zimbábue, isso não desalojou as elites predatórias.

PARTICIPAÇÃO

A barganha prometida pelo Nepad – governança econômica e política pela dádiva prometida pela economia neoliberal – reside no centro da política contemporânea. Dessa forma, alguns teóricos sociais podem ver o Nepad como a determinação dos líderes africanos de assegurar o que o cientista político de Harvard Robert Putnam chama de capital social – as tradições do envolvimento cívico que promovem o sucesso das instituições políticas. Isso é diferente do que o falecido filósofo e sociólogo francês Pierre Bourdieu chamava de capital social: a rede social que uma pessoa pode acessar para benefício pessoal e que pode ser convertida em capital econômico, cultural e simbólico e vice-versa. É possível argumentar que a última definição é o que a alta visibilidade internacional de Thabo Mbeki visa a atingir tanto para a África do Sul quanto, por meio do Nepad, para o continente.

Esse desejo de aprovação internacional sugere que os líderes do continente, ou pelo menos os que ajudaram a elaborar o documento do Nepad, acreditam que a África precisa encontrar uma "forma de viver com o capitalismo global".[10] Essa abordagem foi prenunciada no fim da tese histórica enunciada pelo intelectual americano Francis Fukayama no final da Guerra Fria. Fukuyama sugeriu que, pelo fato de satisfazerem as demandas da natureza humana, a democracia liberal e o capitalismo se comprovaram superiores a qualquer outra forma de organização social e política e que simplesmente não havia alternativa (Fukuyama, 1992, s. p.).

Isso leva à questão que envolve tantas mentes e à qual tanta energia é dedicada. Considerando que o Nepad se baseia na referência proporcionada pelo capital, ela merece envolvimento ou resistência?

A resistência ao Nepad tem atraído muito apoio do *lobby* anti-OMC, anti-FMI, antiglobalização, que tem recebido tanto

[10] Este é o subtítulo da coletânea de Hutton & Giddens (2000, s. p.).

destaque nos últimos anos. Trata-se essencialmente de um movimento anticapitalista com amplas táticas e ambições e em grande parte pacífico e reformista. Apesar de diluído por suas várias ramificações – políticas, ambientais, socialistas – costuma-se dizer que o alcance desse movimento tem suas origens no poder e na penetração do lobby *antiapartheid* mundial.

No centro de sua fúria reside o "Consenso de Washington", um termo utilizado pela primeira vez pelo economista John Williamson para descrever um conjunto de dez recomendações de ações políticas que constituíram o núcleo do programa de ajuste estrutural do Banco Mundial. Em resumo, o Consenso buscou cortar gastos públicos e aumentar a tributação dos cidadãos; revogar controles de preços e outros subsídios que distorceriam as "forças do mercado"; liberalizar controles monetários; sustentar taxas de juros mais altas; remover barreiras à importação; e promover o crescimento das exportações.

Para o povo da África do Sul, o descontentamento com a globalização (como alguém recentemente se referiu ao movimento antiglobalização) gerou uma série de dilemas contundentes. Para começar, a batalha vencida com tanto esforço para formar o Estado sul-africano foi solapada pelo desgaste da soberania nacional que acompanhou a ascendência do capital global. Além disso, contudo, a disposição do novo governo de seguir o projeto do neoliberalismo lançou ex-aliados em um antagonismo formal. Em terceiro lugar, a propensão – por falta de palavra melhor – de se colocar ao lado dos oprimidos, pobres e destituídos permanece uma das grandes incógnitas da nova política do país. O desencanto – não, a fúria – do povo em relação ao GEAR (Programa de Crescimento, Emprego e Redistribuição), por exemplo, é palpável e deve ser mensurado e definido em muitos fóruns de discussão, para lançar o momento atual nos termos da antiga classe que se acreditava dormente.

Isso explica por que a escolha tática de envolver o Nepad, de influenciar seus momentos de fundação, de encher seu vazio com ideias progressistas, de exigir a prestação de contas do Governo e de expor a hipocrisia dos Estados do Norte foi combatida com a velha e comprovada tática da UDF (Frente Democrática Unida) de boicote, oposição, exposição e educação com base na certeza de que (nas palavras do lema do *lobby* antiglobalização que se reúne anualmente em Porto Alegre) "um outro mundo é possível".

ESTADOS QUEBRADOS

Os aspectos táticos mais complicadores do Nepad residem no fato de que, apesar de todas as suas promessas de um futuro melhor para o povo africano, a proposta continua sendo essencialmente um processo de soberania – localizado em Estados e direcionado por seus líderes, ou alguns deles. Os Estados africanos não têm sido criaturas da democracia nem seus líderes têm respeitado os direitos humanos e outros direitos. Com efeito, tanto o passado colonial quanto as inflamadas ambições pós-coloniais impuseram um fardo sobre os Estados africanos e seu povo. Na verdade, a liderança africana demandou uma variedade de respostas em condições econômicas sobre as quais os líderes têm cada vez menos controle, especialmente depois da crise do petróleo da década de 1970. Em consequência, a desordem, e não seu oposto, tem marcado a política africana e é nesse ponto que o Nepad começa – não onde termina. No entanto, subjacente à ideia de ordem há um julgamento de valor. A ordem política, especialmente a ordem política *internacional*, vai se limitar a se basear em premissas de mudança da sociedade e da política só para acomodar a dinâmica do capitalismo e os valores da democracia liberal?

Diante disso, os estados africanos têm sido julgados como "deficientes", "deploráveis", "fracassados" ou "fracos". Cada epíteto sugerindo que eles cumprem inadequadamente seus compromissos domésticos e obrigações internacionais. No entanto, escritores mais sociologicamente conscientes têm uma visão diferente dos Estados africanos. Eles têm interpretado a desordem e o desarranjo como formas de política e governo desenvolvidas (talvez um termo melhor seja "adaptadas") para lidar com as demandas que a modernidade impõe a essa forma de organização social. Para alguns, como o analista francês Jean-François Bayart, a política de Estado na África é mais adequada, talvez, às circunstâncias enfrentadas por esses países. Para outros, como Patrick Chabal, a longa tradição de patronagem africana se estendeu muito além do processo de descolonização, o que explica por que até os mais "democráticos" Estados africanos são caracterizados pelo neopaternalismo. Esses pontos de vista alternativos sobre a África não são suficientemente expostos à mídia popular porque, honestamente, os modelos formais simplistas de democracia e Governo representam o paradigma controlador do que é popularmente conhecido como governança.

Esse também parece ser um momento oportuno para incluir uma breve observação de Rita Abrahamsen, uma observação que não pretende desacelerar o ritmo da análise, mas sim elucidá-la. "O discurso da boa governança", ela escreve em seu importante livro sobre a democracia disciplinadora, "não passa da mais recente reprodução do 'sonho do desenvolvimento' e, de forma similar, confere ao norte o direito de desenvolver e democratizar o sul à sua imagem" (Abrahamsen, 2001, p.XI).

A centralidade dos Estados no desenvolvimento do Nepad levanta importantes questões conceituais em relação a delimitações geográficas e territoriais e à força homogeneizadora da linguagem social. Sem exceções, os Estados africanos operam em espaços delimitados que costumavam (não faz muito tempo) ser chamados de "territórios". Esse discurso – um discurso que teve muita força nas décadas de 1950 e 1960 – construiu esses locais como vazios de história e, na verdade, de qualquer propósito sem a influência da modernidade. A proliferação de ramificações de literatura de modernização na década de 1960, especialmente nos Estados Unidos, facilitou a coincidência resultante entre poder de soberania e violência. Escondidos atrás desses militares, políticos africanos passaram a ser marcados pelo Grande Homem – os hoje septuagenários líderes, como Daniel Moi do Quênia e Robert Mugabe do Zimbábue permanecem os beneficiários dessa mentalidade.

Essa dimensão de uma complexa questão da construção de uma nação tem, contudo, uma poderosa contraparte soporífera: para descrever esses mesmos espaços territoriais são utilizados (como sabemos no caso da África do Sul) de forma intercambiável uma variedade de termos como "nação", "Estado-nação" e até "sociedade". A facilidade dessa substituição conceitual sugere como as discussões ao redor da ideia do Estado tendem a se tornar vagas. Se pararmos para pensar, cada um desses termos significa algo muito, muito diferente. Mas há um fator mais importante em funcionamento aqui que uma questão estimulante e interessante sobre o poder da linguagem e a força que ela exerce na política. A facilidade de acesso ao termo, os prontos apelos feitos por meio dele para a renovação africana e sua mistificação no folclore continental permitiram que o termo entrasse despercebido, e com muito pouca crítica, na linguagem do Nepad. As oportunidades de coesão oferecidas às elites por meio da ideia de Estado são algumas de suas características mais poderosas e distintivas. Essa abertura na direção da elaboração das leis é defendida com base no que se diz ser o direito mais contundente à autoridade por parte do Estado, sua soberania. Mas não é possível salientar o suficiente: a soberania do Estado com muita frequência é usada com um álibi para a tirania. Como os *sans-papiers* (para usar o termo francês para imigrantes sem documentos) na África do Sul sabem tão bem: a força da xenofobia e sua horrenda manifestação na vida pública se transformaram no novo *apartheid*. Como o Nepad se posicionará em relação a essa condição: uma condição que é a ordem natural das coisas na África?

Quais formas de comunidade se encontram além do Estado que podem ser adotadas para que a África seja tão bem-sucedida quanto segura? Que papel essas outras comunidades podem exercer no desenvolvimento do Nepad? Esse é um momento altamente subversivo porque outras formas de organização social, especialmente quando cruzam as fronteiras nacionais totalmente porosas da África, podem facilmente destruir o mito dos Estados africanos como a *única* forma de organização social no continente.

Isso leva a outra série de perguntas retóricas que estão incorporadas no processo do Nepad. O órgão pode ser devolvido aos Estados africanos da forma como eles estão atualmente construídos? E esse órgão pode ser utilizado para fins emancipatórios? Ou o Nepad não passa de outra forma de reorganizar as elites africanas? Os Estados definem limites a nossa imaginação política? Eles são inevitáveis? Ou os Estados africanos são a gendarmaria do capital internacional? O Nepad é só um modo de regulamentar e de legitimar essa condição?

FORMAÇÃO DE VÍNCULOS

Essas questões levantam a relação entre a posição Nepad e a tão ambicionada unidade africana. Evidências de que isso acontecerá são insubstanciais, apesar de terem dado muito que falar na imprensa. Algumas coisas estão claras, contudo. A OAU deixou de funcionar no início de julho de 2002. Suas funções migraram para uma nova organização chamada UA (União Africana). Muito simbolismo acompanhou essa transferência. Apesar de toda a sua entropia, a OAU de fato proporcionava aos Estados africanos uma medida de sucesso. Ela permitia a sobrevivência, se não a prosperidade, dos frágeis Estados do continente como instituições sociais e de fato concretizava o sonho historicamente localizado de dar fim tanto ao colonialismo quanto ao domínio branco. Não são pequenas realizações, mas foram cada vez mais julgadas inadequadas para uma época na qual a democracia, os direitos humanos e o crescimento econômico – sem dúvida retoricamente – estão alinhados como prioridades na política pública tanto dentro quanto fora do continente. Esses anseios seriam concretizados – em parte, se não no todo – pela "revolução na prestação de contas", para utilizar o título de um perspicaz artigo de jornal sobre o assunto (Katzenellenbogen, 2003, s. p.).

No entanto, algumas coisas permanecem inalteradas. O Nepad e, especialmente, o impulso na direção da UA têm renovado os interesses em uma velha questão: a tentativa de concretizar uma única união política e econômica por todo o continente. A questão hoje, como na ocasião da formação da OAU, em 1963, e, particularmente, no encontro da organização no Cairo em 1964, é que forma essa união assumirá. Aqui, acredita-se que dois líderes, Mbeki e Muammar Gaddafi, da Líbia, representam posições distintas sobre a UA, apesar de coincidentes, de acordo com alguns relatos, sobre o Nepad. Em setembro de 1999, Gaddafi propôs a imediata declaração dos "Estados Unidos da África". Como vimos, contudo, a abordagem mais cautelosa, e até mais sistemática, de Mbeki predominou.[11] O reconhecimento dessas divisões sugere que, no mínimo, a tensão perene entre a ideia pan-africanista e o sistema de Estados fragmentados do continente continua a ser politicamente divisiva. Em seu recente artigo politicamente direcionado, Rok Ajulu (tomando de em-

[11] Acredita-se que essas duas posições tenham vindo à tona antes do lançamento, em julho de 2002, da União Africana em Dirban, África do Sul. Para saber mais a respeito, ver Peta & Vapi (2002, s. p.).

préstimo uma imagem anterior que ele utilizou) chama a busca de uma União Africana e sua força motriz, o Nepad, de "batalha pela alma do continente" (Ajulu, 2002, p.4). No contexto econômico e político no qual esse argumento foi lançado, Ajulu sem dúvida está correto, mas outra batalha (quase mais perdurável) persiste – se a África será livre de Estados soberanos e unida como os pan-africanistas têm insistido.

No papel, com certeza, parece que a UA pode levar ao continente um modo minimalista de integração com toda a presença mundana de acordos multilaterais de natureza burocrática que marca grande parte das relações internacionais contemporâneas. Dessa forma, foi proposto o estabelecimento de dezessete instituições da união – incluindo uma instituição financeira, um tribunal, um parlamento e conselhos econômicos e sociais. No momento da escrita deste artigo, oficiais se concentravam nas quatro instituições primárias:

- Uma Assembleia de chefes de Estado e Governo que se reunirá pelo menos uma vez ao ano;
- Um Conselho Executivo composto de ministros estrangeiros – e que também se reunirá anualmente;
- Um Comitê Permanente de Representantes, compostos de embaixadores africanos em Adis Abeba; e
- Uma Comissão, essencialmente um secretariado, que supervisionará o funcionamento da UA.

Mas o legado invariavelmente se prolonga. Céticos têm apontado para os custos envolvidos em um empreendimento dessa magnitude e aludido ao fato de que a própria OAU tem dívidas na casa dos cinquenta milhões de dólares. Mas, se os custos instigam o cinismo, outro fator a ser levado em consideração é o teste da democracia localmente e no exterior. A Lei Constitutiva da União não foi profundamente discutida no continente nem por parlamentos africanos nem pela sociedade civil. Como o Nepad, com o qual suas relações são totalmente incertas, trata-se de um exercício distintamente de cima para baixo. Apesar de todo o óbvio apelo regenerativo e toda a emoção retórica, o Nepad é direcionado pela elite: uma criatura que busca abrir e proteger a democracia no continente, ela é o produto de processos que por si sós são tudo, menos democráticos. Trata-se de um paradoxo conhecido na política representativa e agrega, bem como legitima, tanto os Estados quanto as elites que os defendem.

A prova de fogo para o Nepad, se não para a UA, contudo, pode não se dar no continente ou com o povo africano. Devido a um complexo grupo de razões e apesar das previsões ao contrário após o 11 de Setembro, a África não falhou no programa internacional da "Guerra contra o terror" promovido pelos Estados Unidos. A esperança imediata para o Nepad é firmar acordos com os países do G8 demonstrando sua disposição de se envolver em iniciativas de desenvolvimento de longo prazo sob a rubrica de "melhores práticas", "governança" e formas similares de condicionalidade.

Para serem vistas como funcionais, bem como eficazes, formas mínimas de multilateralismo devem ser regularmente apresentadas. Apesar de alguns recentes acontecimentos, como o incidente dos Campos Minados (no qual a África do Sul alega ter exercido um papel decisivo), terem demonstrado o sucesso das abordagens pós-Guerra Fria ao multilateralismo, exemplos mais recentes foram considerados morosos, se não insatisfatórios. Dessa forma, a Corte Penal Internacional tem sido amplamente ignorada – e até menosprezada – pelas administrações americanas atuais, enquanto outros tratados, como o de Quioto, são negligenciados, e o Tratado de Mísseis Antibalísticos é simplesmente revogado. A concretização do Nepad certamente melhoraria as probabilidades de sucesso da nova abordagem ao continente prometida pela UA, mas o resultado do encontro do G8 em Kananaskis sugere que esse potencial ainda será definido pelo multilateralismo norte-sul.

As questões de prazo mais longo necessárias para fazer uma diferença, como concessões profundamente enraizadas ao acesso dos produtos agrícolas do Terceiro Mundo aos mercados internacionais, podem precisar esperar fóruns como o da OMC. E, no caso, falar de condicionalidades fará pouca diferença; esse é o ponto, uma forma de multilateralismo crítico, que Mbeki tem esporadicamente demonstrado – veja o recente Fórum Mundial da Alimentação em Roma – para acionar o movimento. A desonra e os ataques aos ricos e poderosos pela falta de disposição de fazer concessões pode constituir um importante teste tanto para o Nepad quanto para a UA.

UMA QUESTÃO TENTADORA

O que é o Nepad? Fazer essa pergunta no final do artigo é reconhecer como a política que a época atual gerou é confusa. O Nepad parece se centrar em um simples *leitmotiv*: um mundo político ou social fora do mercado é impossível. Por esse motivo, o argumento central para o Nepad (um argumento ao qual estadistas e a imprensa têm incessantemente recorrido) é o seguinte: aqueles que jogam o jogo do mercado e seu derivado, a globalização, receberão grandes oportunidades. O corolário desse argumento é que tentativas de atacar a globalização só podem ser fracas e fortuitas.

A esperança alimentada pelos que desejam se envolver com o Nepad, ao contrário dos muitos que se opõem a ele, é simples: na falta de alternativas, o Nepad pode ser melhorado. O momento atual apresenta um clamor contemporâneo. O desafio de direcionar o programa de globalização neoliberal de mercado na direção do povo tem sido combinar com mais eficácia a governança econômica e social com um comprometimento sustentado e apaixonado para com a democracia e na direção de um intenso interesse pelos direitos humanos. Esse é o "Terceiro Caminho", proclamado pelo eminente teórico social inglês Anthony Giddens e defendido por Tony Blair, o primeiro-ministro britânico.

Então eis a resposta à questão feita no início desta seção: o Nepad é uma criatura dos tempos. Mas essa resposta basta? *Nao!* Não porque os tempos também são marcados por um intenso interesse, principalmente acadêmico, pela natureza do conhecimento e sua construção. De formas importantes, o principal desafio político e intelectual é conseguirmos encontrar uma linguagem, independentemente de opções políticas, para compreender e lidar com as relações sociais e políticas neste novo século.

Ao longo deste artigo, a narrativa apontou para o instrumentalismo implícito tanto na teoria quanto na prática do Nepad como uma nova forma de organização social. Dado que Mbeki, como observamos anteriormente, é mais um político da política que um político do povo, não é surpresa que seu mandato tenha sido marcado por uma preocupação com os aspectos administrativos e procedimentais da organização social. Isso certamente tem sido acompanhado por um foco na eficiência institucional e burocrática e na prestação de contas. O Nepad é um excelente exemplo desse estreitamento da base social da participação popular no contexto de um código disciplinar representado pela economia dos mercados. Dito de outra forma, ele representa a confluência do novo constitucionalismo e da economia neoliberal. Diante disso, não é de surpreender a existência de muitos exemplos de tentativas por parte da comunidade de negócios e seus lobistas utilizando a ideia do Nepad como uma forma de promover uma ou outra causa. A mais audaciosa foi a tentativa por parte do Instituto Sul-Africano de Relações Internacionais, que alega independência, de sugerir que os esforços do governo de Mbeki para aprovar um novo projeto de lei de mineração que mudaria as disposições de propriedade de direitos pelos minérios vão contra o espírito do Nepad (Mills & Hughes, 2001, s. p.).

Subjacente a qualquer série de perspectivas sociais está a questão: para quem? Parece fácil responder a essa pergunta, mas, diante de uma reflexão mais ponderada, qualquer resposta é confusa e confundida pelo emaranhado de lógica gerencial e econômica que se insinuou no debate sobre o Nepad. O Nepad representa um novo momento na emancipação da África e de seu povo ou, como o Terceiro Caminho, no qual sua ideologia se baseia, representa simplesmente o que Robert Taylor chama de um Novo Autoritarismo? (Taylor, 2000, s. p.).

O foco deste artigo foi mantido intencionalmente amplo e incluiu tanto a teoria social quanto a prática social. O Nepad, como esta análise buscou sugerir, ilustra que as abordagens fáceis para a compreensão do contexto internacional não são mais sustentáveis. As soluções fáceis e prontas da comunidade política foram responsáveis pelo caos no qual a África se encontra atualmente. Que irônico, quando essa mesma comunidade deveria se encarregar da elaboração e prescrição da solução para os desastres pelos quais ela (e seus antecessores) é em grande parte responsável.

Como este artigo, o Nepad é um trabalho em curso; no desenvolvimento de ambos, intelectuais têm a profunda responsabilidade de investigar os cantos escuros de um momento histórico sombrio. Por tempo demais, o povo africano tem sido sujeito a planos enganosos de colonialistas, ideias excêntricas de capitalistas e as sinistras ideologias imperialistas e de estadistas:

cada grupo servido por fiéis batalhões de especialistas. Preso nos discursos sufocantes de progresso, o povo da região – na maior parte distante da "autoridade não racional dos costumes e da tradição" e muitas vezes ajoelhado diante de "verdades reveladas da religião dogmática" (Morphet, 1994, p.286) – entrega suas esperanças e seu futuro a mãos grotescas: com frequência demais para ser mera coincidência, suas esperanças têm sido escravizadas pelos códigos autoperpetuantes de controle e dominação. Para exercer sua responsabilidade, os intelectuais devem levantar questões incansavelmente e contestar continuamente a moeda analítica de novas ideias quando elas lhes são oferecidas pelos poderosos.

A promessa do Nepad pode ajudar a romper o ciclo destrutivo concretizando uma perspectiva totalmente nova para as relações sociais na África. O envolvimento com o programa implica um risco, sem dúvida, porque envolve expor a verdade ao poder. Apesar da ética utilitária e dos entendimentos reducionistas da política que atormenta nossa era e dos quais o Nepad parece por vezes ser o grande epítome, a verdade e sua expressão não podem ser contemporizadas. Os intelectuais, críticos ou não, devem à

> sociedade historicamente capacitada reflexões sobre questões profundas relativas à política, à vida e às relações determinadas pelo poder – reflexões concebidas, como Gunther Grass muitas vezes [afirma sobre] a própria obra, com a consciência de que os mortos estão assistindo de perto. (Ramano, 2000, p.B10)

ANGOLA, SADC
E A GLOBALIZAÇÃO

Cesaltina Abreu

Ao assumir a presidência da organização regional, na sessão de encerramento da reunião de cúpula da SADC (Comunidade de Desenvolvimento da África Austral), que aconteceu em Luanda de 1° a 3 de outubro de 2002,[1] o presidente de Angola apresentou em seu discurso inaugural algumas linhas de intervenção que se referem à inserção da região austral do continente africano no processo de globalização.

Afirmando que "encaremos essa globalização como um processo inexorável, do qual não temos nenhuma vantagem em nos excluir", acrescentou ainda que "isso não significa que tenhamos de nos submeter e aceitar a chamada globalização desregrada, selvagem e depredadora, que age sem ter em conta os interesses e os anseios legítimos de nossos países para alcançar o desenvolvimento". Ou seja, defendeu uma "globalização sem submissão (...) e a necessidade de que se estabeleçam em nível internacional relações mais humanas e justas (...)".

Essa afirmação me suscitou uma questão que traz à tona várias outras: que possibilidades existem em reverter desigual-

[1] Função rotativa que exerceu até fim de 2003.

dades prevalecentes nas relações internacionais. Ou seja, existem possibilidades reais de fazer valer, na arena internacional, as pretensões de uma organização regional que abrange catorze países africanos, a maioria dos quais pertencente ao grupo dos países menos desenvolvidos do mundo, segundo o PNUD (Programa das Nações Unidas para o Desenvolvimento)?

"Globalização" é um dos termos mais presentes nas matérias veiculadas pelos órgãos de informação escrita, falada e televisionada, nos discursos políticos, nas análises econômicas e nas pesquisas sociológicas, incorporando-se progressivamente no vocabulário do cidadão comum, na linguagem de rua no dia a dia.

À pergunta: o que é a "globalização"?, seguramente se obterão inúmeras e distintas respostas, explorando uma ou várias de suas facetas. Neste trabalho, serão apresentadas algumas contribuições para uma mais ampla compreensão do que é, de como surgiu, quais são as interpretações socioeconômicas e políticas mais comuns, como Angola se insere nesse processo e quais os mecanismos dessa articulação.

O QUE É A GLOBALIZAÇÃO?

A imagem mais comumente associada ao conceito de "globalização" é a da "aldeia global", construída e disseminada em abordagens de impacto ambiental e de desenvolvimento sustentável. Condensada nessa designação, a ideia de articulação do local, comunitário, partilhado – a aldeia –, com o mundial, geral, universal – o global. Como se fossem uma "ponte", com um pilar no local, pequeno, comunitário, e o outro pilar no mundial, amplo, universal, simbolizando o processo de "complexificação" (aumento de complexidade) das sociedades atuais, em resultado de mudanças estruturais ocorridas de meados para o fim do século XX, essas mudanças são resultantes da diferenciação crescente das identidades coletivas (grupos nacionais, regionais, religiosos, políticos etc.) e da reorganização do espaço e do tempo de vida aos avanços da ciência e da tecnologia, no domínio das comunicações via telefonia celular ou satélite e pela internet, encurtando distâncias, disseminando informações e notícias, vencendo fronteiras e aproximando as pessoas.

A condição de possibilidade para lançar o segundo pilar da ponte no terreno do "universal", percebido de forma fragmentada e descontínua (em resultado das inúmeras particularidades), com rupturas e deslocamentos (resultantes das expansões, contrações e tensões presentes nas relações entre os atores sociais), reside na recomposição de identidades coletivas, capazes de recriar novas formas de solidariedade e de responsabilidade social. O resultado prático desses processos de fragmentação é a pluralidade social, ou seja, a coexistência de múltiplas identidades criadas com base na afirmação da diferença (regional, racial, religiosa etc.) e demandando respeito e reconhecimento. Essa fragmentação, por sua vez, implica níveis crescentes de complexidade da realidade social, devido à necessidade de recriar mecanismos de coordenação mais flexíveis e inovadores, que favoreçam a recriação de novas formas de solidariedade, em um difícil contexto de individualismo, familismo e privatismo crescentes em consequência do desenvolvimento do capitalismo; esses mecanismos ocupam um espaço no qual, nem o estado nem o mercado se mostraram capazes de, por si sós, articular respostas eficientes às demandas crescentes e diversificadas (Domingues, 2002b, s. p.). Ao comando (por meio da estrutura hierarquizada do Estado) e à troca voluntária (por meio da estrutura de "livre escolha" do mercado), junta-se o princípio da colaboração voluntária (conexão), capaz de operar a articulação das interações sociais por intermédio das redes. A coexistência, interpenetração e influência mútua desses três princípios de organização e coordenação das interações sociais são características dos tempos atuais, da fase da modernidade que estamos vivendo.

A necessidade de inclusão dos novos atores sociais produzidos pela fragmentação social implica a recriação de novas formas de solidariedade, como resposta ao individualismo crescente e à profusão de identidades nas sociedades atuais, que produzem uma particularização extrema das necessidades, e que, devido a sua especificidade, apenas encontram respostas em formas alternativas e criativas de coordenação da interação social (Domingues, 2001, p.3).

Os processos de fragmentação e de "complexificação" não são uniformes, o que significa que, apesar de estar presentes em todas as sociedades atuais, manifestam-se de formas distintas e com diferentes graus de intensidade e abrangência. Nas sociedades menos desenvolvidas, os "enclaves socioeconômicos" – as "ilhas" tecnológicas correspondentes às áreas de exploração de petróleo – relacionam-se por meio de redes, com suas matrizes, com o exterior e o "tempo do mundo"! Nas sociedades mais desenvolvidas, as "bolsas de pobreza" e os grupos sociais minoritários são excluídos das redes que ganham espaços de intervenção cada vez mais amplos e diversificados; suas interações continuam a obedecer, principalmente, ao mecanismo de comando, ainda que informal, reproduzindo as estruturas de dominação, por favorecer a acomodação e o continuísmo. Por isso se diz que existe pelo menos uma Suíça em cada país pobre, e que todo país rico tem pelo menos uma Serra Leoa dentro de si.

Assim, se tiverem sido criadas novas instituições e formas de consciência, mais adequadas e eficientes diante do pluralismo societário crescente, elas irão conviver com as velhas instituições incorporadas nas relações sociais, nos comportamentos e nas formas de consciência anteriores... Tradicionais. "Em grande medida, essas instituições e formas de consciência modernas são produtos inesperados de desejos e opções diários dos indivíduos e não o produto de ações intencionadas de elites políticas e culturais" (Domingues, 2002a, p.15).

De um ponto de vista sociológico, pode-se dizer, então, que nos encontramos em uma fase de evolução da humanidade designada modernidade avançada, e caracterizada por um maior grau de complexidade da realidade social, uma maior tendência à fragmentação e uma importância crescente de mecanismos de coordenação descentrados, em rede, logo mais flexíveis, inovadores e eficientes. Para além da "reflexividade" e da criatividade, essa perspectiva chama atenção para o maior grau de incerteza e de contingência das relações sociais nessa fase da modernidade.

A articulação das necessidades sociais e a reorganização da solidariedade por meio de redes, nos mais diversos domínios da ação, requerem descentralização e flexibilidade da produção da informação. No centro da economia global e dessa flexibilidade, existe uma nova forma de organização econômica, a empresa em rede. Não é uma rede de empresas, é uma rede feita por firmas ou segmentação interna de firmas: vastas corporações são internamente descentralizadas como redes, pequenos e médios negócios estão conectados com redes. Essas redes conectadas entre si para projetos específicos mudam de arranjo tão logo o negócio é finalizado. As maiores corporações trabalham com base em uma estratégia de mudança de alianças e parcerias específicas relativamente a um produto, processo, tempo e espaço.

Essa cooperação se baseia crescentemente na partilha de informação: são as redes de informação que, no limite, ligam fornecedores e clientes de uma firma, e atuam essencialmente como intermediárias de oferta e procura, cobrando uma taxa por sua capacidade em processar a informação. A unidade desse processo de produção não é a firma, mas sim o projeto, embora a firma continue a ser a unidade legal de acumulação de capital. Nessa economia, a camada dominante é o mercado financeiro global, em que todos os ganhos de todas as atividades e países acabam por ser trocados ou comercializados (Castells, 2000, s. p.).

Uma perspectiva ainda mais econômica (Sassen, 2001, s. p.) parte das transformações profundas ocorridas no início dos anos 1960 na organização da atividade econômica e que se traduziu na alteração da estrutura da economia mundial, assumindo formas específicas em alguns lugares, da industrialização acelerada de alguns países do Terceiro Mundo e da rápida internacionalização da indústria financeira por meio de uma rede mundial de transações.

No início dos anos 1980, após a crise que atingiu os Estados Unidos e se refletiu na dívida dos países do Terceiro Mundo (entre outros fenômenos), registrou-se uma mudança na composição e na geografia da economia global, produzindo a dualidade complexa da organização da atividade econômica espacialmente dispersa, embora globalmente integrada. A rede surge assim, nessa perspectiva, como um princípio organizador distintivo dessa fase da modernidade.

De um ângulo ou de outro, a globalização tem sido alvo de inúmeras críticas; Ignácio Ramonet (2002, p.2-10) traduz a frase "a dinâmica da globalização" em "os grandes grupos industriais e financeiros e a mercantilização generalizada". Ele alerta para um ambiente favorável à manifestação de novas formas de censura e de manipulação, assinalando, por exemplo, que a própria mensagem da globalização busca distrair-nos e afastar-nos da contestação. Segundo ele, essa globalização que estimula a imposição da força ao direito (no controle do tráfico de drogas, por exemplo) caracteriza-se pela destruição de tudo o que é coletivo, pela apropriação, pelas empresas e pelo mercado, das esferas públicas.

Tanto em Sassen quanto em Ramonet, o protagonismo da economia é tão predominante que pouco espaço resta ao Estado para se afirmar e intervir. Segundo Ramonet, apesar de os contrapoderes (partidos, sindicatos, imprensa livre), mais necessários que nunca, se mostrarem pouco operantes e ainda menos eficientes, os cidadãos têm dado mostras (em Davos, em Seattle, em Quebéc, em Genebra) de pretender substituir o atual contrato privado por um contrato social, lançando mão de iniciativas audaciosas para se oporem aos interesses das firmas gigantes (como a Esso, a Coca Cola ou o McDonalds, por exemplo) que se sobrepõem aos poderes dos "impotentes" Estados "anões" (Ramonet, 2002, p.23).

A ÁFRICA E A GLOBALIZAÇÃO

Alguns autores africanos também refletiram sobre a mudança no continente, salientando seus efeitos no Estado-nação. Entre eles está Hakin ben Hamouda (2000, p.30), para quem a globalização se transformou no fenômeno marcante do fim do século, ultrapassando as fronteiras do econômico e sendo uma realidade complexa que intervém nos diversos níveis – social, político, econômico e cultural – da vida dos indivíduos e dos grupos sociais. Essa multiplicidade de ações converge para a tentativa de "deslocar" o Estado-nação do lugar privilegiado da organização da vida política e social – e que se torna visível por meio do aumento substancial das trocas comerciais internacionais e dos movimentos de capital – para além das fronteiras nacionais; as crises financeiras recentes demonstraram a dificuldade de um projeto de reestruturação da ordem internacional, devido à inexistência de órgãos e instituições transnacionais incumbidos e capazes de exercer a regulação da pluralidade.

Considerando que a globalização corresponde a uma contração sem precedentes do espaço e do tempo, em resultado do desenvolvimento dos meios de comunicação e das novas tecnologias, e a uma redução significativa dos custos de transação que tal desenvolvimento provocou, favorecendo o desenvolvimento de trocas e de diversos fluxos de mercadorias, capitais e informação, Hamouda (2000, s. p.) defende que

> esses fluxos estão na origem da emergência e do desenvolvimento de importantes redes, tanto no nível regional quanto no nível mundial; uma espécie de comunidade internacional está em via de nascer e dar origem a um novo tempo do mundo.

Em sua perspectiva, uma temporalidade universal, construída de princípios, ideias e bens, criará laços entre países, indivíduos e comunidades e, por meio de suas trocas, as comunidades humanas construirão um destino comum.

Se a sensação de falta de alternativas do projeto da modernidade, por um lado, aponta para seu esgotamento, por outro coloca a hipótese de reinvenção de um novo e inovador quadro de referências, em cujo âmbito seja possível situar um projeto mais abrangente de oportunidades sociais, econômicas e políticas e mais justiça social; um espaço de conciliação dos dilemas da liberdade e da igualdade, do local e do global, em que o respeito pela diferença se desenvolva tendo como pano de fundo os valores universais de afirmação da dignidade humana e por meio de uma nova concepção de direitos humanos e de uma nova ideia de solidariedade.

Essa perspectiva otimista também se manifesta nas reflexões de outro autor africano, sob outro ângulo de abordagem: o dos encontros entre povos, culturas e sistemas econômicos. Para Mamadou Diouf (2000, p.20), as discussões sobre modernidade, globalização e cosmopolitismo têm privilegiado, de forma unilateral, a perspectiva do projeto colonial (como missão civilizadora), de uma modernização forçosamente ocidental, à qual se juntou, há anos, a modernidade islâmica. Continuam em desenvolvimento os projetos de construção de identidades pós-coloniais, autônomas ou subordinadas, em uma reconciliação difícil, mas não impossível, entre as temporalidades e espiritualidades locais e o tempo do mundo.

A questão subjacente a essa discussão parece ser a possibilidade de, por meio de um movimento em duas mãos, acomodarem-se às exigências da globalização e à multiplicidade de tempos e racionalidades locais nela inseridas. Trata-se de uma relação em que participam, de um lado, os sistemas locais de valores (mercantis, culturais e religiosos) e, de outro lado, o sistema capitalista ocidental (e universal, pelo menos em sua pretensão e práticas): de sua conjunção ou emparelhamento diferenciados poderão resultar situações tão distintas como hibridação, pós-colonialismo e cosmopolitismo. A articulação dessa parceria da produção do "local" em um processo de globalização resulta em modalidades alternativas como apropriação, anexação, "boleia" ou "carona". O maior ou menor sucesso na criação de uma versão original da adaptação ou da tradição, em termos de conteúdo e lugar, depende da estratégia escolhida.

Em uma pesquisa sobre comunidades "mouride" senegalesas na diáspora, Diouf concluiu que elas não pretendem anexar-se ao global; quando muito, "encostar-se" e deixar-se levar com ele. Opondo-se à afirmação de que o local (ou localismo) é a única "arma" contra a imposição hegemônica da universalização, o autor afirma que as comunidades "mouride", deslocadas de seu local de origem e fortemente mobilizadas em torno de um ideal religioso, demonstram que é na tensão entre a afirmação de seu cosmopolitismo "indígena", por um lado, e sua aceitação no mundo, por outro lado, que se joga o futuro de uma diáspora de comerciantes africanos sempre em movimento. Sugerindo que a ordem e o tempo do mundo não podem condicionar as trajetórias dos novos atores da modernidade, Diouf (2000, p.27-8) defende a possibilidade de eclosão de modernidades alternativas no âmbito do processo de globalização, que não se situam em uma perspectiva de síntese nem de hibridação entre o local e o global, mas resultam da criatividade do deslocamento do "local" no espaço e no tempo do mundo.

No caso estudado, não há dissolução do local no global nem anexação do primeiro pelo segundo, mas transações criativas para a construção de representações originais, criando novas formas de um cosmopolitismo cujas manifestações não remetem mais à aquisição de uma identidade por assimilação, mas à exibição de uma identidade singular, própria, ajustada aos tempos do mundo. Diouf afirma que, em resultado da ação dessa diáspora, assiste-se à "introdução" de produtos, atores e sistemas relacionais que estiveram excluídos, durante muito tempo, do mercado senegalês (por causa do Pacto Colonial que impunha uma relação privilegiada e exclusiva com a França); esses atores de uma geografia internacional – senegaleses na América – completamente estranhos à elite política e intelectual local retomam a tarefa da modernização de seu país, por meio de práticas sancionadas por um bom resultado econômico, não apenas compatível, mas parte integrante do processo de globalização.

Para o moçambicano Victor Hugo Nicolau (1999, p.169), a persistência da pluralidade cultural é um dado adquirido, contradizendo o pressuposto de que o paradigma da modernidade impresso ao processo de globalização conduziria inevitavelmente ao triunfo do modelo ocidental como padrão cultural único e universalmente aceito, que acabaria se impondo e destruindo todos os outros. Esperava-se que a expansão mundial dos mercados tivesse como consequência a diluição das diferenças e a homogeneização cultural. Entretanto, a realidade do mundo de hoje continua a dar provas de uma pluralidade imensa, e isso leva a considerar que o combate entre as dinâmicas locais e a ação globalizante pode não ser tão desigual como se pensava porque se assiste, apesar do avanço do processo de globalização, a uma afirmação sistemática das culturas locais, por meio do reavivar de identidades étnicas e regionais, em torno das quais são construídas estruturas organizativas e reivindicativas.

Um esforço de compreensão da realidade africana hoje requer a análise em cada situação concreta do modo por meio do qual os "sistemas tradicionais" evoluem, sem serem destruídos pelo recurso sistemático, para suas lógicas no prosseguimento de objetivos econômicos modernos. As sociedades africanas contemporâneas apresentam exemplos eloquentes dessa encarniçada sobrevivência da diversidade cultural, dado que, a despeito de sua exposição a enormes pressões externas e das dinâmicas globais que marcam nossa época, persistem em desafiar as lógicas que lhes têm pretendido impor.

François Houtart (2001, p.1-4) considera a globalização como um processo econômico, respaldado em apoios políticos e militares e em argumentos culturais. Para ele, trata-se de uma nova etapa da acumulação de capital em uma fase neoliberal, iniciada nos anos 1970 por meio da aplicação do chamado Consenso de Washington; nos últimos trinta anos, esse consenso vem ganhando características específicas: redução do trabalho no produto social e diminuição do papel do Estado como redistribuidor de riqueza e como árbitro social. Essas características se relacionam com as estratégias desenvolvidas pelo capital para enfrentar a crise do modelo que combina política liberal e "estado de bem-estar", a queda do socialismo real e o fracasso do desenvolvimento dos países do Terceiro Mundo. Para Houtart, os principais mecanismos da globalização são a integração da produção e da distribuição sem atender a fronteiras, a concentração da produção, distribuição e comunicação em grandes empresas cada vez menos numerosas, o predomínio do capital financeiro e a extensão das fronteiras do capitalismo, tanto do ponto de vista geográfico quanto tecnológico. Como principais efeitos de sua ação, Houtart aponta cinco formas de destruição: econômica, ambiental, social (em duplo sentido: pela extensão das relações diretas e indiretas entre capital e trabalho), cultural e política.

No que se refere a Angola, todas as análises convergem no sentido de reconhecer que, em 2002, foi ultrapassado um dos grandes obstáculos a seu desenvolvimento: a guerra, quer por seus efeitos diretos – os recursos humanos, financeiros e materiais que mobilizava e as consequências desastrosas no tecido social e socioprodutivo –, quer pelos indiretos – a paralisação social que sua existência impôs durante décadas, a promoção da incompetência e o florescimento da corrupção.

Estudos recentes[2] mostram existir também uma elevada convergência na necessidade da retomada do crescimento econômico e combate à pobreza, à desigualdade e à exclusão sociais, em um quadro mais amplo de democratização e modernização da sociedade. Os participantes nas pesquisas acima referidas consideram insustentáveis não só os atuais indicadores econômicos e sociais mas também a ausência de mecanismos participativos

[2] Nomeadamente, o "Inquérito de opinião sobre percepções dos angolanos em relação às próximas eleições", realizado pelo A-IP para o IRI, em sete províncias de Angola, durante o ano de 2003, cujo relatório foi publicado em Luanda, em janeiro de 2004; e a "Pesquisa de grupos focais de mulheres e homens angolanos", conduzida também durante 2003, cujo relatório sob o título "O futuro depende de nós" foi apresentado em Luanda em outubro de 2003, pelo NDI.

de inclusão social, a todos os níveis, dos diversos grupos sociais que integram o país.

Contudo, o que parece mais importante e útil retirar desses estudos, no momento, relaciona-se com a caracterização do cenário político angolano por cidadãos comuns, abrangidos em ambas as pesquisas, "dando voz" aos que antes não tiveram a oportunidade de se pronunciar sobre o que pensam em relação ao presente e quais são suas expectativas quanto ao futuro de Angola.

Assim, a pesquisa de grupos focais (27 grupos focais de homens e mulheres – adultos – em oito províncias que cobrem as áreas urbanas, periurbanas e rurais) evidencia que

> o cessar-fogo de 2002 trouxe esperança e otimismo aos cidadãos de que haverá mudanças, mas muitos permanecem céticos ou desiludidos [já que, para além da redução do número de mortes causadas pela guerra, ainda não há mudanças visíveis] e desconfiam dos políticos. (s. p.)

A pesquisa revela, ainda, que

> as expectativas dos cidadãos sobre a democracia e a atuação do governo não serão satisfeitas. Muitos consideram o governo corrupto e não acreditam que os princípios democráticos fundamentais serão respeitados. (p.IV)

As opiniões dos participantes indicaram que

> tanto os partidos políticos como os membros da Assembleia Nacional têm uma imagem pobre junto dos cidadãos que clamam por mais atenção para a resolução de seus problemas. (...) Organizações da SC e igrejas têm um papel importante a desempenhar na educação cívica com o objetivo de assegurar a participação plena dos cidadãos. (p.IV)

Os participantes expressam, ainda, que

> os angolanos em geral querem viver na convivência democrática, que traduzem como a convivência na diferença política. No entanto, persistem os receios porque acham que a democracia como praticada é defeituosa, situação que é piorada pelo comportamento não democrático dos líderes políticos. (p.4)

Para os participantes, democracia se traduz em liberdade de expressão, informação e pensamento e assenta no entendimento entre angolanos (p.5).

O relatório dessa pesquisa qualitativa mostra ainda que

> ficou claro o sentimento de pouca confiança nas lideranças governamentais, e alguns entrevistados disseram que querem eleições para colocar pessoas idôneas que possam ajudar a resolver seus problemas [embora] alguns (...) temem que os que perderem as eleições reiniciem o conflito. [De forma geral,] os angolanos não depositam confiança nos partidos políticos e pensam que há partidos a mais. (p.8, 11, 14).

Os dados dessa pesquisa qualitativa apontam tendências que se confirmam pelos dados da outra pesquisa, quantitativa, cobrindo uma amostra de 4.300 respondentes, com mais de 18 anos, em sete províncias do país – tanto nas áreas urbanas como periurbanas e rurais –, realizada também em 2003.

Considerando participação política a confiança nas instituições e o acesso à informação como *proxys* de cidadania, o panorama político angolano pode ser sumariamente descrito por meio do seguinte cenário:

- Em seu conjunto, 31 em cada cem respondentes não têm relação de confiança ou empatia positiva com a política em geral e com os partidos políticos em particular (p.54);
- Quatro em cada cinco respondentes têm dificuldade de identificar seus representantes no parlamento, sinalizando uma fraca relação do poder político com os constituintes (...) o que revela que a maior parte dos candidatos eleitos nas primeiras eleições gerais em 1992 não estabeleceu ou não manteve canais de consulta e diálogo com as respectivas bases eleitorais (p.51, 55);
- Para 64% dos respondentes, a participação nas próximas eleições é a oportunidade de concretizar uma necessidade de mudança (p.6);
- Há uma percepção crítica do papel social dos partidos políticos em relação às dimensões de funcionamento, instrumentalização, credibilidade, ética política, representatividade e de liberdade de pensamento político (p.7);

- Foi identificada uma relação entre a estreita ligação de 'alguns' funcionários públicos com os partidos políticos e o mau funcionamento das instituições, identificada por 62 em cada cem respondentes (s. p.);
- Aliado a isso, há o fato de metade dos respondentes (2.017) pensar que a obtenção de um bom emprego em uma organização está ligada à militância partidária. Parece sugerir que outros fatores que não a competência técnica influenciam as promoções na função pública e em outras organizações;
- Quatro em cada cinco respondentes têm dificuldade em identificar os dirigentes políticos/deputados responsáveis pela respectiva área/província/município, pois eles nunca aparecem para ouvir suas preocupações (p.51);
- Setenta e cinco em cada cem respondentes consideram existir uma transformação dos partidos políticos em centros de afirmação e veiculação de interesses de pequenos grupos (p.50); e
- Quarenta e dois por cento de uma subamostra de 1.961 membros de partidos políticos consideram que não existe liberdade de expressão em seu seio (p.51).

Em relação às percepções de confiança institucional, o cenário atual de Angola é caracterizado por:

- Nível geral de déficit de confiança institucional, em particular nas instituições públicas do Estado, que ocuparam as cinco primeiras posições entre as seis menos confiáveis para a resolução dos problemas da população (p.60);
- Descrédito nas instituições políticas por sua incapacidade de influenciar positivamente a solução dos problemas da população: os partidos políticos se encontram no penúltimo lugar de um total de 23 instituições selecionadas, entre as três mais confiáveis para a resolução dos problemas da população, (...) e quando a questão é formulada no sentido de saber dos entrevistados em que instituição menos confia para a resolução dos problemas da população, os partidos políticos aparecem na terceira posição (p.54-5, 61);
- Valorização desproporcionada da importância de instituições como a família e as igrejas, nos papeis sociais de solução dos problemas da população (p.9); e

- Níveis diferenciados de confiança institucional entre o centro (Luanda) e a periferia (outras províncias) (p.9).

Os resultados do inquérito indicam que, de forma geral, o acesso dos cidadãos à informação veiculada pelos órgãos de comunicação social é deficiente:

- Cerca de 30% dos cidadãos não têm, em uma base semanal, acesso à informação, seja via rádio, jornal ou televisão; e
- Apenas 3% dos cidadãos têm acesso à informação, a partir desses órgãos, em uma base diária (...), tendo sido constatado, igualmente, um elevado nível de incerteza sobre a neutralidade da comunicação social durante a fase das eleições.

Foi encontrada uma correlação positiva entre os níveis de acesso à informação e os níveis de incerteza na neutralidade dos meios de comunicação, durante as eleições (p.11).

Transformar esse cenário político em um ambiente que propicie a integração de Angola "no tempo do mundo" vai requerer vontade política e engajamento de todos os atores sociais, de maneira que o potencial de mudança que a nova era de paz semeou encontre terreno fértil a sua concretização, aproveitando oportunidades, desenvolvendo vantagens comparativas e buscando sinergias na região, no continente e no planeta.

Como afirma Adelino Torres no prefácio do livro de Paulo Carvalho (2000), referindo-se à globalização,

> se muitas de suas manifestações são efetivamente polêmicas, a verdade é que ela também pode ser apreendida como um caminho favorável à modernidade e ao desenvolvimento. (...) Se esse objetivo não for alcançado, não deve ser cobrado à globalização, mas sim ao poder político e às estratégias societárias e políticas correlatas.

No caso específico de Angola, Torres considera necessária não só a ampliação do exercício democrático no país, mas também a conciliação entre as necessidades nacionais e uma maior abertura ao comércio internacional, à transmissão das ideias e à comunicação entre as pessoas em uma sociedade aberta. Para isso, é fundamental o investimento em recursos humanos, até para um melhor aproveitamento dos vastos recursos naturais de que o país dispõe.

Parece pacífico concluir que Angola tem todas as condições para alcançar uma maior projeção na região austral do continente africano, no Atlântico Sul e na arena internacional, desde que sejam tomadas as medidas que assegurem a democratização da sociedade. Tal democratização deve constituir o esteio de um processo de reconciliação nacional, permitindo criar um ambiente favorável à construção de confiança entre indivíduos, grupos sociais e entre estes e as instituições, gerando, ainda, condições para a progressiva modernização da sociedade, por meio de um processo seletivo de articulação das bases sociais à sociedade mais ampla. Esse processo deve envolver todos os atores sociais, das comunidades de base às elites, dos pequenos produtores rurais e pescadores aos grandes empresários, dos grupos étnicos maiores aos grupos minoritários e às diásporas.

Descartada que parece estar a hipótese de uma "homogeneização" protagonizada pelo projeto da modernidade, em resultado da expansão e do desenvolvimento do sistema capitalista, restam as formas de apropriação mais ou menos seletivas, produzindo hibridações. No contexto africano, essa parece ser a forma de articulação que melhor responde pelo movimento de integração do continente no tempo do mundo: incorporação seletiva nos sistemas locais de crenças e valores, dos elementos externos nos quais se reconhece valor de uso.

QUE GLOBALIZAÇÃO?

A Declaração das Nações Unidas sobre o Milênio afirmava como seu principal objetivo assegurar que a globalização se torne uma força positiva para todos os povos do mundo; essa expectativa foi manifestada, igualmente, por representantes de sociedades civis no encontro internacional de Seattle.

As demandas por mudanças no processo de globalização, tido como inevitável, aparecem sob as mais diversas expressões de políticos e escritores, como é o caso de José Saramago (2002, p.4), conclamando à promoção

> de um debate mundial sobre a democracia e as causas de sua decadência, sobre a intervenção dos cidadãos na vida política e social, sobre as relações entre os Estados e o poder econômico e financeiro mundial, sobre aquilo que afirma e que nega a democracia, sobre o direito à felicidade e a uma existência digna, sobre as misérias e as esperanças da humanidade, ou, falando com menos retórica, dos simples seres humanos que a compõem, um por um e todos juntos.

Teólogo, filósofo e escritor, Leonardo Boff (2002, p.1-2) apelida a globalização material de "tiranossáurica" e lembra que

> a democracia, como um valor universal a ser vivido em todas as instâncias humanas, penetra lentamente nas visões políticas mundiais. Vale dizer que o ser humano tem direito de participar do mundo social que ajuda a criar com sua presença e trabalho. O poder deve ser controlado para não se transformar em tirânico. A violência não é o caminho para soluções duradouras, mas a paz, a tolerância e a busca permanente da convergência na divergência. A paz é simultaneamente método e meta, como fruto da justiça societária irrenunciável e do cuidado de todos por todos. As instituições devem ser minimamente justas e equitativas.

Para Manuel Castells (2001, p.5),

> a única esperança de sobrevivência daquilo que hoje é nossa sociedade é que, durante o processo de destruição das redes de terror, sejam assentadas as bases sociais, econômicas, culturais e institucionais necessárias para evitar que elas se reproduzam (...) a longo prazo. É absolutamente necessário promovermos uma reforma profunda em nosso mundo, superando a exclusão social e a opressão de identidades.

Para François Houtart (2000, p.27-8), se o objetivo é reduzir a desigualdade crescente nas trocas e as disparidades de condições e oportunidades dos diversos países, regiões e grupos sociais, é importante que, em oposição à homogeneização, se evite o "encantamento" do multiculturalismo, uma vez que o contexto mundial atual não oferece a todas as culturas chances idênticas de se beneficiarem das vantagens das trocas e dos contatos, e de prosperarem fora de suas fronteiras históricas.

Em sintonia com essa advertência, Hountondji (2000, p.55) defende uma globalização alternativa, a partir de vários centros de decisão que, negociando entre si em pé de igualdade, contribuam para a construção de um mundo mais humano.

Essas são apenas algumas das muitas abordagens que, na atualidade, demandam outra globalização, que incorpore ao caráter universal de sua abrangência e inevitabilidade formas criativas e responsáveis de articulação do particular com o universal, do local com o global. O denominador comum a essas demandas são a "crise da democracia" na vida prática das sociedades e a necessidade de um amplo debate para ajustar a aplicação de seus princípios aos distintos contextos socioculturais e econômicos. Desse ajustamento dependem as demais questões relacionadas com a criação ou mudança institucional, a produção de políticas e a participação da população em todos os níveis da ação coletiva.

Sob um ponto de vista mais economicista e reconhecendo que a economia global é também a economia do conhecimento, as demandas se dirigem para o investimento em recursos humanos, aumentando a competitividade e a produtividade de indivíduos, firmas, países e regiões. Esse aumento da competitividade resultará, em grande medida, da capacidade das pessoas, empresas, países e regiões de gerar conhecimento e processar a informação, no âmbito das tecnologias da informação e comunicação. Essa perspectiva implica uma interação entre crescimento econômico, gestão empresarial, serviços do setor social (especialmente a educação) e tecnologia da informação e comunicação (Castells, 2002, s. p.; Sassen, 2001, s. p.).

Ao contrário das anteriores, embora complementares a elas, as abordagens economicistas não remetem diretamente a uma indagação sobre a "qualidade" da globalização que estamos procurando; em vez disso, sugerem políticas e mecanismos de articulação unilaterais e, portanto, livres de compromissos mútuos.

Segundo Dani Rodrick (2002, p.5-6), da Universidade de Harvard, não devemos opor-nos à globalização, mas procurar alterar sua agenda que "ignora as necessidades legítimas dos países em desenvolvimento na ampliação do espaço político e da autonomia para desenvolverem suas próprias estratégias". Ele defende o papel da imaginação institucional e das políticas participativas para inventar estratégias de desenvolvimento que respondam e sejam adequadas às necessidades globais, rejeitando as soluções pré-fabricadas e apelando ao trabalho para operar essa articulação.

José Antônio Ocampo (2002, p.13-26), secretário executivo da Cepal, defendeu recentemente a necessidade de trabalhar em direção a três objetivos, visando a superar as principais deficiências identificadas no processo de globalização:

1. Garantir um fornecimento adequado de produtos (bens e serviços) públicos globais, enfatizando a gestão da interdependência dos países, como paz e justiça internacionais, conhecimento, diversidade cultural, combate a endemias e sustentabilidade ambiental;
2. Construir um sistema mundial baseado nos direitos humanos, ou seja, uma cidadania global, implicando o respeito pelos direitos humanos básicos e pela diversidade cultural, e reconciliando o princípio da igualdade com o direito a "ser diferente"; e
3. Superar progressivamente as assimetrias que caracterizam o sistema econômico mundial para assegurar equidade e oportunidade, permitindo reforçar as posições dos países nas negociações regionais e internacionais. Para serem bem-sucedidos, esses esforços locais precisam ser complementados pela cooperação internacional, definida em bases distintas das atuais e procurando corresponder aos objetivos apresentados.

Segundo Ocampo, essas assimetrias são de três tipos: maior vulnerabilidade macroeconômica dos países em desenvolvimento perante os choques externos; concentração desproporcional de progresso técnico nos países desenvolvidos; e desequilíbrio crescente entre o elevado grau de mobilidade internacional do capital e a extremamente limitada mobilidade internacional do trabalho, especialmente o não especializado. Ele considera manifestamente insuficientes e inadequadas as atuais instituições internacionais (nomeadamente as criadas no âmbito do sistema das Nações Unidas) e defende a criação de instituições fortes, organizadas sob a forma de rede congregando instituições que operam em diversos níveis: mundial, regional e nacional. O argumento é que os países serão mais bem escutados se expressarem suas necessidades e posições por meio de "vozes regionais".

Do ponto de vista político, as sugestões apresentadas apontam para a implementação de políticas públicas e programas que promovam a construção de confiança entre indivíduos e grupos sociais,[3] baseada no respeito por suas identidades culturais grupais, na partilha do poder, na realização de eleições para assegurar a representação dos grupos e na opção por regimes políticos que acomodem a autonomia regional, como a federação ou a consorciação.

Essas medidas contribuem para o reforço da coesão social interna e para a possibilidade de negociação de novos pactos sociais, incluindo consensos não apenas de fins mas também de meios, principalmente se conquistarem o compromisso das elites locais. Contudo, serão insuficientes para projetar um país na arena política internacional e no sistema econômico mundial; esse objetivo apenas será alcançado se houver uma revisão e reestruturação do sistema internacional, desarticulado após o término da Guerra Fria e que continua vivendo do improviso. Essa reforma deve visar, entre outros objetivos, à criação de condições para o estabelecimento de relações funcionais e permanentes entre instituições internacionais e regionais e entre estas e os países que as integram, com a preocupação de criar instâncias de mediação e conciliação, visando à segurança, à estabilidade e ao desenvolvimento. Para isso, nelas deverão estar representados não apenas os Estados mas os povos.

O Fórum Social Mundial (Houtart, 2001, p.7) – a Internacional Rebelde, segundo Ramonet (2002, p.23), devido a seu papel de contrapoder na busca por uma globalização alternativa – apresentou um sumário das propostas antes referidas, sob a forma de estratégias de luta contra a globalização do capital:

- Deslegitimar o sistema capitalista, por meio da condenação de seus abusos e da denúncia de sua lógica, que conduzem a uma destruição multifacetada nos domínios social, ambiental, econômico, cultural e político;

---

[3] Sobre este tema, ver, entre outros autores, Bárbara Misztal (1996), Claus Offe (1999), Michael Walzer (1997), Diego Gambetta (1988) e Edmond Keller (2001).

- Construir a convergência das lutas contra o sistema capitalista, salvaguardando a especificidade de cada uma delas;
- Formular alternativas que respondam aos interesses da maioria da população, ao nível das utopias a médio e curto prazos;
- Recriar novos modos de expressão política sob a forma de convergência dessa dimensão nos aspectos econômicos, sociais, ecológicos e culturais;
- Não permitir a exclusão pelo sistema econômico e político, evitando a "folclorização" pelos meios de comunicação dos tipos de violência e dos traços culturais aparentemente "raros"; e
- Construir a utopia de uma sociedade baseada na solidariedade, superando o capitalismo e o individualismo.

A esse conjunto de estratégias, acrescenta-se a que permite reforçar as medidas tendentes à introdução da "confiança" (como "método" e como "bem público") na cultura empresarial e profissional,[4] pela criação de sistemas de "amortecimento" dos efeitos das ações econômicas e da imprevisibilidade dos direitos de propriedade, na economia e na sociedade – a ideia de propriedade passaria de uma perspectiva individual para uma obrigação social, implicando a sociedade em seu todo –, e de seguros coletivos contra riscos partilhados, como sistemas de segurança alimentar, educacional, de saúde, habitação etc.

Uma nova agenda precisa estar centrada no social, tanto em nível nacional ou global quanto no nível regional ou internacional, visando a eliminar a pobreza e a exclusão social, a atender às necessidades de reconciliação dentro e entre as sociedades e a respeitar a heterogeneidade e a diversidade, por meio de arranjos ou combinações de programas capazes de articular o caráter universal dos princípios com o caráter particular ou específico dos grupos-alvo, das políticas etc. Porque o particularismo e o universalismo são construções sociais, torna-se imperativa uma nova maneira de pensar e fazer política, mobilizando todas as forças ativas e estabelecendo novos relacionamentos entre elas, tendo como princípios o exercício da democracia e a criação do

[4] Ideia colhida em Hutton (1998).

ambiente favorável ao reforço da cidadania e da ampliação da inclusão social. E, como as políticas sociais *per si* são insuficientes, é preciso mudar e crescer, gerando empregos.

Essas sugestões, que não constituem novidade em si, apresentam como inovações: (1) a possibilidade da articulação do local ao global, passando pelo nacional e pelo regional, e permitindo criar toda uma estrutura em rede, produtora de mudanças qualitativas em nível institucional, nos diversos campos da agência humana; e (2) essa mudança se respalda em um quadro de referências mais amplo, relacionado com a reflexão sobre a democracia que temos hoje, suas promessas e suas falhas, na busca de melhores arranjos sociais.

Os excluídos do interior: raça, gênero e seletividade no ensino superior*

Delcele Mascarenhas Queiroz

Eis aí um dos mecanismos que... Fazem com que o sistema de ensino, amplamente aberto a todos e, no entanto, estritamente reservado a alguns, consiga a façanha de reunir as aparências de "democratização" com a realidade da reprodução que se realiza em um grau superior de dissimulação, portanto, com efeito acentuado de legitimação social.

(Pierre Bourdieu, *Os excluídos do interior*)

A miséria é menos surpreendente em negros que em brancos.

(Oracy Nogueira)

Introdução

Este trabalho pretende contribuir para a compreensão das desigualdades raciais e de gênero no sistema de ensino,

* Este texto se constitui de uma síntese extraída da tese de doutorado *Raça, gênero e educação superior* defendida no programa de pós-graduação em educação da UFBA (Universidade Federal da Bahia), em dezembro de 2001, sob a orientação dos professores Antonio Sérgio Alfredo Guimarães (Universidade de São Paulo – USP) e Robert Verhine (UFBA).

analisando o ensino superior a partir da realidade da UFBA (Universidade Federal da Bahia), no período 1993 a 1997. A pesquisa buscou examinar a participação de estudantes na universidade, seu desempenho no vestibular e no curso e o nível de prestígio do curso frequentado, a partir da cor e do gênero.

A escolha da UFBA como espaço empírico decorre de sua condição de universidade pública e gratuita; a mais antiga e considerada a de maior prestígio social no estado da Bahia, com maior diversificação de cursos e que oferece anualmente o maior número de vagas. O prestígio das instituições federais de ensino superior é destacado por Nogueira (2000, p.138) quando assinala que sua superioridade

> aparece associada, em primeiro lugar, à qualidade da formação oferecida, a qual, por sua vez, se encontra ligada a um clima favorável ao desenvolvimento de *habitus* acadêmico e de uma cultura universitária que seria digna desse nome. Em acréscimo, e em segundo lugar, intervém a vantagem de um ensino gratuito.

Essas características fazem da UFBA um espaço marcado por fortes disputas. Anualmente, concorre a seus cursos uma população aproximada de cinquenta mil estudantes, para uma oferta de cerca de 3.500 vagas.

A produção de estudos sobre as desigualdades de acesso às oportunidades educacionais tem se mostrado significativamente pobre quanto a abordagens que consideram o gênero e a raça como categorias explicativas, particularmente em relação ao ensino superior. Os estudos existentes, sobretudo os que tratam das desigualdades raciais, têm se voltado, frequentemente, para a educação básica, por serem muito alarmantes as taxas de retenção de estudantes negros nesse patamar do sistema de ensino (Teixeira, 2000, s. p.; Queiroz 1999, s. p.; Barcelos, 1992, s. p.).

O acesso desigual dos grupos sociais ao sistema de ensino é um tema que, há décadas, vem ocupando a agenda dos estudiosos no campo da educação. Muitas interpretações têm sido formuladas no sentido de buscar explicar a contribuição do sistema de ensino para as desigualdades presentes na sociedade (Morrow & Torres, 1997, s. p.). As análises têm buscado demonstrar que o sistema de ensino é um dos espaços de reprodução das desiguais condições de existência dos indivíduos e grupos.

O ensino superior se mostra, assim, um ponto privilegiado para examinar a atuação do sistema de ensino na reprodução das desigualdades sociais. Muitos estudos têm buscado indagar o que se passa nesse espaço, por considerar que aí se reflete, de modo mais evidente, a seleção que se opera ao longo da escolarização anterior. Para Bourdieu (1998a, s. p.), os mecanismos de eliminação que atuam durante a carreira escolar expressam mais claramente seus efeitos nesse nível do sistema educacional. Reflete-se, assim, "nas oportunidades de acesso ao ensino superior o resultado de uma seleção direta ou indireta que, ao longo da escolaridade, pesa com rigor desigual sobre os sujeitos" (Bourdieu 1998a, p.141), a depender de sua classe, gênero, raça.

No Brasil, os estudos sobre o caráter seletivo do ensino superior têm, de modo geral, centrado-se na análise dos determinantes econômicos do acesso a esse patamar do sistema de ensino (Brito & Carvalho, 1978, s. p.; Ribeiro, 1988, s. p; Castro & Ribeiro, 1979, s. p.; Bessa, 1990, s. p.; Santos, 1997, s. p.; Zago, 2000, s. p.), negligenciando a atuação de outros marcadores sociais como o gênero e a raça, que têm, seguramente, uma forte participação na equação que exclui significativas parcelas da sociedade das oportunidades de acesso ao sistema de ensino, sobretudo em seu patamar mais elevado.

A invisibilidade da raça como um mecanismo gerador de desigualdades entre os segmentos sociais repousa na crença, amplamente difundida, de que os brasileiros desfrutam de uma situação racial harmoniosa e equilibrada em termos de tratamento e de acesso aos bens sociais, isto é, de igualdade no acesso aos bens materiais e simbólicos. Dessa perspectiva, as desigualdades presentes na sociedade brasileira seriam reflexo de sua estrutura de classes. Como assinala Guimarães (1995a, s. p.), essa visão se constitui no pós-abolição e reflete o alheamento da elite brasileira com relação às questões que afetam os negros e o povo brasileiro em geral.

Até o início dos anos 1930, as relações entre os segmentos raciais foram tratadas no país como uma questão não problemática (Guimarães, 1995b, s. p.). O Brasil aparece – não apenas internamente, mas também aos olhos daqueles que o visitam –

como uma realidade de relações raciais harmoniosas, um "paraíso racial", em comparação, sobretudo, com o "inferno racial" que eram os Estados Unidos, onde a segregação produzia frequentes episódios de violência, como distúrbios urbanos e linchamentos, fenômenos desconhecidos no Brasil (Skidmore, 1991, s. p.). Mesmo entre os abolicionistas, o elemento que galvanizava as preocupações do movimento não eram as relações raciais, mas o que a escravidão representava como obstáculo ao projeto liberal.

Somente a partir dos anos 1960 começa a ser questionada, mais fortemente, a visão do Brasil como um país de relações raciais harmoniosas, com os estudos que mostram as barreiras à integração do negro à sociedade (Fernandes, 1978, s. p.). Nos anos 1970 e 1980, o aprofundamento dos estudos raciais, nessa vertente, evidencia que o tempo decorrido desde a extinção do trabalho escravo já não autoriza invocar a escravidão como fator explicativo da posição social de mulatos e pretos e que as desigualdades existentes no mercado de trabalho, na distribuição de renda, no acesso à educação são desigualdades entre os segmentos raciais e não apenas de classe; que "a persistência histórica do racismo não deve ser explicada como mero legado do passado, mas como servindo aos complexos e diversificados interesses do grupo racialmente dominante no presente" (Hasenbalg, 1979, p.11). Dessa perspectiva, o preconceito e a discriminação contra o negro funcionam como mecanismos de exclusão da sociedade brasileira no presente. Hasenbalg assinala que a "raça como atributo adscrito socialmente elaborado continua a operar como um dos critérios mais importantes no recrutamento às posições da hierarquia social" (Hasenbalg, 1979, p.180).

Esses estudos demonstram que a perpetuação da estrutura desigual de oportunidades entre brancos e negros na sociedade brasileira se dá, por um lado, em decorrência de um padrão de segregação geográfica, condicionado pela escravidão e posteriormente reforçado pelo estímulo à política migratória, que concentrou desproporcionalmente os negros em regiões predominantemente agrárias e menos desenvolvidas do país, onde as oportunidades econômicas e educacionais eram menores. Por outro lado, isso se dá porque as práticas racistas, abertas e sutis, e a violência simbólica exercida contra os negros impedem sua mobilidade social ascendente, na medida em que os obriga a regular suas aspirações "de acordo com o que é culturalmente imposto e definido como o 'lugar apropriado' para as pessoas de cor" (Hasenbalg, 1979, p.181).

Para Hasenbalg (1979, p.20), embora negros e mulatos estejam sujeitos aos mesmos mecanismos de dominação de classe que atingem outros segmentos da sociedade, "as pessoas de cor sofrem uma desqualificação peculiar e desvantagens competitivas que provêm de sua condição racial". Assim, *a cor* passa a operar como um elemento que afeta negativamente o desempenho dos indivíduos do segmento negro, nos diversos setores da vida social.

No território educacional, ao lado de outros marcadores sociais, a condição racial do estudante vai determinar seu destino escolar. Para mulatos e pretos, esse destino se constrói paulatinamente, desde os momentos mais remotos da escolarização, em geral, por meio de escolas públicas de baixa qualificação, que os farão chegar às portas da universidade em uma condição de enorme desvantagem, para competir com estudantes de outros segmentos raciais com uma história escolar bastante diferenciada. Aqueles que conseguem "driblar" os obstáculos interpostos em seu trajeto escolar e logram ultrapassar a barreira representada pelo vestibular seguem ainda prisioneiros desse destino, que lhes reserva um lugar de menor importância dentro das opções oferecidas pelo ensino superior. A propósito desse processo seletivo que se opera no interior do sistema educacional, e que no Brasil atinge, sobretudo, os negros, são ilustrativas as conclusões de Bourdieu, resenhadas por Nogueira (1998a, p.13):

> Se, até fins da década de 1950, a grande clivagem se fazia entre, de um lado, os escolarizados, e, do outro, os excluídos da escola, hoje em dia ela opera, de modo bem menos simples, por meio de uma segregação interna ao sistema educacional que separa os educandos segundo o itinerário escolar, o tipo de estudos, o estabelecimento de ensino, a sala de aula, as opções curriculares. Exclusão "branda", "contínua", "invisível", "despercebida". A escola segue, pois, excluindo, mas hoje ela o faz de modo bem mais dissimulando, conservando em seu interior os excluídos, postergando sua eliminação e reservando a eles os setores escolares mais desvalorizados.

O gênero também se apresenta como uma dimensão importante na estruturação das desigualdades sociais. Assim como a raça e tantas outras formas de hierarquização social, essa é, também, uma categoria usada para definir lugares para indivíduos e grupos na estrutura social. O gênero tem sido o elemento acionado para marcar as diferenças entre homens e mulheres na sociedade. Historicamente, as diferenças puramente biológicas entre os seres humanos foram convertidas em diferenças sociais, em desigualdades, determinando um lugar secundário para a mulher no mundo social. Guimarães (1999, p.197) assinala que "a diferença entre os sexos fundou, talvez, a primeira e a mais duradoura justificativa de desigualdade dando lugar à opressão de *ethos* sexuais diferentes, na maior parte das vezes em relação assimétrica de poder: o masculino e o feminino".

O caráter essencialista das diferenças de gênero é apontado por Bourdieu (1995, s. p.) ao observar que "o sexismo (...) visa a imputar diferenças historicamente construídas a uma natureza biológica funcionando como uma essência de onde se deduzem implacavelmente todos os atos de existência". Considera que essa seja uma das formas de essencialismo mais difíceis de *desenraizar* porque

> o trabalho visando a transformar em natureza um produto arbitrário da história encontra neste caso um fundamento aparente nas aparências do corpo, ao mesmo tempo que nos efeitos bastante reais, produzidos nos corpos e nos cérebros, isto é, na realidade e nas representações da realidade, pelo trabalho milenar de socialização do biológico e de "biologização" do social que, invertendo a relação entre as causas e os efeitos, faz uma construção social naturalizada (os *habitus* diferentes produzidos pelas diferentes condições sociais socialmente produzidas) aparecer como a justificação natural da representação da realidade. (Bourdieu, 1995, p.145)

As marcas dessas *diferenças* se expressam na delimitação dos espaços sociais para homens e mulheres.

Ao longo de sua história, as mulheres tiveram sua presença invisibilizada, limitada à esfera do privado, ao mundo doméstico; foram social e politicamente segregadas. Mesmo tendo decorrido mais de um século de luta organizada das mulheres e contando com os consideráveis avanços na situação de uma parcela significativa do grupo feminino, no que se refere à ocupação de espaços no mercado de trabalho e no sistema de ensino, as distâncias entre homens e mulheres são ainda profundas.

Assim, orientaram essa investigação as hipóteses de que, apesar da inexistência de barreiras formais de discriminação racial no acesso ao ensino superior, as condições de desvantagem a que estão submetidos os estudantes negros resultam por constituir-se em poderosos obstáculos a seu acesso à universidade e, no interior desta, às áreas e cursos mais valorizados, que poderiam representar, no futuro, uma melhoria em suas condições de inserção social. Do mesmo modo, considerou-se que mesmo diante dos significativos avanços na situação social da mulher, sobretudo nas últimas décadas, as imagens de gênero e as expectativas em torno do papel social da mulher seguem, ainda, determinando o desempenho e direcionando as escolhas femininas, isto é, seu destino escolar.

RAÇA: UM CRITÉRIO DE CLASSIFICAÇÃO SOCIAL

A identidade racial dos brasileiros e os sistemas de classificação racial praticados no Brasil são temas longamente debatidos entre os estudiosos e interessados na questão racial. A miscigenação da população brasileira e a ausência de um sistema único e rígido de classificação como parece ser aquele existente nos Estados Unidos, por exemplo, têm produzido muita reflexão em torno da questão.

Um dos eixos da discussão em torno dos sistemas de classificação racial utilizados no Brasil tem sido frequentemente a crítica à simplificação das categorias de classificação racial utilizada pelas pesquisas oficiais, em comparação com a riqueza da terminologia usada pela população para definir sua própria cor. Para muitos analistas, a variedade de termos usados pela população brasileira para se identificar, assim como os significados sociais que ela envolve, invalidaria a "classificação grosseira" (Wood, 1991, s. p.) utilizada pelo censo. Entre outros, Marvin Harris (1963, apud Silva, 1994, s. p.) criticou o uso das categorias censitárias, que no momento de sua pesquisa eram ainda mais reduzidas que as atuais – apenas branco, preto e pardo – por considerar que elas obscurecem justamente aquilo que há de mais característico nas relações raciais brasileiras, isto é, a grande quantidade de termos utilizados pela população e a ambiguidade que envolve sua aplicação.

Em outra interpretação, como aquela frequentemente observada nos movimentos negros, a grande variedade de termos que aparecem nos levantamentos acerca da condição racial da população indicaria ausência de identidade racial (Teixeira, 2000, p.57).

De acordo com Maggie (1991, s. p.), na base da discussão em torno dos sistemas de classificação racial no Brasil estaria a *naturalização da cor*. Para a autora, no pensamento social brasileiro, a *cor* aparece como algo *concreto*. Contudo, embora tanto no discurso acadêmico e científico como na fala do senso comum a cor surja como algo *natural,* os sistemas classificatórios a partir dos quais os significados são demarcados servem para marcar as distinções presentes no mundo social. Essas distinções "não estão contidas na natureza das coisas e dos seres, mas são produto da construção cultural ou social. Os signos inscritos na pele são tão-somente metáforas para falar de diferenças sociais" (Maggie, 1991, p.9-11). É também nesse sentido que Da Matta (1997, s. p.) assinala que "não há sistema de valor, moralidade ou mitologia que seja 'natural' ou mais próximo de uma natureza humana, pois todos são arbitrários".

Para Araújo (1987, s. p.), a multiplicidade de termos que falam da cor pode estar apontando para a importância e complexidade da questão da classificação social a partir da condição racial. E, nesse sentido, "o debate em torno da 'classificação legítima' estará sempre aberto" (Araújo, 1987, p.15).

Sensível a esse debate, em 1976, o IBGE (Instituto Brasileiro de Geografia Estatística) buscou um modo de verificar em que medida as categorias do censo se distanciavam da terminologia usada no cotidiano. Introduziu em seu levantamento uma questão aberta, que permitia ao informante definir sua condição racial usando os termos de seu cotidiano. Somente depois dessa autoidentificação espontânea, eram apresentadas as opções tradicionais do censo. O resultado do levantamento deu conta de mais de uma centena de termos apresentados espontaneamente pelos informantes, mas mostrou que 57% deles poderiam ser enquadrados nas categorias censitárias. As demais respostas se distribuíram entre as categorias *morena* (34%), *morena clara* (3%) e *clara* (3%). Isso evidenciou que, mesmo que as categorias censitárias limitem a riqueza de termos raciais usados pela população e eliminem seu caráter ambíguo, elas estariam conseguindo expressar o modo como a maior parte dos brasileiros se percebe racialmente, sendo, portanto, adequada a sua adoção.

Partindo das hipóteses propostas por esse debate, procurou-se examinar os dados da UFBA, comparando os distintos modos de classificação utilizada pelos estudantes, para verificar aproximações e divergências entre eles e o efeito de variáveis relacionadas ao *status* socioeconômico sobre o modo como as pessoas se classificam e são classificadas.

A classificação racial na UFBA

A análise da classificação racial dos estudantes, utilizando distintos procedimentos e esquemas classificatórios,[1] confirmou a existência de um modo singular de classificação, caracterizado

[1] Um dos primeiros passos da investigação consistiu na aplicação de um questionário entre os estudantes que estavam ingressando na UFBA no primeiro semestre de 1997. O instrumento era composto de 26 perguntas, abertas e fechadas, e abordava diversos aspectos da vida do estudante, entre os quais suas características pessoais, a escolarização anterior, a escolaridade dos pais, as razões da escolha do curso. Sobre a cor, o instrumento apresentava duas questões: a primeira era aberta e permitia ao respondente utilizar o termo que desejasse para identificar sua cor ou raça. A segunda utilizou um procedimento de autoclassificação induzida, cujas categorias pré-codificadas eram as mesmas das pesquisas do IBGE: *branca, parda, preta, amarela* e *indígena*. Em um segundo momento, recorreu-se aos dados armazenados no Centro de Processamento de Dados da Universidade, resultantes da coleta realizada anualmente pela ASSPLAN/UFBA junto aos estudantes que se candidatam ao vestibular. Contudo, como a cor/raça do estudante não constava das informações disponíveis, foi obtida a partir do exame da sua fotografia, existente na ficha de identificação individual, armazenada nos arquivos da universidade, em uma classificação atribuída pelo pesquisador utilizando as categorias *branca, morena, mulata* e *preta*. A decisão de adotar as categorias *morena* e *mulata* em lugar da categoria *parda*, adotada nas pesquisas oficiais, para a análise do grupo formado pelos mestiços ou descendentes de africanos partiu de suposição de que esse não seria um segmento homogêneo.

pelo uso de uma variada terminologia racial. Contudo, evidenciou também que, apesar dos 23 termos apresentados espontaneamente pela população investigada para identificar sua cor ou raça, mais de 90% das respostas se concentravam em apenas seis categorias (*branco, pardo, moreno, negro, moreno claro e preto*); três delas pertencentes ao esquema censitário (branco, pardo, preto). Mais de sete em dez estudantes se classificaram espontaneamente utilizando categorias de uso do IBGE (*branco, pardo, preto, amarelo* e *indígena*) e contrariando, portanto, a hipótese dos críticos desse esquema classificatório.

O cruzamento entre os dados obtidos por autoclassificação espontânea com os obtidos por autoclassificação induzida, pelas categorias oficiais, revelou razoável consistência entre essas duas formas de classificação. Aqueles que se haviam classificado espontaneamente com as categorias censitárias voltaram a fazê-lo, em proporções bastante elevadas, na mesma categoria.

A comparação entre a autoclassificação espontânea e a classificação atribuída pelo pesquisador mostrou também uma considerável proximidade entre esses dois esquemas, indicando que uma proporção bastante expressiva de informantes se havia classificado espontaneamente com categorias desse esquema classificatório, isto é, como *brancos, morenos, mulatos* e *pretos.*

A comparação entre os três modos de classificação mostrou aproximação entre eles, de modo que, ao contrário do que afirmam alguns analistas, seria possível falar de um relativo consenso em torno do modo como as pessoas se classificam e são classificadas na sociedade brasileira, evidenciando que esse sistema não é tão anárquico como se poderia supor. Assim, seria possível falar de um relativo consenso em torno do sistema de classificação praticado no Brasil. Essas constatações confirmam conclusões do estudo realizado por Teixeira (2000, s. p.) sobre a construção de identidade racial entre estudantes e professores do ensino superior. Seu estudo evidenciou elevada convergência entre os termos ou categorias utilizados pelo pesquisador e pelo entrevistado, levando a autora a concluir que "a fluidez e aparente ambiguidade desse sistema [de classificação racial] na verdade operam dentro de um código não tão permissivo quanto parece a princípio ao observador mais descuidado" (Teixeira, 2000, p.58).

Outra conclusão que emerge da análise é que, se as evidências, por um lado, sugerem a persistência da ideia de *branqueamento*, na medida em que o recurso a uma grande variedade de termos sugere uma preocupação em distanciar-se do polo mais escuro da escala de cor, por outro, a tendência dos mestiços a se reclassificarem com categorias do polo escuro aponta para o reconhecimento de uma identidade *não branca*. Evidência análoga é encontrada por Teixeira (2000, s. p.), dando conta de que "o que se viu foi a afirmação generalizada de uma identidade negra – ainda que não exatamente nos moldes em que é constituída pelos movimentos negros" (Teixeira, 2000, p.57).

A articulação entre cor e outras variáveis indicadoras de *status* confirmou a hipótese de que a classificação racial é, efetivamente, afetada por essas variáveis, como sugere a literatura. O que se viu foi que a gradação na situação socioeconômica corresponde a uma gradação na cor, de modo que a cor mais clara está associada ao *status* socioeconômico mais elevado. A análise mostrou que as pessoas que desfrutam de um *status* mais elevado se veem e são vistas como mais claras, enquanto as pessoas que desfrutam de um *status* menos elevado veem a si próprias e são também vistas como mais escuras, dando razão àquelas análises que afirmam que, no Brasil, o dinheiro e a educação concorrem para o processo de *embranquecimento*.

DESIGUALDADES RACIAIS NA UNIVERSIDADE

A partir dos anos 1980, os estudos empíricos passam a evidenciar mais enfaticamente as desigualdades entre negros e brancos no acesso às oportunidades educacionais. As pesquisas sobre acesso e permanência no sistema educacional mostram que há uma forte correlação entre desempenho escolar e nível socioeconômico dos alunos, mas a criança negra, mesmo que de origem idêntica à da criança branca e frequentando o mesmo tipo de escola, exibe um desempenho pior que esta, porque a escola institui práticas e desenvolve mecanismos que têm um forte componente de discriminação racial (Hasenbalg, 1987, s. p.). As pesquisas pioneiras de Carlos Hasenbalg e Nelson do Valle Silva, a partir das estatísticas produzidas pelo IBGE, vão mostrar que pretos e pardos têm níveis de escolaridade sensivelmente inferiores aos dos brancos da mesma origem social, como também os retornos à escolaridade adquirida em termos de inserção no mercado de trabalho e de renda tendem a ser menores para os negros, o que os leva a afirmar que pretos e pardos estariam expostos a desvantagens veiculadas especificamente à sua condição racial (Hasenbalg e Silva, 1988, s. p.).

Essas análises sugerem que as condições em que ocorre a educação do negro resultam por reforçar sua história de exclusão, seja porque o impedem de ter acesso a graus mais elevados de escolarização, seja por comprometer o processo de constituição de sua identidade. Ao estarem sujeitos a escolas mais precárias, os retornos à escolaridade adquirida em termos da inserção no mercado de trabalho são também menores para os negros. Assim, as questões que orientaram essa etapa da análise foram no sentido de indagar qual é a realidade desse segmento no nível superior do sistema de ensino; quais são as áreas ou cursos frequentados e que fatores afetam seu acesso a esse patamar do sistema educacional. Procurou-se, desse modo, verificar se os estudantes dos distintos segmentos raciais estão representados na UFBA em proporções compatíveis com sua presença no conjunto da população; como estão distribuídos pelas áreas e carreiras; e como o tipo de escola frequentada no segundo grau,[2] a escolaridade e a ocupação dos pais, a renda da família e outras condições de vida do estudante podem estar relacionados com a opção pela carreira para os distintos segmentos raciais.

Raça e seletividade na UFBA

No fim dos anos 1970, o estudo de Brito & Carvalho (1978, s. p.) apontava para o recrudescimento da seletividade na UFBA, em que a desaceleração da oferta de vagas era responsável por uma demanda recusada de vestibulandos da ordem de 84,1%. Hoje essa cifra está em torno de 92%. Os dados evidenciam que, de cada cem estudantes que anualmente se candidatam a uma vaga

[2] Antiga nomenclatura do atual Ensino Médio.

na UFBA, apenas oito conseguem ingressar em seus cursos, o que representa, aproximadamente, 3.500 estudantes.

No contingente que tem acesso à universidade, constata-se o predomínio de *brancos* e *morenos*.[3] Embora representando aproximadamente 4/5 da população baiana, os *mulatos* e *pretos* são apenas um quarto dos estudantes aí presentes. Ao agregar *brancos* e *morenos*, percebe-se que mais de sete em cada dez estudantes pertencem a esse conjunto, enquanto os *mulatos* e *pretos* não chegam a três em dez. Examinando isoladamente o contingente *preto*, percebe-se que sua participação não chega a um em dez estudantes.

À UFBA tem acesso uma população, predominantemente, jovem e solteira, residente na capital, proveniente de escolas privadas, de cursos de caráter propedêutico, com reduzida experiência em curso pré-vestibular, em concurso vestibular e no mercado de trabalho, o que indica trajetórias escolares realizadas em condições bastante favoráveis, caracterizadas pela literatura como "circuitos virtuosos" (Nogueira, 2000, p.128), sugerindo que a realização de estudos mais avançados demarcou desde muito cedo o horizonte de formação desses estudantes. Sua parcela mais expressiva vem de famílias com renda superior a dez salários mínimos, com escolaridade de nível superior e cujos pais, em uma proporção elevada, são profissionais liberais, proprietários de pequenas empresas, administradores e profissionais de nível superior.

O perfil do estudante *mulato* e *preto* aí presente se mostra, no entanto, diferenciado desse padrão. Está entre eles o contingente que ingressa na universidade mais tardiamente, vindo de escolas públicas e de cursos profissionalizantes, que associou trabalho e estudos em sua trajetória na escola básica, que frequentou curso pré-vestibular e que conta com maior número de tentativas de ingressar na universidade, aspectos que revelam a fragilidade do passado escolar desses estudantes. Esses estudantes realizam um tipo de caminho dito "circuito vicioso" (Nogueira, 2000, p.128); são trajetórias escolares acidentadas, marcadas por episódios

[3] Situação que parece não ter se alterado substancialmente desde o estudo de Pierson (1945, p.235), que havia encontrado, entre a população de estudantes de curso superior, uma proporção de 86% de brancos, 10,1% de mulatos e 3% de pretos.

frequentes de interrupções ou pelo simples abandono do curso, seja porque as próprias escolas não reúnem as condições mínimas necessárias à permanência do estudante, terminando por expulsá-lo, seja porque ele necessite arcar com o ônus da própria sobrevivência, ou até mesmo da sobrevivência de outros, abandonando mais cedo a escola para enfrentar o mercado de trabalho, ou simplesmente porque a carreira acadêmica é algo muito distante do horizonte de aspirações de seu grupo social.[4]

O tipo de curso frequentado no segundo grau sinaliza, de algum modo, as aspirações, os projetos profissionais ou, simplesmente, o destino[5] que coube a cada um, o que está dado por suas próprias condições de vida, como assinala Bourdieu (1998, s. p.). A proporção mais elevada, entre os mulatos e pretos, de estudantes oriundos de cursos profissionalizantes indica a urgência por um espaço no mercado de trabalho. É frequente, entre *mulatos* e *pretos,* a presença de famílias com renda inferior a dez salários mínimos, pais com baixa escolaridade e ocupações não qualificadas.

As distinções entre os segmentos raciais presentes na UFBA não se esgotam aí. A uma seletividade que se opera no ingresso corresponde outra que se dá ao nível do curso "escolhido". O prestígio social do curso evidencia, com maior nitidez, a distância entre esses segmentos. A "escolha" do curso é uma decisão que está estreitamente ligada à origem social do estudante. O curso superior aparece como horizonte de formação muito mais para as camadas médias que para as de menores níveis de renda; esta seria uma vocação de classe; um valor característico de classe média. Para as famílias pobres, essa escolha parece não se constituir em uma decisão importante; o valor maior estaria no trabalho, pela necessidade mais imediata de arcar com a manutenção da família (Teixeira, 1998, p.241). Para Bourdieu (1998, p.47.), na

---

[4] Teixeira (1998, p.241), em seu estudo sobre a trajetória de alunos e professores universitários negros no Rio de Janeiro, observou que "para parte dos entrevistados, a escolha da carreira ou curso não era para a família uma decisão importante". Para eles, a necessidade de ampliação dos rendimentos da família se sobrepõe, provavelmente, à ambição de ver um filho na universidade.

[5] A ideia de *destino* escolar adotada neste trabalho, está baseada na análise de Bourdieu (1998, s. p.), sobre o sistema educacional francês, no que se refere à relação entre a posição social dos indivíduos e sua atitude perante a escola, a cultura escolar e o futuro oferecido pelos estudos.

escolha da carreira, aquilo que aparece como a "vontade" seria "a interiorização do destino objetivamente determinado (e medido em termos de probabilidades estatísticas) para o conjunto da categoria social à qual pertencem os estudantes".

Haveria nessa *vontade* uma *estatística intuitiva* ditada pelas condições objetivas que os conduzem a desejar o possível ou os excluem da possibilidade de desejar aquilo que é percebido como impossível. O autor observa que "até mesmo quando suas escolhas lhes parecem obedecer à inspiração irredutível do gosto ou da vocação, elas traem a ação transfigurada das condições objetivas" (Bourdieu, 1998, p.49).

A distribuição por curso evidencia uma gradação de *prestígio* e *cor* em que a cor mais *clara* corresponde a cursos de mais elevado prestígio social, enquanto a cor mais *escura* está associada a cursos de menor prestígio. Entre os dez primeiros cursos em que os *brancos* e *morenos* estão mais bem situados, oito são de *alto*[6] prestígio social; são eles: Direito, Psicologia, Odontologia, Medicina, Administração, Arquitetura, Engenharia Civil e Ciência da Computação. Os *mulatos* e *pretos,* além de minoritários na UFBA, estão mais bem representados nos cursos dos níveis inferiores da escala de prestígio. À medida que se reduz o prestígio do curso, aumenta a presença de *mulatos* e *pretos*. Dos dez cursos em que esses segmentos raciais estão mais bem situados, nenhum ultrapassa o nível *médio* de prestígio; pela ordem: Estatística, Biblioteconomia, Química, Matemática, Letras, Desenho e Plástica, Física, Instrumento, Geografia e Licenciatura em Ciências do Primeiro Grau. Entre os vinte cursos em que eles comparecem em uma proporção superior a um terço, apenas quatro ultrapassam o nível de prestígio *médio* e nenhum deles se situa no nível de *alto* prestígio.

[6] *Alto*: Medicina, Direito, Odontologia, Administração, Processamento de dados, Engenharia Elétrica, Psicologia, Engenharia Civil, Engenharia Mecânica, Arquitetura, Engenharia Química; *Médio alto*: Ciências Econômicas, Jornalismo, Medicina Veterinária, Engenharia Sanitária, Enfermagem, Pedagogia, Ciências Contábeis, Nutrição, Química Industrial, Engenharia de Minas; *Médio*: Secretariado, Farmácia, Agronomia, Licenciatura e Bacharelado em Química, Educação Física, Desenho Industrial, Ciências Sociais, Artes Plásticas, Letras, Matemática; *Médio baixo*: Filosofia, Ciências Biológicas, Música, Geologia, Física, Geofísica, Composição e Regência, Estatística, Artes Cênicas, Dança, História; *Baixo*: Desenho e Plástica, Instrumento, Biblioteconomia, Canto, Licenciatura em Ciências do Primeiro Grau, Geografia, Museologia.

RAÇA, GÊNERO E SELETIVIDADE NO ENSINO SUPERIOR

O questionamento das posições "essencialistas", das visões dicotômicas, a ênfase no caráter construído das representações sobre a diferença, tão próprios da reflexão contemporânea, possibilitam uma ampliação do campo de visão para perceber que os projetos e representações sobre homens e mulheres são não apenas construídos, relacionais, mas também plurais, diversos; que as representações sobre os gêneros e os projetos que daí derivam vão diferir não apenas de sociedade para sociedade, e conforme o momento histórico, mas também de acordo com o pertencimento étnico, religioso, racial, de classe dos indivíduos e grupos, constituindo identidades diversas (Rosemberg et. al., 1990, s. p.).

Dessa perspectiva, buscou-se examinar a participação de homens e mulheres dos distintos segmentos raciais na UFBA, procurando compreender de que modo variáveis relacionadas à escolarização anterior e a outros aspectos da trajetória do estudante associados à cor e ao gênero determinam suas escolhas.

A análise sugere que a expectativa da sociedade em geral e do grupo familiar, em particular, agindo sobre a mulher, desde muito cedo, direciona suas escolhas para aquilo que é esperado como o papel feminino. Assim, não é difícil compreender por que, em um mundo em que a participação da mulher é cada vez mais ampla e num espaço onde elas estão representadas quase que nas mesmas proporções que os homens, as mulheres sigam se distanciando das atividades tradicionalmente desempenhadas por homens e busquem, ainda hoje, carreiras identificadas com as atividades do mundo privado, aquelas reconhecidas como "tipicamente femininas".

Embora representando a maioria no conjunto da população do estado e na PEA (População Economicamente Ativa), sendo a maioria dos que concluem a educação básica e que frequentaram escolas privadas no segundo grau, as mulheres estão presentes na UFBA em uma proporção ainda inferior à dos homens.

O exame da renda das famílias mostrou que, embora os homens provenham em maiores proporções de famílias com mais elevado patamar de renda, são as mulheres a maioria daqueles que vêm de escolas que representam maiores gastos para as famílias. Isso sugere que as famílias optam por manter suas filhas afastadas da escola pública. Esse fenômeno é observado, sobretudo, nos níveis mais baixos de renda e isso ocorre, inclusive, com as mulheres pretas, aquelas mais sujeitas a desvantagens. Nas faixas mais elevadas de renda, acima de dez salários mínimos, são os homens a maioria dos que vêm de escolas privadas. A análise indicou, desse modo, que a busca por uma escola privada pelas famílias está relacionada às representações sobre os gêneros a uma ideia de maior fragilidade feminina.

Assim, apesar da vantagem feminina representada pela realização dos estudos de segundo grau em uma escola privada, os homens seguem sendo a maioria dos que ingressam na UFBA. Isso mostra que as imagens de gênero atuam diferentemente sobre homens e mulheres. Em situação de competição como a que caracteriza o vestibular, as mulheres menos preparadas para situações de disputa tenderiam a obter menos êxito que os homens.

Tanto entre os homens quanto entre as mulheres e em quase todos os segmentos raciais, a maioria frequentou um curso de caráter propedêutico, embora as mulheres o tenham feito em menor proporção que os homens. Apenas entre os estudantes pretos é minoritário, tanto entre homens quanto entre mulheres, o segmento que frequentou um curso dessa natureza, o que mostra que, no horizonte dos *mulatos* e *pretos*, o ingresso no mercado de trabalho estava muito mais delineado que a continuação dos estudos em um grau mais elevado, como já foi observado em outro momento. Isso sugere que as mulheres, mais que os homens, estariam buscando um curso profissionalizante no segundo grau, por um *senso de realidade*, que as conduziria a uma preparação profissional de mais curto prazo. É possível pensar que em seu horizonte – sobretudo no que se refere às mulheres dos segmentos mais empobrecidos, que são aquelas que, em geral, frequentaram esse tipo de curso – estaria sempre a possibilidade de ter de assumir tarefas no âmbito doméstico, como mães e donas de casa.

O contingente de mulheres oriundas de um curso técnico é superior ao que veio do curso de magistério, o que sinaliza uma mudança de atitude das mulheres em relação à carreira profissional, deslocando suas aspirações para ocupações que têm sido tradicionalmente espaços masculinos, em um movimento tendente à superação da tradicional divisão dos papéis sexuais.

A menor presença de mulheres no segmento que veio do curso supletivo reforça a hipótese de uma tendência das famílias de afastar as mulheres de uma escola mais precária, explicando, em parte, o melhor desempenho escolar das mulheres, durante a escolarização básica.

Apesar de virem predominantemente de escolas privadas, o que poderia representar uma vantagem na disputa pelo acesso à universidade, elas estão mais sujeitas ao maior número de insucessos. As mulheres são levadas a desistir mais cedo em suas tentativas de ingressar na UFBA; elas estão menos representadas no segmento cujas tentativas de ingresso na universidade excedem três. As mulheres pretas são as que estão em posição mais desvantajosa, com relação a esse aspecto.

A distribuição por gênero nas áreas de concentração do ensino superior confirma os resultados de outros estudos que já haviam apontado para a participação do contingente feminino nas áreas de caráter humanístico, nas quais se concentra uma proporção maior de carreiras de baixa valorização. Assim, as mulheres estão mais bem situadas na área de Filosofia e Ciências Humanas, em que está um maior número de carreiras ditas "femininas", como Psicologia, Pedagogia e muitas outras voltadas para o magistério, que são tradicionalmente espaços cativos das mulheres. Nessa área, as mulheres pretas têm sua mais elevada participação.

As mulheres têm também participação expressiva na área de Ciências Biológicas e entre as profissões de saúde, em que se localizam algumas carreiras tradicionalmente femininas, como Enfermagem e Nutrição. As mulheres pretas têm, também aí, uma participação significativa. Nas áreas de Letras e Artes, a participação feminina é também mais elevada que a masculina. Na área de Letras, as mulheres pretas estão mais bem representadas que as demais. Na área de Artes, enquanto os homens têm participação mais expressiva em Desenho Industrial e Composição e Regência, as mulheres estão mais bem situadas em Artes Plásticas e Decoração, tidas, do ponto de vista do mundo produtivo, como de menor importância e, até mesmo, envoltas em certa puerilidade, característica atribuída, frequentemente, às mulheres. As mulheres pretas têm, nessa área, uma participação relativa que corresponde a pouco mais da metade do conjunto das mulheres. Em algumas carreiras, como Desenho Industrial, Instrumento e Direção Teatral, elas estão ausentes. Na área de Matemática, Ciências Físicas e Tecnologia, as mulheres têm presença discreta. Apenas em Arquitetura elas têm uma participação levemente superior à masculina.

Em sua maioria, as mulheres apresentaram como razões para as escolhas das carreiras suas "aptidões" e "interesses". Mas o que se pode perceber nessas justificativas é a atuação das representações sobre o que é mais apropriado para as mulheres. Essas representações estão conduzindo suas opções para aquilo que é tradicionalmente o papel esperado das mulheres. Essas "aptidões" e "interesses" estariam levando-as a se afastar daquelas carreiras tradicionalmente tidas como não apropriadas a seu sexo, como as carreiras do ramo da Engenharia, por exemplo.

Embora consideradas "femininas", chama atenção a presença masculina nas carreiras voltadas para o magistério, tendência que já havia sido apontada por outro estudo, para as últimas décadas. No contexto das transformações que vêm ocorrendo no mercado de trabalho contemporâneo, essa tendência pode ser entendida como um avanço dos homens por espaços antes disponíveis para as mulheres, em decorrência da redução das oportunidades de ocupação em outras áreas.

Apesar da presença feminina mais reduzida na área de Matemática, Ciências Físicas e Tecnologia, é também possível constatar, como já fizeram outros estudos, que as mulheres estão conseguindo se inserir nas carreiras técnicas, rompendo, de algum modo, as barreiras a seu acesso a esse tradicional *território* masculino.

Assim, o que se pode perceber é que o privilégio da concentração em carreiras de mais elevado prestígio social cabe aos homens brancos; aí está presente mais da metade de seu contingente. Em seguida, estão os homens morenos, as mulheres brancas, os homens mulatos, as mulheres morenas, os homens pretos e, por fim, as mulheres pretas, mostrando que há, portanto, uma articulação entre gênero e raça que determina as melhores posições ao contingente masculino e às pessoas mais *claras*.

COR, GÊNERO, *STATUS* SOCIOECONÔMICO E DESEMPENHO

O acesso ao ensino superior está historicamente relacionado ao alcance e à manutenção de privilégios, o que explica seu caráter fortemente seletivo. No Brasil, o caráter seletivo do ensino superior foi reforçado pelas características que assumiu a criação do sistema educacional, estruturando o ensino superior antes do ensino primário, no início do século passado (Serpa, 1992, s. p.).

A grande expansão das vagas nas universidades, ocorrida nos anos 1960 e 1970, não foi capaz de mudar essa característica. A ampliação do acesso não foi acompanhada pela democratização na participação em áreas e cursos no interior da universidade. Esse processo, ao contrário de democratizar oportunidades, parece ter mantido e, até mesmo, aprofundado a seletividade que marca esse nível do sistema de ensino (Brito & Carvalho, 1978, s. p.).

Estudos têm apontado o aumento da participação de estudantes provenientes de famílias de elevada condição socioeconômica nos cursos oferecidos pelas instituições de ensino superior, aprofundando a desigualdade de acesso às oportunidades educacionais. Maggie (s. d. p.3, mimeo) observa que, "na verdade, não há propriamente ricos e pobres na universidade, porque, para ingressar no sistema universitário, é preciso já ter um certo nível de renda, um capital cultural".

Os estudos sobre o caráter seletivo do ensino superior no Brasil têm se centrado, frequentemente, na análise dos determinantes econômicos desse processo, sem levar em conta o efeito de outros elementos como a cor e o gênero, que, assim como o *status*, são responsáveis pela exclusão de considerável parcela da população das oportunidades de acesso ao ensino superior no Brasil. Por considerar a relevância dessas categorias no processo de seletividade social que se verifica no sistema superior de ensino é que se fez a opção por analisar o desempenho[7] dos

[7] Para exame do desempenho do estudante, foram considerados dois momentos da vida acadêmica: o vestibular, por meio da pontuação atingida pelo estudante, e o terceiro semestre do curso, considerando seu coeficiente de rendimento. Como os dados referentes ao resultado do vestibular só eram comparáveis para alguns anos – a saber, 1993, 1994 e 1995 –, tomaram-se para análise apenas as informações referentes a esse período. O terceiro semestre foi estabelecido como marco para análise do rendimento do estudante pela necessidade de tomar o desempenho de todos no mesmo ponto do curso.

estudantes em dois pontos importantes de seu trajeto escolar nesse nível de ensino, considerando, ao lado do *status* socioeconômico, também a cor.

À UFBA tem acesso um contingente de elevado *status* socioeconômico (*alto* e *médio superior*). Nesse patamar, estão situados quase seis em dez estudantes do segmento branco e quase a metade dos morenos. Assim, esse é um espaço que se mostra menos permeável à presença de estudantes dos níveis inferiores de *status* socioeconômico, nos quais os mulatos e pretos estão mais representados.

A análise do desempenho dos estudantes segundo a condição racial e o *status* socioeconômico revelou que ao gradiente de cor corresponde uma gradação no desempenho do estudante, evidenciando que o melhor desempenho cabe aos brancos e aos de mais elevado *status*.

A comparação dos segmentos preto e branco no nível de *baixo status* evidenciou que, mesmo em condições socioeconômicas similares, os pretos estão sujeitos a maiores desvantagens.

Os oriundos da escola privada, em todos os segmentos raciais, apresentam melhor desempenho que os da escola pública, em ambos os momentos. As médias acompanham o gradiente de cor, de modo que as mais elevadas são as dos brancos, ficando com os pretos as menores. No grupo de *alto status* socioeconômico, vindo da escola privada, as médias de ingresso também acompanham o gradiente de cor, cabendo as mais elevadas aos brancos. Nesse ponto, a análise do rendimento mostra que, embora as maiores médias sejam as dos brancos e morenos, os pretos têm média mais elevada que os mulatos, aproximando-se da dos morenos.

Entre os estudantes de *baixo status*, vindos da escola pública, o melhor desempenho dos pretos sinaliza um forte embate para superar as fragilidades da escolarização anterior, apontando não apenas para o processo de "superseleção" (Bourdieu, 1998a, p.46) a que estão sujeitos esses estudantes como também para uma valorização do curso superior como possibilidade de mudança de sua situação social.

O *status* socioeconômico e a cor do estudante estão associados ao prestígio da carreira. Assim, nas carreiras que desfrutam maior prestígio estão mais bem representados os mais *claros* e de *status* mais elevado. O desempenho no vestibular considerando o prestígio da carreira evidenciou que, quanto mais valorizada, maior a média do estudante; aí os brancos e morenos estão mais bem representados. Chama atenção o melhor rendimento dos pretos de *alto status* em cursos de *alto* prestígio.

A escolaridade do pai tem efeito sobre o desempenho do estudante, mostrando que os estudantes cujos pais possuem escolaridade superior têm maiores médias que aqueles cujo pai não completou o antigo curso primário. Entre os estudantes de *baixo status* que estão em carreiras de *alto* prestígio, embora a menor média seja dos pretos, os mulatos têm um excelente desempenho, mais elevado que o dos demais segmentos raciais. O bom desempenho de mulatos e pretos de *baixo status* sugere um forte embate desses indivíduos com as condições de vida de seu grupo social, em que se associa uma precária situação material aos efeitos do racismo. Por essa razão, esses estudantes podem ser também considerados "uma improbabilidade estatística", como sugere Portes (2000, p.46), referindo-se aos estudantes pobres que ingressam em universidades públicas em carreias prestigiadas.

Os estudantes *claros* obtêm médias de ingresso mais elevadas em um maior número de carreiras, em todos os níveis de prestígio, mas, quando se trata do rendimento, apesar de terem melhor desempenho na maior proporção das carreiras de *alto* prestígio, nos demais níveis são os *escuros* que atingem médias mais elevadas no maior número de carreiras. Isso evidencia que é pelas carreiras de *alto* prestígio que se trava a disputa mais acirrada entre os segmentos raciais. Chama atenção o desempenho dos *pretos* e *mulatos* no curso de Medicina – a carreira mais prestigiada de todo o elenco –, indicando que apenas aqueles estudantes de excepcional desempenho se sentem encorajados a competir por esse espaço.

CONCLUSÃO

Como se pôde observar, por meio da análise *bivariada*, o estudo buscou verificar a relação entre a condição racial e de gênero do estudante e seu acesso a cursos de prestígio, seu desempenho no vestibular e seu rendimento no curso, examinando variáveis relativas ao *status* socioeconômico da família e à história escolar do estudante.

A análise confirmou a existência de um modo singular de classificação racial praticada no Brasil, caracterizado pelo uso de uma gama variada de termos raciais. Contudo, verificou-se que essa variedade de expressões usadas para identificar a cor ou a raça pode ser agregada em um reduzido número de categorias, indicando que a classificação racial dos brasileiros não é tão anárquica como se poderia supor. Evidenciou, também, a existência de certa aproximação entre o modo como as pessoas se percebem e como são percebidas racialmente, mostrando que se pode falar em um relativo consenso. O exame da articulação entre a cor e outros discriminadores confirmou a hipótese da existência de um peculiar sistema de hierarquização social em que a cor se associa ao *status* social para definir o lugar das pessoas na sociedade brasileira. Nesse sistema a cor mais clara está relacionada ao *status* mais elevado, e a cor mais escura, ao mais baixo *status*, isto é, que o dinheiro, assim como a educação, *embranquece*.

Outra conclusão que emergiu da análise é que, apesar da ausência de mecanismos formais de discriminação racial, a UFBA se revelou um território de predomínio de brancos e morenos. Embora se constituindo no contingente mais expressivo da população baiana, os *mulatos* e *pretos* têm aí uma baixa participação. Está entre eles o contingente com mais elevada média de idade, vindo da escola pública e de curso profissionalizante, que associou trabalho e estudo em sua trajetória pela escola básica, que frequentou um curso pré-vestibular e conta com maior número de tentativas para ingressar na universidade, aspectos que revelam a fragilidade do passado escolar desses estudantes. Assim, ficou evidente que a contrapartida do acesso de *mulatos* e *pretos* à universidade é sua inserção em cursos de menor valorização, cuja consequência é o ingresso no mercado de trabalho em espaços ocupacionais de menor importância e de salários pouco atraentes, renovando-se, assim, o ciclo da reprodução das desigualdades, isto é, o estudo revelou a existência de uma segregação racial no interior da universidade.

Constatou-se, ainda, que, apesar dos significativos avanços verificados na situação social das mulheres e de sua expressiva presença na UFBA, elas seguem ainda se distanciando das carreiras tradicionalmente desempenhadas pelos homens e se inserindo, predominantemente, em carreiras identificadas com as atividades do mundo privado, evidenciando que as imagens de gênero e as expectativas da sociedade em torno do papel feminino continuam orientando fortemente suas escolhas e seu desempenho.

Ficou evidenciada a articulação entre *status*, desempenho, cor e gênero, de modo que é dos homens brancos, oriundos de escolas privadas, não trabalhadores, cujos pais têm escolaridade elevada, os melhores resultados acadêmicos.

Além do procedimento de análise *bivariada*, buscou-se, ainda, detectar a contribuição das variáveis independentes para determinar a variável dependente. Nessa etapa, foram realizadas equações de regressão com as variáveis que se apresentaram estatisticamente significativas quando verificada a associação entre elas. Essas variáveis são aquelas apontadas pela literatura como fatores de maior peso na determinação do fenômeno em exame. Assim, a cor, o gênero, o *status* socioeconômico da família, a escola de segundo grau e a condição de ocupação foram as variáveis que melhor explicaram o prestígio do curso que tem sido escolhido pelo estudante, seu desempenho no vestibular e seu rendimento no curso. Recorreu-se, então, a modelos lineares de regressão para verificar qual o efeito (direto e indireto) das variáveis independentes sobre as variáveis dependentes, na busca de estabelecer uma equação que melhor interpretasse a relação funcional entre estas.

A aplicação do modelo demonstrou que, embora a renda e o *status* socioeconômico da família tenham apresentado, dentro do modelo de análise, uma contribuição mais elevada que a cor para o desempenho do estudante no vestibular e para seu acesso a carreiras prestigiadas, a cor tem uma contribuição independente que não se confunde com o efeito dos demais fatores, indicando que os estudantes morenos e brancos exibem um melhor desempenho no vestibular, assim como têm maiores chances de acesso a essas carreiras. Essa evidência é significativa porque contraria a ideia segundo a qual a desvantagem que atinge os negros advém de sua precária situação socioeconômica. A análise demonstrou, dessa forma, que os mulatos e pretos estão sujeitos a uma desvantagem específica que está associada diretamente à sua condição racial. Assim, foi possível identificar uma linha demarcatória da desigualdade no acesso às carreiras de elevado prestígio que se coloca entre *claros* e *escuros*. Contudo, é necessário observar que, como havia demonstrado a análise *bivariada*, há uma gradação de cor e prestígio que coloca os brancos na melhor situação e os pretos na situação mais desfavorável.

O modelo de análise demonstrou, no entanto, reduzido poder para explicar o rendimento do estudante no curso. Aí, como se pôde constatar, apesar do melhor rendimento dos estudantes morenos e brancos, nas carreiras de alto prestígio, nos demais níveis, os *mulatos* e *pretos* atingem mais elevadas médias, em um maior número de carreiras. Isso também se observa com relação ao rendimento das mulheres. Embora os homens tenham apresentado melhor desempenho no vestibular, as mulheres mostraram rendimento superior ao deles em quase todos os cursos. Essas evidências chamam atenção para um fenômeno que, com frequência, atua sobre membros de grupos socialmente subordinados, como negros e mulheres. Diante de situações de competição, como a do vestibular, esses atores tendem a fracassar ou a apresentar uma atuação inferior, em decorrência de uma representação negativa do próprio desempenho, que os excluem do lugar em disputa. No entanto, na medida em que conseguem êxito, podem expressar seu potencial, obtendo um desempenho igual ou até mesmo superior aos dos indivíduos do grupo privilegiado.

A Divina Comédia e o drama nacional: a Argentina no início do século XXI*

Gladys Lechini e Pedro Romero

OS DEGRAUS DO INFERNO

Os eventos ocorridos na Argentina no início do novo século causaram impacto na consciência coletiva, com imagens inimagináveis que pressagiavam, em suas versões mais extremadas, a própria dissolução nacional. As estatísticas revelavam que mais da metade da Argentina estava na pobreza, com percentagens elevadas vivendo na indigência. A cólera contra os dirigentes e os oportunistas do momento, a violência social e a conversão do "outro" em inimigo, em razão dos saques e da morte pela repressão nas ruas, são apenas algumas manifestações nem um pouco fáceis de esquecer. Era o inferno.

Depois da renúncia do presidente De la Rua, em 20 de dezembro de 2001, foram necessários quatro presidentes para estabilizar precariamente o país, com a ascensão do senador Eduardo Duhalde. Apoiado pela maioria de seu partido, e também pela UCR (União Cívica Racional), ele formou, segundo suas próprias palavras, "a maior coalizão de Governo" que as circunstâncias permitiam e conduziu o país durante um período de transição

* Tradução de Magda Lopes.

que possibilitou, no ano seguinte, a convocação de novas eleições e a posse de Néstor Kirchner em 25 de maio de 2003.

Depois de um ano de Governo, o próprio presidente Kirchner retomou aquela imagem do fim de 2001, afirmando que a mudança do humor coletivo se devia ao fato de termos subido um degrau rumo à saída, mas ainda estávamos ali. Em outras palavras, a situação pós-crise mostra uma calma vivida como bonança, mas não modifica necessariamente a situação relativa.

Nesse quadro, também é verdade que o inferno nacional tem representações diversas. Para alguns, está diretamente vinculado à situação macroeconômica estabelecida pelo isolamento e pelo default. Por isso, enquanto o FMI (Fundo Monetário Internacional) e os credores privados não se converterem em nossos "Dantes" e nos levarem para passear pelo purgatório e pelo céu, continuaremos em meio às chamas. O jogo de tensões parece se situar em uma dinâmica dentro-fora, entre "estar no mundo ou desmoronar-se dele". A proposta, definitivamente, consagra a necessidade de revitalizar uma continuidade com o melhor dos anos 1990, pensando que o problema não está no modelo político-econômico, mas na imperícia e na corrupção de seus executores. Dessa maneira, o inferno é o "menemismo" como corporação política, e não seu modelo econômico, social ou suas alianças automáticas externas.

Para outros, ao contrário, a porta de saída está próxima, embora não haja consenso – pelo menos na ênfase analítica – sobre qual é a verdadeira chave que nos conduzirá ao céu. Um setor tende a apreciar assim os mecanismos e a escala de valores utilizados na transição. Dessa forma, afirma-se que, enquanto em setembro de 2002 dois de cada três argentinos se sentiam identificados com a frase "que se vão todos", nas eleições de 2003, salvo algumas exceções, impuseram-se aqueles que já se encontravam no Governo (Fraga, 2003, s. p.). Uma análise um tanto linear poderia supor a continuidade da crise. Não obstante, não se pode negligenciar o fato de que haver descartado toda aventura autoritária ou messiânica consolidou a resistência democrática e trouxe também um destino novo para a história nacional. Democracia diante do perigo autoritário, solidariedade diante da crise social e união diante da desintegração foram então, para alguns, a exibição de uma série de dispositivos de abertura para escapar da condenação.

Para outros, ainda que não descartem os favores sistêmicos da transição, a ênfase correta tem de ser colocada na ascensão de Néstor Kirchner ao poder. Mudanças na Corte Suprema de Justiça, promoção da anulação de leis benéficas para os responsáveis pela ditadura militar, renegociação com o FMI, proposta de quitação da dívida externa e união latino-americana como fim dos alinhamentos automáticos são – entre outros – os indicadores do caminho. Então, o céu é aqui a definição de um capitalismo alternativo, contestador das receitas do Consenso de Washington e de suas sequelas sociais, com alta dose de autonomia e forte vinculação regional.

O enunciado de lugares celestiais para onde poderíamos ir, ou o de analistas e políticos que dizem conhecer o caminho, poderia ser extenso e receber diversas denominações: o projeto nacional, o pleno emprego, a soberania política, a união latino-americana, a democracia capitalista ao estilo europeu ou norte-americano são apenas algumas das propostas propaladas.

O presente trabalho pretende situar-se em um lugar menos ambicioso e deseja apenas apresentar um elemento que, a nosso ver, é indispensável para empreender a viagem. É verdade que a relação entre os fins e os meios é um *continuum* inseparável do projeto, mas de todo modo talvez valha a pena nos determos em um de seus elementos constitutivos, para os eventos que ocorrem atualmente na Argentina.

NÃO HÁ CÉU SEM POLÍTICA

Vivemos momentos em que a crise da política é parte da epiderme cotidiana. Pode ser difícil pensar além da conjuntura que sempre assoma como crítica, porém vale a pena tentar para evitar a consequente dificuldade de acertar nas leituras e nas interpretações.

Diante disso, tentaremos analisar a crise tomando como eixo ordenador cinco aspectos que consideramos de grande impacto por se constituírem no eixo vertebrado da vida social e, por sua vez, em elementos inevitáveis para a saída. Estes são a nova situação social, o ingresso da política na sociedade de mercado, as mudanças no papel do Estado, a política como imagem e as novas incertezas.

A NOVA SITUAÇÃO SOCIAL

Os cenários atuais não podem ser explicados pelas categorias analíticas tradicionais devido à dissolução das estruturas conhecidas para estabelecer múltiplos papéis para cada indivíduo. Ideias tão bem direcionadas, como "classe operária", "movimento operário organizado", "classe média argentina", são hoje insuficientes para interpretar e conter a situação nacional. Um exemplo claro disso é "o movimento dos piquetes", que, consolidando-se como a organização com maiores níveis de mobilização nacional, é constituído majoritariamente por setores isentos de classe devido ao desemprego e à exclusão. Os debates voltam a se situar então em torno do questionamento sobre se há negação originária de saída – o fato de ser excluído e até prescindível poderia gerar um projeto político de contenção coletiva.

Da mesma maneira, não é fácil produzir ancoragens universais sobre temas comuns: esse é o caso da ascensão na agenda pública dos temas relacionados com a segurança. Assim, enquanto os setores médios se mobilizam maciçamente após o sequestro e o assassinato de Axel Bloomberg[1] reclamando a reconstrução da "ordem" por meio das noções básicas do contrato social e do Estado que monopoliza a força, os setores populares e marginalizados veem nesse mesmo Estado a origem da violência, da corrupção e da exclusão. As pesquisas de opinião sobre as forças policiais podem ser uma demonstração clara disso.

A violência se constituiu em um denominador comum da trama social argentina: a precariedade laboral, a exclusão social e a eutanásia dos pobres se transformaram nos princípios reitores da política. Essa situação gerou uma enorme massa de população desarraigada que criou as condições propícias para todo tipo de comportamentos aberrantes e antissociais. As principais vítimas de crimes, tanto familiares, de homens contra mulheres, de pais contra filhos e de jovens contra outros jovens, estão nos bairros pobres (Boron, 2004, s. p.).

[1] O assassinato de um jovem de classe média em San Isidoro gerou uma ampla mobilização liderada por seu pai, conseguindo reunir mais de duzentas mil pessoas na Praça do Congresso em Buenos Aires.

Assim, essa nova situação social colocou a política em um debate permanente que na maioria das vezes tenta se resolver com a "volta ao conhecido", como último cânone interpretativo que a enche de sentido. No caminho, costuma marginalizar tantas minorias excepcionais que termina ela própria convertida em uma exceção, com a consequente incapacidade de convocatória coletiva.

Cavarozzi (2003, s. p.) declara, nesse sentido, que um exemplo claro da simplificação da interpretação política dos novos cenários sociais é a questão da solidariedade. Sem dúvida alguma, muitas atitudes de reação da sociedade argentina não podem ser ignoradas nem consideradas negativas. Por isso, agora se faz necessário discernir entre uma suposição essencialmente individual como a solidariedade e outra, como a confiança, em que se descreve um vínculo comprovadamente igualitário. É isso que se tem destruído em todos os níveis na Argentina. Quando se caminha pela Grande Buenos Aires nos últimos dois ou três anos, observa-se o medo de que os pobres nos assaltem. Quando estamos falando do medo que sentimos dos catadores de papel, ou do medo de sermos assaltados em uma esquina da Grande Buenos Aires ou da cidade, estamos expressando o medo do outro. Concluindo, somente a solidariedade, entendida como confiança e descobrimento do outro como igual, pode implicar a recuperação da *polis*.

O PRETENSO INGRESSO DA POLÍTICA NA SOCIEDADE DE MERCADO

A Argentina do Primeiro Mundo proposta pelo Governo de Menem durante os anos 1990 consagrava atrás de si a mudança automática dos eixos organizadores sobre os quais deveria ser construída a sociedade. Propunha-se, então, o surgimento de normas, atitudes e expectativas que gerassem um novo tipo de sociabilidade moldada pela mercantilização. O próprio Castoriades (2001, s. p.) defende que, embora pareça paradoxal, não se deve esquecer nas análises de novos cenários de que o mercado só é possível por uma decisão política, e que ela é a verdadeira base de toda a economia capitalista. Ou seja: no fundo, a proposta termina sendo um atentado da política contra ela mesma.

Dessa maneira, e além das lógicas próprias que as relações sociais costumam assumir, o próprio espaço público se converteu em um limite privado para a consolidação e atuação de uma oligarquia política. Os políticos aparecem como uma espécie de classe separada do resto da sociedade. Desse modo, acaba resultando em um lugar-comum a opinião de vastos setores sociais que confundem "a política" com "os políticos", e estes – mesmo aqueles que foram eleitos – como exercendo uma profissão cujas práticas são inimigas da ética e, em muitos casos, da lei.

O perigo está na possibilidade de a democracia argentina marginalizar a política para converter a esfera pública em propriedade da oligarquia política e não do corpo político. Carlos Acuña (2003, s. p.) aponta a respeito um indicador interessante relacionado com esse cenário: enquanto a observação social está direcionada a uma classe política à qual repudia de forma maciça e considera desvinculada de seus interesses e aspirações, a democracia argentina é capaz de resistir a uma crise tão profunda como aquela de 2001-2002. Ou seja, apesar de tudo, ainda parece vigir o distinto coletivo entre o sistema e a eventual apropriação de um setor que contesta, na maioria dos casos, seu próprio jogo.

AS MUDANÇAS NO PAPEL DO ESTADO

O processo iniciado nos anos 1970 e aprofundado no fim do século, que acabou se dando a conhecer como a queda do Estado benfeitor, não se desenvolveu da mesma maneira em todas as geografias. Nos países centrais – parafraseando Delgado – houve uma maior queda do Estado, mas uma menor queda do "benfeitor".

Ao contrário, em muitos países, como a Argentina, o encolhimento estatal implicou a redução de seu papel não só econômico e empresarial, mas também de mediação e orientação política. Ao enfocar, de maneira única e unilateral, a relação Estado-mercado, o que se coloca em jogo – como sustenta Lechner – é a debilitação do problema de fundo: a nova relação entre o Estado e a sociedade.

As reformas estruturais implementadas na Argentina partiram de uma confusão básica que supunha que esvaziar era o mesmo que transformar. Ninguém duvida de que os dispositivos operativos do Estado nacional de meados dos anos 1970 não fossem funcionais para os novos cenários sociais e econômicos. Assim como o programa iniciado pela ditadura militar de 1976-1983 não foi neutralizado pelos diferentes governos democráticos, passou-se de uma noção de "ajuste" à noção de "ajuste cultural" desde a segunda metade dos anos 1980 e, especialmente nos anos 1990 (Calcagno, 2000, s. p.). Esse menu de políticas continha um decálogo instrumental que deveria ser utilizado para superar o modelo "estatista" e avançar em um suposto caminho de crescimento. Esses instrumentos se concentraram em:

- A redução do déficit fiscal para não mais de um ou dois pontos percentuais do PIB (Produto Interno Bruto), por ser o déficit a origem dos desequilíbrios e por estar vinculado à ineficiência e à corrupção instalada no aparato estatal;
- A diminuição do gasto público, eliminando diversos subsídios e concentrando a gestão estatal "social" na educação primária e na saúde para os mais desfavorecidos. Assim se abriu caminho para o desfinanciamento da educação, particularmente na universidade, e para o desenvolvimento da medicina pré-paga, com uma concepção mercantilizada da educação, da saúde e de outros direitos atribuídos historicamente ao Estado (Gambina, 2000, s. p.). O resultado foi um processo de destruição do Estado. Com isso, o fracasso do modelo deixou como consequência uma ideia difícil de desterrar, vinculada à homologação do Estado com o mau político. "Tal pensamento termina esquecendo que o Estado é também a expressão coletiva de uma sociedade e, inclusive, a expressão da capacidade de atuar coletivamente" (Cavarozzi, 2003, s. p.).

A POLÍTICA COMO IMAGEM

A cultura da imagem altera a política. Talvez por isso hoje seja impossível pensar na política à margem da televisão, da imagem e das novas mudanças tecnológicas. Restrições no manejo da palavra, mudanças na estrutura da comunicação, novos dispositivos de marketing, fragmentação das mensagens, superinformação e dificuldades interpretativas dos novos códigos são, entre outros, novos dados de uma realidade em que os meios de comunicação desempenham um papel central.

A política tende a se converter assim em política do imediato, abdicando de sua missão teleológica de propor à sociedade futuros compartilhados. Talvez uma das consequências mais complexas seja a crescente dificuldade em conseguir consensos que demandem outra dimensão do temporal. A propaganda política que tende a convencer o povo sobre um programa ou ideia ou a convocar ou mobilizar em busca de convicções tem sofrido mutações nas mãos das estratégias publicitárias.

Dessa maneira, como diz Sartori (1993, p.72), para a democracia representativa basta que exista uma opinião pública que seja verdadeiramente do público. Desse modo, está sendo fabricada uma opinião teledirigida que aparentemente reforça, mas no fundo esvazia, a democracia como governo de opinião. Esse é o novo desafio que a política enfrenta.

Nesse contexto, a democracia argentina sofreu um dos impactos mais importantes da América Latina. A campanha eleitoral da Aliança representou nesse sentido a experiência de política publicitária econômica e tecnicamente mais importante da história nacional. A ascensão de Fernando de La Rua à Presidência conseguiu vincular um dos homens com menos perfil público da política nacional com a ideia de novidade, mudança e alternativa, com relação aos vícios do modelo anterior.

De fato, muitos estudos apontam que o grau de impacto da crise posterior de seu Governo tem seu correlato no nível de expectativas geradas pelos cânones publicitários absolutos apresentados em sua campanha. Um dado importante a respeito é apresentado pela incerteza do modelo de vinculação da política com a publicidade, utilizado na campanha presidencial de 2003.

Estão dirigidas no mesmo tom as análises que veem no presidente Kirchner uma construção de poder tendo por base a aprovação da opinião pública. Nessa direção, a nova construção pretende substituir o tradicional apoio coletivo ao líder – próprio do peronismo histórico – pelo apoio consciente e ativo a um projeto ideológico. A proposta parece extremamente arriscada como constante em uma engenharia do poder, pois supõe uma consideração de racionalidade, participação e decisão da opinião pública que a história se encarregou de desmentir em mais de uma oportunidade.

Na realidade, o jogo do presidente com a opinião pública parece mais um duplo jogo legitimador. Por um lado, pretende aproveitar seu máximo consenso público para enfrentar problemas tão delicados como a convulsionada situação social interna, a definição de um projeto econômico de longo prazo – incluindo a renegociação da dívida – e a crise energética entendida agora como símbolo das novas relações entre as empresas e o Estado.

Por sua vez, o jogo remete a seu próprio partido e a seu papel hegemônico no manejo do poder político. Como a maioria dos governadores e dirigentes justicialistas legitimaram seu poder territorial independentemente da figura do presidente, a necessidade de contar com um partido do Governo é uma tarefa nada fácil para o executivo nacional concretizar. Diante disso, o jogo parece estar destinado à tradição disciplinar do peronismo com o dirigente que assoma como condução governamental. A elevada aceitação pública do presidente – se tender a manter-se constante – pode resultar em uma pressão considerável sobre os próprios dirigentes partidários. Em consequência, o poder político do presidente parece se manter, por enquanto, em seus altos níveis de popularidade diante de uma oposição dizimada e fragmentada.

A conta pendente leva a considerar a mutação que os recursos mediáticos poderiam provocar quando os instrumentos abandonarem seu papel de livre circulação e democratização da informação, para se converter no "espaço único" de construção da política.

AS NOVAS INCERTEZAS

A incerteza como única certeza tem sido fruto de extensas análises e descrições nos últimos tempos. Identidades coletivas fragmentadas, desagregação de hábitos e valores, ancoragens simbólicas diluídas, decomposição das crenças, ataduras normativas que perdem obrigatoriedade e desmoronamento das certezas tradicionais são parte da época.

Diante disso, a política se converte em receptora de dois reclamos precisos e claros. O primeiro é a demanda de estabilidade, isto é, a criação de um mínimo de referências que contribuam para a elaboração de condutas mínimas previsíveis. A democracia tem de ser uma ordem calculável e com baixos níveis de conflito. Acompanhando Castoriades (2001, s. p.), nenhuma sociedade é possível se não produz uma adesão mínima do grosso da população as suas instituições e a seus significados imaginários.

O segundo está vinculado à demanda de proteção. A incerteza potencializa a sensação de insegurança, tanto nas condições materiais da vida como no cenário normativo e simbólico. A política aparece aqui como instância necessária de ordem, embora, muitas vezes, tais demandas costumem ser difíceis de processar para a democracia e para as instituições constituídas.

Em ambos os sentidos, a política argentina se encontra em xeque perante uma sociedade que desconfia de seu sistema político na hora de resolver seus conflitos elementares. A maioria dos problemas cotidianos de ressonância coletiva mostra a participação rompida com a ética de algumas de suas representações políticas: seja o Congresso, o Judiciário, a cúpula policial ou os próprios representantes do Executivo.

REFLEXÕES FINAIS

Seria possível argumentar que a crise nacional não pode ficar refém de um problema que descreve características globais que se repetem, em maior ou menor medida, em quase todas as sociedades ocidentais. Hoje é comum, como afirma habitualmente Castells, que o Estado não consiga solucionar a distância existente entre o global como residência do poder e o local como o lugar do povo.

De todo modo, qualquer um pode ser o nome do céu, mas o caminho de saída do inferno não pode negligenciar a consecução de uma via própria que reposicione a centralidade da política. Nela se define a recuperação do coletivo e de suas relações constitutivas. Parafraseando Beck (2000, s. p.), toda sociedade enfrenta a necessidade de reinventar a política se deseja recompor sua situação social e provocar o retorno dos indivíduos a ela.

A questão não é fácil quando o dilema atual de nossa sociedade descreve uma crise de caráter orgânico. Essa ordem social demora décadas para ser construída sobre um padrão de acumulação e distribuição que estabeleceu a primazia da lógica de mercado como eixo estruturante de suas relações sociais. A organização de suas instituições foi erigida sobre o questionamento e a crise da própria autoridade do Estado. E, finalmente, a ação política se difundiu como um espaço de reserva corporativa desvinculada da ética, consagrando o sem-sentido da vida pública. Por isso, a Argentina precisa "repensar sua ordem social, seu substrato de valores, suas pautas produtivas e distributivas básicas, suas instituições, suas representações e, fundamentalmente, a reconstrução da autoridade estatal" (Madoery, 2002, p.87).

Nesse caso, discute-se a necessidade de acabar com o clientelismo mediante uma genuína democratização da vida dos partidos e do funcionamento dos corpos representativos, que reconcilie os dirigentes com a sociedade, para, de novo, tornar-se digna de crédito sua condição de representantes do povo. Para isso, será também imprescindível estabelecer limites claros para o financiamento espúrio da política, que ponha fim aos dispositivos eleitorais "imperfeitos" e gere verdadeiros mecanismos que permitam maior controle e participação da cidadania nos assuntos públicos.

De toda maneira, essas reivindicações, que se encontram no permanente reclamo social, necessitam do acompanhamento de uma mudança das lógicas que fazem a própria política nacional. Nesse caminho, parece-nos importante destacar a necessidade de:

- Reposicionar o acordo como cultura hegemônica: a construção de alianças, acordos, compromissos e consensos supõe a recuperação da política e, consequentemente, incrementa a qualidade da democracia. O sistema se enriquece na confrontação de ideias que descrevam e diferenciem os equilíbrios de longo prazo das disputas e a resolução de conflitos em espaços conjunturais. O acordo, como cultura hegemônica, implica, portanto, a recuperação da previsão e a confiança em sua dimensão política mais importante: a teleológica;

- Fortalecer a qualidade das instituições: a crise econômica deteriorou dramaticamente os níveis de vida, e com isso cresceu a desconfiança nos representantes do povo. Os partidos e os políticos – salvo honrosas exceções – são vítimas do desencanto e comumente são observados como responsáveis por dificuldades cada vez maiores. Nesse caso, o perigo de trasladar o ceticismo dos atores para as instituições aparece como possível. Torna-se imprescindível, então, voltar a redefinir as regras do jogo político sobre a base de deveres e responsabilidades que recuperem, em primeiro lugar, a *res publica* e, em segundo, as instituições como expressão sintética do sentir coletivo;
- A construção de uma legalidade garantida e protegida: embora as normas jurídicas sejam necessárias para a ordenação social, elas não são suficientes para garantir as demandas do conjunto. A cultura da legalidade só é possível quando as normas se aproximam da vida diária da sociedade, das relações interpessoais, das tensões dos interesses setoriais e das relações dos indivíduos com as autoridades. Quando, em uma sociedade, as exceções se tornam habituais, as influências, o poder ou a corrupção fazem que a legalidade, como garantia democrática, não tenha proteção;
- Recuperar o Estado como comunidade de cidadãos: é lógico que a sociedade coloque em primeiro lugar as expectativas de bem-estar e processe as maneiras de resolvê-lo. A Argentina construiu assim uma cidadania de tipo "nacional popular", que vê o Estado como o lugar que deve garantir seus direitos. Entretanto, e sem esquecer a necessária reconstrução estatal, também é importante a construção de uma cidadania mais republicana, baseada em novos modelos de ação e participação. Seria possível chamar assim um Estado concebido como uma comunidade de cidadãos que combine a tradição liberal com a tradição comunitarista.

Seria extensa a lista de necessidades e demandas que a realidade nacional enfrenta. Não obstante, deve ficar claro que "a política da não política" nos conduziu ao inferno. Sem ela não haverá céu... Só a política é o espaço da esperança e da utopia.

Referências bibliográficas

ABRAHAMSEN, R. *Disciplining Democracy. Development Discourse and Good Governance in Africa*. Londres: Zed Press, 2000.

ACUÑA, C. *Nuevos y viejos dilemas que enfrenta la democracia argentina actual.* Buenos Aires, 2003. Dissertação em Responsabilidade Social e Cidadania — Foro Ecuménico Social, mimeo.

ADEBOWALE, S. A. "The Scholarly Journal in the Production and Dissemination of Knowledge on Africa: Exploring Some Issues for the Future", *VL AISA Anniversary Conference: A United States of Africa?* Pretoria: s. n., 2000.

AGLAMISIS, J. Soy demasiado viejo para conseguir trabajo y demasiado joven para morirme, *Ciencias Sociales.* n.47. Buenos Aires: Faculdade de Ciências Sociais da Universidade de Buenos Aires, ago. 2001.

AINA, T. A. *Mondialisation et politique sociale en Afrique: questions et pistes de recherche*. Dacar: Codesria, 1997.

AJULU, R. The African Union. The challenges of implementation. *Global Insight*, n.17. s. l.: s. n, maio 2002.

AKE, C. *Liberté académique et base matérielle*. In: DIOUF, M.; MAMDANI, M. (ed.). *Academic Freedom in Africa*. Dacar: Codesria, 1994.

AKINDÈS, F. L'échec des sciences sociales dans l'accompagnement du raport de l'Afrique à la modernité. Une lecture à partir de l'expérience de l'Afrique subsaharienne. *IX General Assembly Codesria: Globalization and Social Sciences in Africa*. Dacar: s. n., 1998.

ALBERDI, J. B. *Bases y punto de partida para la organización política de la Confederación Argentina*. s. l.: s. n., 1852.

ALI, A. A. G. Sagesse des donateurs contre sottise africaine: Quelle liberté académique et quelle probité morale. In: DIOUF, M.; MAMDANI, M. (ed.). *Academic Freedom in Africa*. Dacar: Codesria, 1994.

AMADEO, E. et al. *Institutions, the Labor Markets and the Informal Sector in Brazil*. 1994, mimeo.

AMIN, S. L'idéologie et la pensée sociale: l'intelligentsia et la crise du développement, *Afrique et Developpement*, v.19, n.1. Dacar: s. n., 1994.

______. What's the Colour of the Logarithm?, *Codesria Bulletin*. Dacar: s. n., 1998.

AMIUNE, J. M. *La crisis de la matriz Estado-céntrica y el agotamiento de la desestatización: posibilidades de refundar un Estado desarrollista en América Latina*, n.16. Buenos Aires: CEID, jan. 2003.

ANDERSON, P. Neoliberalismo: un balance provisorio. In: SADER, E.; GENTILI, P. (Org.). *La trama del neoliberalismo*. Buenos Aires: Eudeba, 1999.

ARIDA, P. Neutralizar a inflação, uma ideia promissora, *Economia em Perspectiva: Boletim do Conselho Regional de Economia de São Paulo*. s. l.: s. n., jul. 1993.

ARIDA, P.; RESENDE, A. L. *A Inercial Inflation and Monetary Reform*. In: WILLIAMSON, J. (Org.). *Inflation and Indexation: Argentina, Brazil and Israel. Washington Institute for International Economics*. s. l.: s. n., 1984.

ASSIE-LUMUMBA, N'D.; LUMUMBA-KASONGO, T. The "Silent Crisis" in the International Transfer of Knowledge in African Societies and Their Education Systems: a Theoretical Perspective, *Codesria Bulletin*, n.4. Dacar, Senegal, 1994.

AYDINLI, E.; MATHEWS, J. Are the Core and Periphery Irreconcilable? The Cautious World of Publishing in Contemporary International Relations, *International Studies Perspectives*, n.1. s.l.: s. n., 2000.

AYOOB, M. *Subaltern Realism: International Relations Theory Meets the Third Word*. In: NEUMAN, S. G. (ed.). *International relations theory and the Third World*. Nova York: St. Martins, 1998.

BAH, T. M. Le rôle de l'histoire dans les sciences sociales en Afrique: passé, présent et future, *Afrique et Developpement*, v.19, n.1. Dacar: s. n., 1994.

BACHA, E. L. *Latin América's Debt Crisis and Structural Adjustaments*: the Role of the World Bank. Rio de Janeiro: PUC, jul. 1988.

______. Sobre a dinâmica de crescimento da economia industrial subdesenvolvida, *Pesquisa e Planejamento Econômico*. s. l.: s. n., dez. 1973.

BANDEIRA, L. A. M. *Conflito e integração na América do Sul — Brasil, Argentina e Estados Unidos (da tríplice aliança ao Mercosul 1870-2003)*. Rio de Janeiro: Revan, 2003.

BARCELOS, L. C. Educação: um quadro de desigualdades raciais, *Estudos Afro-Asiáticos*, n.23. Rio de Janeiro: s. n., dez. 1992.

BARTOLOMÉ, M. *El conflicto del Atlántico Sur*: una perspectiva diferente. Buenos Aires: Círculo Militar, 1996.

BATES, R. H. Area Studies and Political Science: Rupture and Possible Synthesis, *Africa Today*, v.44, n.2. Denver: s. n., abr./jun. 1997.

BATES, R. H.; MUDIMBÉ, V. Y.; O'BARR, J. F. (ed.). *Africa and the Disciplines*: the Contributions of Research in Africa to the Social Sciences and Humanities. Chicago: University of Chicago Press, 1993.

BAYART, J. F. Africa in the World: a History of Extraversion. *African Affairs*, v.99, n.395. Londres: s. n., abr. 2000.

______. L'Afrique invisible, *Politique Internationale*, n.70. Paris: s. n., 1995-6.

BAYART, J. F.; MBEMBE, J. A.; TOULABOR, C. M. *Le politique par le bas en Afrique noire*: contributions à une problématique de la démocratie. Paris: Karthala, 1992.

BECK, U. *Un nuevo mundo feliz*. Madrid: CIS/Siglo XXI, 2000.

BEKELE, E. *Research Development Problems in Ethiopia*. Adis Abeba: AAU, 1995.

BEN ROMDHANE, M. A Word from a Non Black African, *Codesria Bulletin*, n.1. Dacar: s. n., 2000.

BERGER, I. Contested Boundaries: African Studies Approaching the Millennium Presidential Address to the 1996 Asa Annual Meeting, *African Studies Review*, v.40, n.2. Atlanta: s. n., set. 1997.

BESSA, N. M. Acesso ao ensino superior no Brasil, *Estudos de Avaliação Educacional*, n.1. São Paulo: Fundação Carlos Chagas, jan./jun. 1990.

BISANSWA, J. K. V. Y. Mudimbe: réflexion sur les sciences humaines et sociales en Afrique, *Cahiers D'Etudes Africaines*, v.XL (4), n.160. Paris. s. n., 2000.

BOFF, L. Globalização humana. *Jornal do Brasil*, 22 fev. 2002.

BOOTH, K.; SMITH, S. (org.). *International Relations Theory Today*. Pensilvânia: Pennsylvania State University Press, 1995.

BOURDIEU P. A dominação masculina, *Educação & Realidade*, v.20, n.2. Porto Alegre: s. n., jul./dez. 1995.

______. A escola conservadora: as desigualdades frente à cultura. In: NOGUEIRA, M. A.; CATANI, A. *Escritos de educação*. Petrópolis: Vozes, 1998a.

______. Os excluídos do interior. In: NOGUEIRA, M. A.; CATANI, A. *Escritos de Educação*. Petrópolis: Vozes, 1998b.

BORÓN, A. *Respuesta a Brasil do Fato.* Entrevista realizada pelo jornal MST do Brasil, 22 jun. 2004.

BRESSER PEREIRA, L. C. A Inflação no capitalismo de Estado (e a experiência brasileira recente), *Revista de Economia Política*, 1(2). s. l.: s. n., abr. 1982.

______. *Desenvolvimento e crise no Brasil*. 5. ed. São Paulo: Editora 34, 2003.

BRESSER PEREIRA, L. C.; NAKANO, Y. *Uma estratégia de desenvolvimento com estabilidade*. 2002, mimeo.

BRITO, L. N.; CARVALHO, I. M. de. Condicionantes socioeconômicos dos estudantes da Universidade Federal da Bahia. Salvador: CRH/UFBA, 1978.

BUJRA, A. S. Whither Social Institutions in Africa: a Prognosis, *Afrique et Developpement*, v.19, n.1. Dacar: s. n., 1994.

BUKULA, S. NEPAD African Business, *Financial Mail*. Joanesburgo: s. n., 26 jul. 2002.

BUZAN, B. Conclusões: sistema versus unidade na teorização sobre o Terceiro Mundo. In: NEUMAN, S. G. (ed.). International Relations Theory and the Third World. Nova York: St. Martins, 1998.

CALCAGNO, A. F. Ajuste estructural, costo social y modalidades de desarrollo en América Latina. In: SADER, E. *Ajuste estructural en América Latina, costo social y alternativas*, n.1. s. l.: Clacso. 2000-2001.

CARDOSO JUNIOR, J. C.; MATTOS, F. A. M. A questão distributiva no Plano Real. *Anais do 3° Encontro Nacional de Economia Política*. Niterói: s. n., jun. 1998.

CARVALHO, P. *Angola, quanto tempo falta para Amanhã?* Oeiras: Celta, 2002.

CASTELLS, M. *A era da informação*: economia, sociedade e cultura. São Paulo: Paz e Terra, 2000.

______. Guerra das redes. *Folha de S.Paulo*, 2001.

______ *The New Development Paradigm*: Knowledge, Information Technology, and Human Resources. 2002.

CASTORIADES, C. *Figuras de lo pensable*. México: Fondo de Cultura Económica, 2001.

CASTRO, C. M.; RIBEIRO, S. Desigualdade social e acesso à universidade — dilemas e tendências, *Fórum Educacional*, n.3(4). Rio de Janeiro: s. n., dez. 1979.

CAVAROZZI, M. *Las bases sociales y culturales de la democracia*. Buenos Aires, 2003. Dissertação em Responsabilidade Social e Cidadania) — Foro Ecuménico Social, mimeo.

CHABAL, P. *Power in Africa*: an Essay in Political Interpretation. Basingstoke: Macmillan, 1992.

CHEGE, M. The Social Science Area Studies Controversy from the Continental African Standpoint, *Africa Today*, v.44, n.2. Denver: s. n., abr./jun. 1997.

CILLIERS, J. From Acronyms to Action. The seminal assembly of the African Union, *African Security Review*. s. l.: s. n., 2002.

CODESRIA. Commentaire, *Codesria Bulletin*, n.2. Dacar: s. n., 1996.

______. Editorial, *Codesria Bulletin*, n.2. Dacar: s. n., 1998a.

______. Sciences sociales et enjeux de la globalisation en Afrique. *Codesria Bulletin*, n.2. Dacar: s. n., 1998b.

______. Synthèse des travaux, *Assemblée Génerale du Codesria: Crises, Conflits tt Mutations en Afrique: Réponses et Perspectives*. 8.ed. Dacar: s. n., 1995.

COPANS, J. *La longue marche de la modernité africaine: savoirs, intellectuels, démocratie*. Paris: Karthala, 1998.

CORONEL, A. A. El fortalecimiento de la cooperación Sur-Sur dentro de la región del Atlántico Sur: el Rol de la ZPCAS. *Documentos de trabajo*, n.7. Buenos Aires: CEID, out. 2001.

CROSSMAN, P. African Universities and Africanisation: Problems and Prospects in the Future ff Endogenisation and Plurality in the Human Sciences, *IX General Assembly Codesria: Globalization and Social Sciences in Africa*. Dacar: s. n., 1998.

DA MATTA, R. Notas sobre o racismo à brasileira. In: SOUZA, J. (org.), *Multiculturalismo e racismo:.uma comparação Brasil–Estados Unidos*, n.15. Paralelo: s. n., 1997.

DESAI, V. The Poverty of Development Studies without the Politics, *Times Higher Education Supplement*. s. l.: s. n., 24 maio 2002.

DLAMINI, K. Nepad offers Afriva its best chance yet, *The Sunday Independent*. Joanesburgo: s. n., 23 jun. 2003

DIAGNE, S. B.; OSSEBI, H. *The cultural Question in Africa*: Issues, Politics and Research Prospects. Dacar: Codesria, 1996.

DIALLO, M. L. *Les africains sauveront-ils l'Afrique?* Paris: Karthala, 1996.

DIOUF, M.; MAMDANI, M. (ed.). *Academic Freedom in Africa*. Dacar: Codesria, 1994.

DIOUF, M. *Commerce et cosmopolitisme: le cas des diásporas mourides au Senegal*. 2000.

DOMINGUES, J. M. *Global Modernity and Civilizational Analysis*. Handbook of European Sociological Theory. Londres/Nova York: Routledge. 2002a.

______. *Interpretando a modernidade*. Imaginário e instituições. Rio de Janeiro: FGV, 2002b.

______. *Modernidade, complexidade e articulação mista. Revista de Ciências Sociais*, 2001.

DUNN, K. C.; SHAW, T. M. (ed.). *Africa's Challenge to International Relations Theory*. Londres: Palgrave, 2001.

EBOUSSI BOULAGA, F. Race, Identity and Africanity, *Codesria Bulletin*, n.1. Dacar: s. n. 2000.

EL MALKI. L'Afrique et le système international, *Afrique et Developpement*, v.15, n. 3-4. Dacar: s. n., 1990.

ELA, J. M. Les sciences sociales à l'épreuve de l'Afrique: les enjeux épistémologiques de la mondialisation, *IX General Assembly Codesria: Globalization and Social Sciences in Africa*. Dacar: s. n., 1998.

EYOH, D. African Perspectives on Democracy and the Dilemmas of Postcolonial Intellectuals, *Africa Today*, v.45, n.3-4. Denver: s. n., jul./dez. 1998.

FASCIOLO, C. A. *El Periódico del CEID*. n.7. s. l.: s. n., out./dez. 2002.

FERNANDES, F. *A integração do negro na sociedade de classe*. São Paulo: Ática, 1978.

FERNS, H. S. *La Argentina*. Buenos Aires: Sudamericana, 1973.

FERREIRA DA SILVA, J. C. Endividamento externo irresponsável, *Folha de S.Paulo*, 5 set. 1995.

FROST, M.; WEINER, D.; VALE, P. (ed.). *International Relations*: a Debate on Methodology. Pretoria: HSRC, 1989.

FUKUYAMA, F. *The End of History and the Last Man*. Nova York: The Free Press, 1992.

FURTADO, C. *Formação econômica do Brasil*. Rio de Janeiro: Fundo de Cultura, 1959.

______. *Um projeto para o Brasil*. Rio de Janeiro: Saga, 1968.

FRAGA, R. *Los valores cívicos y la cultura política de hoy*. Buenos Aires, 2003. Dissertação em Responsabilidade Social e Cidadania) — Foro Ecuménico Social, mimeo.

Fuertes presiones sobre el gobierno Kirchner. Maniobras conjuntas en Argentina, *América XXI*, n.2, jul. 2003.

GAMBETTA, D. Can We Trust Trust? In ______ (ed.). *Trust: making and breaking cooperative relations*. Oxford, 1988.

GAMBINA, J. C. Estabilización y reforma estructural en Argentina 1989/1999. In: SADER, E. *Ajuste estructural en América Latina, costo social y alternativas*, n.1. s. l.: Clacso. 2000-2001.

GARCÍA, M. El largo brazo del Imperio, *Enfoques Alternativos*, n.20, dez. 2003.

GAZIBO, M. L'Afrique en politique comparee, *Polis*, v.8, n. especial. Cameroun: s. n., 2001.

GELB, S. The New Partnership for Africa's Development (NEPAD): A Brief Overview, *Global Insight*. n.19, jun. 2002.

GIBSON, E. *Class and conservative parties. Argentina in comparative perspective*. Baltimore: Johs Hopkins University, 1996.

GLOBAL WITNESS. *Os homens do presidente: a história devastadora das indústrias petrolíferas e bancárias na guerra privatizada de Angola*. Londres: Global Witness, 2002.

GOVERNO SUL-AFRICANO. *South African Year Book*. Pretória: s. n., 1995.

GUIMARÃES, A.; SÉRGIO, A. *Programa de pesquisa e formação sobre relações raciais, cultura e identidade negra na Bahia. Proposta de pesquisa para o biênio 1995/1997*. 1995a. Dissertação (Mestrado em Sociologia) — Programa A cor da Bahia, mimeo.

______. "Raça", racismo e grupos de cor no Brasil, *Estudos Afro-Asiáticos*, n.27. s. n.: s. l., 1995b.

______. *Racismo e antirracismo no Brasil*. São Paulo: Editora 34, 1999.

______. Racismo e antirracismo no Brasil, *Novos Estudos*. CEBRAP: s. n., 1995c.

GULBENKIAN COMMISION. *Open the Social Sciences: Report of the Gulbenkian Commission on the Restructuring of the Social Sciences*. Stanford: Stanford University Press, 1996.

HADJADJ, B. *Les pariahs de la mondialisation*: l'Afrique en marge. Paris: Présence Africaine. 1998.

HAGAN. *Liberté académique et responsabilité nationale dans un Etat africain: cas du Ghana*. In: DIOUF, M.; MAMDANI, M. (ed.). *Academic Freedom in Africa*. Dacar: Codesria, 1994.

HAMOUDA, H. B. *Perspectives structurelles sur la mondialisation*. 2000.

HASENBALG, C. 1976: As desigualdades sociais revisitadas, In: *Movimentos sociais urbanos, minorias étnicas e outros estudos*. Brasília: ANPOCS, 1987.

______. Discriminação e desigualdade racial no Brasil contemporâneo. Rio de Janeiro: Edições Graal, 1979.

HASENBALG, C.; SILVA, N. V. *Estrutura social, mobilidade e raça*. Rio de Janeiro: IUPER/Vértice, 1988.

HASSNER. *De la Crise d'une discipline à celle d'une époque?* In: SMOUTS, M. C. (dir.). *Les nouvelles relations internationales: pratiques et théories*. Paris: Presses de Sciences PO, 1998.

High-level Meeting Discusses African Peer Rebvoew Mecanism. *NEPAD Dialogue. Focus on Africa*, n.10. s. l.: s. n., 29 jul. 2003.

HIPPEL, K. von. *Democracy by Force: US Military Intervention in the post-Cold War World.* Cambridge: Cambridge University Press, 2000.

HIRSCHMAN, D. International relations studies: some questions of the Third World. In: HOLLIN, M.; SMITH, S. *Explaining and Understanding International Relations*. Oxford: Clarendon, 1991.

HOUNTONDJI, P. Cultures africaines et mondialisation: um appel à la résistance. *Alternatives Sud VII*, 2000.

______. Producing Knowledge in Africa Today. *African Studies Review*, v.38, n.3. Atlanta: s. n., dez. 1995.

______. Recherche et extraversion: éléments pour une sociologie de la science dans les pays de la péripherie, *Afrique et Developpement*, v.15, n.3-4. Dacar: s. n., 1990.

HOUTART, F. Mondialisation: acculturation et résistances. In ______. *Cultures et mondialization. Résistances et alternatives. Centre Tricontinental*. Paris: L'Harmattam, 2000.

______. *O estado actual da globalização*. 2001.

HOZ, J. A. M. de. Un balance de los últimos 15 años, *Dirigencia*. s. l.: s. n., nov. 1995.

HUTTON, W. *Como será o futuro estado?* São Paulo: Jorge Zahar, 1998.

HUTTON, W.; GIDDENS, A. (Ed.). *On the Edge: Living with Global Capitalism*. Londres: Jonathan Cape, 2000.

HYDEN, G. African Studies in the Mid-1990s: Between Afro-pessimism and Amero-skepticism, *African Studies Review*, v.39, n.2. Atlanta: s. n., set. 1996.

______. Democratization and the Liberal Paradigm in Africa, *Africa Insight* v.27, n.3. Pretoria: s. n., 1997a.

______. Foreign Aid and Democratization in Africa. *Africa Insight*, v.27, n.4. Pretoria: s. n., 1997b.

______. Rethinking the study of African politics. In: OLOWU, D.; WILLIAMS, A.; SOREMEKUN, K. (Ed.). *Governance and democratisation in West Africa*. Dacar, Senegal: Codesria, 1999.

ILHONVBERE, J. O.; TURNER, T. E. Africa in the Post-containment Era: Constraints, Pressures and Prospects for the 21ts Century. *Africa Quartely*, v.33. Nova Delhi: s. n., 1993.

IMAM, A.; MAMA, A. *Limitation ou élargissement de la liberté académique: la responsabilité des universitaires*. In: DIOUF, M.; MAMDANI, M. (ed.). *Academic Freedom in Africa*. Dacar: Codesria, 1994.

IMF. *Angola Country Profil*. Washington: s. n., 2003.

INSTITUTO NACIONAL DE ESTATÍSTICA. *Índice de preços ao consumidor na cidade de Luanda*. s. n. t.

IT. *Employement, Income and Equality: a Strategy for Increasin Productive Employment*. Genebra: OIT, 1972.

JACOBS, S.; CALLAND, R. (eds.). *Thabo Mbeki's World: Critical Perspectives on the Ideology and Politics of the South African President*. Pietermaritzburg: Natal University Press, 2002.

JUNTA MILITAR. Acta fijando el propósito y los objetivos básicos para el proceso de reorganización nacional. In: TRONCOSO, O. *El proceso de reorganización nacional/1. Cronología y documentación (De marzo de 1976 a marzo de 1977)*. Buenos Aires: Centro Editor de América Latina, 1984.

KASSIMIR, R. The Internationalization of African Studies: a View from the SSRC, *Africa Today*, v.44, n.2. Denver: s. n., abr./jun. 1997.

KATZENELLENBOGEN, J. Nepad: the revolution in accountability, *Business Day*. Joanesburgo: s. n., 10 jun. 2003.

KELLER, E. J. *Culture, Politics and the Transnationalization of Ethnic Conflict in Africa in the Era of Globalization*. 2001.

______. Globalization, African Studies and the Academy, *Communications issues d'un colloque sur l'Afrique, les États-Unis et la France, tenu à Bordeaux en mai 1997*. s. l.: s. n., 1997.

______. Towards a New African Order, *Africa Insight*, v.23, n.3. Pretoria: s. n., 1993.

KHAN, A. *Les intellectuels entre identité et modernité*. In DIOUF, M.; MAMDANI, M. (ed.). *Academic Freedom in Africa*. Dacar: Codesria, 1994.

KI-ZERBO, J. (dir.). *La natte des autres: pour un développement endogène en Afrique*. Dacar: Codesria, 1992.

______. *Revendiquer les libertés académiques, mais surtout les produire et les organiser*. In: DIOUF, M.; MAMDANI, M. (ed.). *Academic Freedom in Africa*. Dacar: Codesria, 1994.

KYOORE, P. K. Theorie critique et modernite negro-africaine: de l'École de Francfort a la "docta spes africana". *African Studies Review*, v.40, n.2. Atlanta: s. n., set. 1997.

LANGONI, C. G. Distribuição de renda e desenvolvimento econômico, *Expressão e Cultura*. s. l.: s. n., 1973.

LARA RESENDE, A. Moeda indexada: uma proposta para eliminar a inflação inercial, *Gazeta Mercantil*, 26-8 set. 1984.

LARREA, M. La silenciosa invasión del Southcom, *Enfoques Alternativos*, n.20, dez. 2003.

LECHINI, G. *Las relaciones Argentina – Sudáfrica desde el Proceso hasta Menem*. Rosario: CERIR, 1995.

LOPES, C. *Enough is Enough: for an Alternative Diagnosis of the African Crisis*. Uppsala: Nordiska Afrikainstitutet, 1994.

LOPES, F. Só um choque heterodoxo pode derrubar a inflaçao, Economia em Perspectiva: Boletim do Conselho Regional de Economia de São Paulo. s. l.: s. n., ago. 1984.

Los "80 y los 90": similitudes y diferencias, *Dirigencia*. s. l.: s. n., nov. 1995.

ORGANIZAÇÃO PARA A COOPERAÇÃO E DESENVOLVIMENTO ECONÔMICO. *Statistiques de la dette extérieure*. s. l.: s. n., 2001.

LY, B. Les sciences sociales en Afrique: problèmes de recherche et de formation, *Afrique et Developpement*, v.15, n.3-4. Dacar: s. n., 1990.

MAFEJE, A. "Recolonisation" or "self-colonisation" in pursuit of "Pax Africana": Another Response to a Reactionary Thesis, *Codesria Bulletin*, n.3. Dacar: s. n., 1995.

______. Africanity: a Combative Ontology, *Codesria Bulletin*, n.1. Dacar: s. n., 2000.

______. The "Africanist" Heritage and its Antinomies, *Afrique et Development*, v.15, n.3-4. Dacar: s. n., 1990.

______. In: DIOUF, M.; MAMDANI, M. (ed.). *Academic Freedom in Africa*. Dacar: Codesria, 1994.

MADOERY, O. La crisis de un orden social. ¿Por qué Argentina no se desarrolla?, *Desarrollo y Región*. Rosario: s. l., 2002.

MAGGIE, Y. *A ilusão do concreto: uma introdução à discussão do sistema de classificação racial no Brasil*. Caxambu: XV Encontro Anual da ANPOCS, 1991.

______. Graduação e pós-graduação nas ciências humanas no Brasil: desafios e perspectivas. s. l.: IFICS/UFRJ, s. d. mimeo.

MAGYAR, K. P. Dimensions of Africa's International Relations by Omari H. Kokole, *African Studies Review*, v.38, n.3. Atlanta: s. n., dez. 1995.

MAKGETLANENG, S. Foreign Policy of African Countries: Challenges and Solutions in the Struggle for Independent Foreign Policy, *LX AISA ANNIVERSARY CONFERENCE: A UNITED STATES OF AFRICA?* Pretoria: s. n., 2000.

______. South African Economic Interests in the South Atlantic Ocean, *Colección*, n.11. s. l.: Escola de Ciências Políticas da Universidad Católica Argentina "Santa María de los Buenos Aires", 2001.

MALAN, P.; WELLS, J. *Distribuição de renda e desenvolvimento econômico no Brasil*. In: TOLIPAN R.; TINELLI, C., *A controvérsia sobre distribuição de renda e desenvolvimento*. Rio de Janeiro: Zahar, 1978.

MAMADOU, K. Des défis politiques aux défis de la recherche. *Afrique et Developpement*, v.19, n.1. Dacar: s .n., 1994.

MAMDANI, M. In: DIOUF, M.; MAMDANI, M. (ed.). *Academic Freedom in Africa*. Dacar: Codesria, 1994a.

______. Comments on 'Ideology and Social Thought', *Codesria Bulletin*, n.3. Dacar: s. n., 1994b.

______. *Introdução*. In: MAMDANI, M.; WAMBA-DIA-WAMBA, E. (ed.). *African Studies in Social Movements and Democracy*. Dacar: Codesria, 1995.

______. Les études africaines doivent-elles devenir un nouveau terrain d'éducation bantoue à l'Université de Cape Town (UCT)? *Codesria Bulletin*, n.2. Dacar: s. n., 1998.

______. The Sun Is Not Always Dead at Midnight, *Afrique et Developpement*, v.19, n.1. Dacar: s. n., 1994c.

______. African States, Citizenship and War: a Case-Study, *International Affairs*. s. l.: s. n, 2002.

MANNHEIN, K. *Sociologia sistemática*. São Paulo: Pioneira, 1960.

MATHEWS, K. Is Afro-Pessimism on the Wane? Prospects for Africa in the New Millennium. *Africa Quartely*, v.40, n.1. Nova Delhi, 2000.

______. The Mazruiana: an Anthology of African Studies, *Africa Quartely*, v.39, n.1. Nova Delhi, 1999.

MATTOS, F. A. M. *Estrutura ocupacional e distribuição de renda nas regiões metropolitanas de São Paulo e do Rio de Janeiro: anos 80*. Campinas, 1994. Dissertação (Mestrado) — Instituto de Economia da Universidade Estadual de Campinas — Unicamp.

MAZRUI, A. A. (ed.). *Cultural Forces in World Politics*. Londres: J. Currey, 1990b.

______. *Exit Visa from the World System*. In: MAZRUI, A. A. (ed.). *Cultural Forces in World Politics*. Londres: J. Currey, 1990a.

MBEMBE, A. A la lisière du monde: frontières, territorialité et souveraineté en Afrique, *Codesria Bulletin*, n.3-4. Dacar: s. n., 1999a.

______. African Modes of Self Writing, *Codesria Bulletin*, n.1. Dacar: s. n., 2000a.

______. *De la postcolonie: essai sur l'imagination politique dans l'Afrique contemporaine*. Paris: Karthala, 2000b.

______. Opening up the Social Sciences, *Codesria Bulletin*, n.1-2. Dacar: s. n., 1999b.

______. Sortir du ghetto: le défi de l'internationalisation, *Codesria Bulletin*, n.3-4. Dacar: s. n., 1999c.

______. The End of Monologues, *Codesria Bulletin*, n.1. Dacar: s. n., 2000c.

MELBER, H. et al. *The New Partnership for Africa's Development (NEPAD) — African Perspectives*. Uppsala: Nordiska Afrikainstitet, 2002.

MILLS, G. South Africa's Post-apartheid Foreign Policy: Between Globalization and a Template for Foreign Policy Integration?, *Africa ante el tercero milénio*. Buenos Aires: CEID, 2000.

MILLS, G.; HUGHES, T. Is the New Mining Bill Nepad-unfriednly, *Business day*. Joanesburgo: s. n., 11 jun. 2001.

MINISTÉRIO DO PLANO. *Programa económico e social do governo*. Luanda: s. n., 1966.

MISZTAL, B. *Trust in Modern Societies*. Polity Press, Cambridge. 1996.

MKANDAWIRE, T. The Social Sciences in Africa: Breaking Local Barriers and Negotiating International Presence: the Bashorun M. K. O. Abiola Distinguised Lecture Presented to the 1996 ASA Annual Meeting. *African Studies Review*, v.40, n. 2. Atlanta: s. n., set. 1997.

______. Three Generations of African Academics: a Note, *Codesria Bulletin*, n.3. Dacar: s. n., 1995.

______ In: *Codesria Bulletin*, v.1. Dacar: s. n., 1989.

MORPHET, T. My life was a Transfer. In: FLANAGAN, W. et al. (org.). *Vintage Kenton: a Kenton Education Association Commemoration 21*. Cape Town: Maskew Miller, 1994.

MORROW, R. A.; TORRES, C. A. *Teoria social e educação. Uma crítica das teorias da reprodução social e cultural*. Porto: Edições Afrontamento, 1997.

MUDIMBE, V. Y. *The Invention of Africa: Gnosis, Philosophy, and the Order of Knowledge*. Bloomington: Indiana University Press, 1988.

NATTRASS, N. *Macroeconomics: Theory and Policy in South Africa*. Cape Town: Ed David Philip, 1999.

NDONGKO, W. A. Social Sciences Research and Policy-making in Africa: Status, Issues and Prospects, *Afrique et Developpement*, v.19, n.1. Dacar: s. n., 1994.

NICOLAU, V. H. Cultura "tradicional" e processo de democratização em África. In Travessias, n.1. Rio de Janeiro: Instituto Universitário de Pesquisas do Rio de Janeiro, 1999.

NEL, P.; MCGOWAN, P. J. (ed.). *Power, Wealth and Global Order: an International Relations Textbook for Africa*. Cape Town: University of Cape Town Press, 1999.

NEUMAN, S. G. (ed.). *International Relations Theory and the Third World*. Nova York: St. Martins, 1998.

NIEFTAGODIEN, N. Globalization and Social Sciences in Africa, *Codesria Bulletin*, n.1-2. Dacar: s. n., 1999.

NOGUEIRA, M. A. A construção da excelência escolar. Um estudo da trajetória feito com estudantes universitários provenientes das camadas médias intelectualizadas. In: NOGUEIRA, M. A.; ROMANELLI, G.; ZAGO, N. (orgs.). *Família e escola: trajetórias de escolarização em camadas médias e populares*. Petrópolis: Vozes, 2000.

______. Uma sociologia da reprodução do mundo cultural escolar. In: NOGUEIRA, M. A.; CATANI, A. *Escritos de educação*. Petrópolis: Vozes, 1998.

NUTALL, S. Narratives of African Identity: Theories and Methodologies, *Codesria Bulletin*, n.1-2. Dacar: s. n., 1999.

NYE, J. S. US National Interest and Global Public Goods, *International Affairs*. s. l.: s. n., 2002.

OCAMPO, J. A. *Globalization and Development*. The Development Imperative: Toward a People – Centered Approach. Nova York: Social Science Research Council, 2002.

OFFE, C. *How Can We Trust Our Fellow Citizens?* In: WARREN, M. Democracy and trust. Cambridge, 1999.

ONYILOGWU, K. OBUEKWE. Africa and the 'New World Order'. Nsukka, 1992. Tese (Mestrado em ciências e relações internacionais) — Departamento de Políticas Sociais da Universidade da Nigéria.

Oxford Companion to Politics of the World, 2. ed. 2001.

PRAH, K. African Scholars and Africanist Scholarship, *Codesria Bulletin*. Dacar: s. n., 1998.

PERTUSIO, R. La Defensa y la Seguridad en el Atlántico Sur, *Colección*, n.11. s. l.: Escola de Ciências Políticas da Universidad Católica Argentina "Santa María de los Buenos Aires", 2001.

PETA, B.; VAPI, X. Nepad hijack plot, *Sunday Tribune*. s. l.: s. n., 16 jun. 2002.

PIERSON, D. *Brancos e pretos na Bahia*. São Paulo: Cia. Editora Nacional, 1945.

PORTES, É. A. O trabalho escolar das famílias populares. In: NOGUEIRA, M. A. *Família e escola*: trajetórias de escolarização em camadas médias e populares. Petrópolis: Vozes, 2000.

PSACHAROPOULOS, G. Time Trends of the Returns of Education: Croos-national Evidence. *Economics of Education Review*, v.8, n.3. s. l.: s. n., 1991.

QUEIROZ, D. M. 'Raça' e educação na Bahia nos anos 90. *Revista da FAAEBA*, n.12, jul./dez. 1999.

RAMANO, C. Its Time for 'Comparative Intellectuals', *The Chronicle of Higher Education*. s. l.: s .n., 17 nov. 2000.

RAMONET, I. *Vers une guerre planetaire*. New International trends for economic development. Rio de Janeiro, 2002.

RAVALLION, M. Poverty Comparisons: a Guide to Concepts and Methods. *Living Standards Measurement Study, World Bank, Working Paper*, n.88. s. l.: s. n., 1922.

REED, W. C. The New International Order: State, Society and African International Relations, *Africa Insight*, v.25, n.3. Pretoria: s. n., 1995.

REIS, J. G. A.; BARROS, R. P. de. Desigualdade salarial e distribuição de educação: a evolução das diferenças regionais no Brasil. *Pesquisa e Planejamento Econômico*, v.20, n.3. s. l.: s. n., dez. 1990.

RESERVE BANK. *Quarterly Bulletin*. Pretoria: s n., mar. 2000.

REYES, M. J. Socjademokracja w Argentynie. Idee i rzeczywistość. In: OLSZEWSKI, E. *Doktryna i ruch socjaldemokratyczny. Historia i współczesność*. Puławy: s. n., 2001.

RIBEIRO, S. C. O vestibular de 1988: seleção ou exclusão?, *Educação e Seleção*, n.18, jul./dez. 1988.

RIGOLON, F.; GIAMBIAGI, F. O ajuste fiscal de médio prazo: o que vai acontecer quando as receitas extraordinárias acabarem. *Economia Aplicada*, v.4, n.1, USP, 2000.

RODRIK, D. After Neoliberalism. What? 2002.

ROMANELLI, G.; ZAGO, N. (orgs.). *Família e escola: trajetórias de escolarização em camadas médias e populares*. Petrópolis: Vozes, 2000.

ROSEMBERG, F. et. al. Mulher e educação formal no Brasil: estado da arte e bibliografia. Brasília: INEP, 1990.

ROTHCHILD, D. S.; KELLER, E. J. (ed.). *Africa in the New International Order: Rethinking State Sovereignty and Regional Security*. Boulder: L. Rienner, Cop. 1996.

RUBEN N'DONGO, M. *L'Afrique Sud-Saharienne du XXIe siècle: programme d'un émissaire pour l'Afrique*. Paris: L'Harmattan, 1997.

RUGGIE, J. G. What Makes the World Havy Together?: Neo-utilitarism and the Social Constructivism Challenge, *International Organization*, v.52, n.4. San Diego: s. n., 1998.

SADER, E. (org.). *El ajuste estructural en América Latina. Costos sociales y alternativas*. Buenos Aires: Clacso, 2001.

SARAMAGO, J. *Este mundo de injustiça globalizada*. 2002. Disponível em: http://www.dominiopublico.gov.br/pesquisa

SARTORI, G. *Homo Videns. La sociedad teledirigida.* Madri: Taurus Pensamiento, 1993.

SASSEN, S. *The Global City*. 2ªed. Nova York/Londres/Tóquio: Princeton University Press, 2001.

SALDRU, South Africa Rich and Poor Baseline Household Statistics, *Saldru*. Cape Town: UCT. 1995.

SANTOS, C. M. dos. A aparente responsabilidade do vestibular na elitização da universidade pública: uma análise dos dados da Universidade Estadual Paulista — VUNESP/1993, *Avaliação Educacional*, n.15. s. l.: Fundação Carlos Chagas, jan./jun., 1997.

SAWYERR, A. Does Africa Really Need Her Universities, *Codesria Bulletin*. Dacar: s. n., 1998.

SCHOLTE, J. A. *International Relations of Social Change*. Buckingham: Open University Press, 1993.

SEREQUEBERHAN, T. Philosophy and Post-Colonial Africa. In: EZE, E. C. (ed.). *African Philosophy: an Anthology*. Oxford: Blackwells, 2001.

SERPA, L. F. P. Universidade brasileira centro de excelência ou indigência?, *Cadernos Expogeo*, n.3, Salvador: s. n., 1992.

SHAW, T. M. Ethnicity as the Resilient Paradigm for Africa: from the 1960s to 1980s, *Development and Change*, v.17, n.4. s. l.: s. n., 1986.

SICSÚ, J. et al. (org.). *Agenda Brasil: políticas econômicas para o crescimento com estabilidade de preços*. Rio de Janeiro: Manole, 2003.

SILVA, N. V. Uma nota sobre 'raça social' no Brasil, *Estudos Afro-Asiáticos*, n.26. s. n.: s. l., 1994.

SKIDMORE, T. Raça e classe no Brasil: perspectiva histórica. In: LOVELL, P. (org.). *Desigualdades raciais no Brasil contemporâneo*. Belo Horizonte: UFMG/CEDEPLAR, 1991.

SKLAR, R. L. *The African Frontier for Political Science*. In: BATES, R. H.; MUDIMBÉ, V. Y.; O'BARR, J. F. (ed.). *Africa and the Disciplines: the Contributions of Research in Africa to the Social Sciences and Humanities*. Chicago: University of Chicago Press, 1993.

SMOUTS, M. C. (dir.). Les nouvelles relations internationales: pratiques et théories. Paris: Presses de Sciences PO, 1998.

South Africa at a Glance. Joanesburgo: Editors Inc., 1999.

South. Londres: s. n. 1997.

Statiscs South África. Pretoria: s. n., maio 2004.

SOUZA, A. de M.; SILVA, N. V. *Family Background Quality of Education, and Public and Private Schools in São Paulo: Relationships and Effects on School Transitions*. In: BIRDSALL, N.; SABOT, R. (Eds.). *Banco mundial*. s. l.: s. n., 1993.

STENMAN, A. *Discriminação e segmentação do mercado de trabalho*. Luanda: Asdi, 1992.

Sunday Independent. Joanesburgo, 5 maio 2002.

TALLER SUBREGIONAL CONO SUR. El rol de la sociedad civil en la prevención de conflictos en América Latina y el Caribe 2003-2005. Organizado pela Coordinadora Regional de Investigaciones Económicas y Sociales e pelo European Centre for Conflict Prevention, ECCP, da Holanda. Universidade de Belgrano, Buenos Aires, 6 jun. 2003.

TANDON, Y. *Diplomatic Anthropology: Impact of Africa Ethnography on the Study of International Relation*. In: TANDON, Y.; CHANDARANA, D. (ed.). *Horizons of African Diplomacy*. Nairobi: East African Literature Bureau, 1974.

TAVARES, M. C. *Da substituição de importações ao capitalismo financeiro*. Rio de Janeiro: Zahar, 1972.

TAYLOR, R. Leading us up the cul-de-sac, *The Spectator*. s. l.: s. n., 4 mar. 2000.

The Selling of Mbeki's New Deal, *Time Magazine*. s. l.: s. n., 10 jun. 2002.

TEIXEIRA, M. P. Identidade racial e universidade pública no Rio de Janeiro. In: QUEIROZ, D. M. et. al. *Educação, racismo e antirracismo*. Programa "A cor da Bahia/ Programa de pós-graduação em ciências cociais da UFBA". Salvador: Novos Toques, 2000.

______. *Negros em ascensão social. Trajetórias de alunos e professores universitários no Rio de Janeiro*. Rio de Janeiro, 1998. Dissertação (Pós-graduação em Antropologia) — Museu Nacional. Universidade Federal do Rio de Janeiro.

TOLIPAN, R.; TINELLI, A. (Eds.). *A controvérsia sobre distribuição de renda e desenvolvimento*. Rio de Janeiro: Zahar, 1975.

TOUSSAINT, E. Argentina ¿El eslabón más débil de la cadena mundial de la deuda?, *El Periódico del CEID*, n.6. Buenos Aires: CEID, jul./set. 2002.

UROH, C. O. Globalization and the Commoditization of Knowledge in Africa, *XL AISA ANNIVERSARY CONFERENCE: A UNITED STATES OF AFRICA?* Pretoria: s. n., 2000.

VALE, P.; MASEKO, S. South Africa and the African Renaissance, *International Affairs*. s. l.: s. n., 1998.

______. South Africa and the African Renaissance, s. n .d.

VINAY, K. P. *La transformation spatiale des relations internationales*. In: SMOUTS, M. (dir.). *Les nouvelles relations internationales: pratiques et théories*. Paris: Presses de Sciences PO, 1998.

WAAL, A. D. What's new in the 'New Economic Partnership for Africa's Development'?, *International Affairs*, s. l.: s. n., 2002.

WALZER, M. *On Toleration*. New Haven: Yale University Press, 1997.

WEAVER, O. The Sociology of a Not So International Discipline: American and European Developments in International Relations. *International Organization*, v.52, n.4. San Diego: s. n., 1998.

WOOD, C. Categorias censitárias e classificações subjetivas de raça no Brasil. In: LOVELL, P. (org.). *Desigualdade racial no Brasil contemporâneo*. Belo Horizonte: CEDEPLAR/FACE/UFMG, 1991.

YINDA, A. M. Penser les relations internationales africaines: des problèmes aux philosophèmes politiques aujourd'hui, *Polis*, v.8, n. especial. Cameroun: s. n., 2001.

ZAGO, N. Processos de escolarização nos meios populares: as contradições da obrigatoriedade escolar. In: NOGUEIRA, M. A.; ROMANELLI, G.; ZAGO, N. (orgs.). *Família e escola: trajetórias de escolarização em camadas médias e populares*. Petrópolis: Vozes, 2000.

ZELEZA, P. T. *Manufacturing African Studies and Crises*. Dacar: Codesria, 1997a.

______. Struggle for the University. *Afrique et Developpement*, v.22, n.2. Dacar: s. n., 1997b.

Artigos e sites

PROGRAMA DAS NAÇÕES UNIDAS PARA O DESENVOLVIMENTO. "Relatório de Desenvolvimento Humano", 2003.

Disponível em: http://www.mdic.gov.br/sitio. Acesso em: 12 ago. 2009.

Disponível em: www.ibge.gov.br. Acesso em: 12 ago. 2009.

Disponível em: http://www.indec.gov.ar. Acesso em: 12 ago. 2009.

Disponível em: <http//tools.folha.com.br/print.html?skin =emcimadahora&url=http%3A//www1.folha.uol.com.br>. Acesso em: 13 maio 2003.

BANCO MUNDIAL. *La biodiversidad marina en la plataforma patagônica*. Informe preliminar de fevereiro de 2001. Disponível em <http://www.bancomundial.org.ar/Textos/BIO%20Total%20%20LV%2031%20MAR %202001. pdf>. Acesso em: 10 dez. 2003.

"Ásia e África são alternativas ao instável Oriente Médio", *Folha On-line* (22 set. 2002).

BERTACCINI, R. "Bases norteamericanas y operativos militares en Latinoamérica", *Página digital — Noticias* (9 ago. 2003). Disponível em: <http://www.paginadigital.com.ar/ articulos/2003/2003sext/noticias/invas109b-8.asp>. Acesso em: 9 dez. 2003

"Canciller: 'Eso es, por ahora, ilegal'", *COPESA — Consorcio Periodístico de Chile S.A.* Disponível em: <http://www.copesa.cl/Casos/Camposhielo/Hielo15.html>. Acesso em: 17 dez. 2003.

"Chávez propuso alianza militar en Atlántico Sur", *Diario del Pueblo* (1 set. 2000). Disponível em: <http://fpspa.peopledaily.com cn/200009/01/2p20000901_42816.html>. Acesso em 10 ago. 2003.

COLOMBO, J "La importación de minerales estratégicos en los EEUU: su dependencia y vulnerabilidad", *Ser en el 2000*. Disponível em <http://www.ser2000.org.ar/artículos-revista-ser/revista-9/mineral.htm>. Acesso em 4 dez. 2003.

DÖPCKE, W. "Lula na África, a política africana e a cooperação sul-sul", *RelNet*. Disponível em: <http://www.relnet.com.br/pgn/colunaaj168.lasso>. Acesso: 10 de dez. 2003.

"Echelon – bases militares norteamericanas – escudo antimisiles – informaciones relacionadas", *Seprin* (18 out. 2002). Disponível em: <http://www.seprin.com/menu/bases.htm>. Acesso em: 15 mar. 2003.

"EEUU abre de nuevo su embajada en Guinea Ecuatorial", *AfrolNews* (17 out. 2003). Disponível em: <http://www.afrol.com/es/Noticias2003/ecuat018_embajada_eeuu.htm>. Acesso em: 18 out. 2003.

"EEUU introdujo inestabilidad a la región", *COPESA — Consorcio Periodístico de Chile S.A.* Disponível em: <http://www.copesa.cl/Casos/OTAN/Otan022%7F.html>. Acesso em: 17 dez. 2003.

El Mundo (9 jun. 2003). Disponível em: <http://www.elmundo.es/elmundo/2003/06/08/espana/1055100851.html>. Acesso em: 18 dez. 2003.

"Empresas del Mercosur visitan Sudáfrica", *Ministerio de Relaciones Exteriores de Uruguay* (24 jun. 2002). Disponível em: <http://www.mrree.gub.uy/mrree/prensa/Comunicados/mercsudafrica.htm>. Acesso em: 15 maio 2003.

"En nombre de la lucha contra el narcotráfico, EEUU instalara base en el Amazonas Peruano", *Patagonia Argentina* (1 dez. 2003). Disponível em: <http://www.patagoniaargentina.8m.com/diciembre/nota011203.htm>. Acesso em: 14 dez. 2003.

ESCOBAR, P. "The Mystery Behind the Hoax", *Asia Times On-line* (22 nov. 2002). Disponível em: <http://www.atimes.com/atimes/Front_Page/DK22Aa01.html>. Acesso em: 12 dez. 2002.

GOSMAN, E. "Brasil quiere una integración militar de América del Sur", *Clarín* (11 nov. 2003). Disponível em: <http://old.clarin.com/diario/2003/11/11/i-01801.htm>. Acesso em: 11 nov. 2003.

"Great Expectations", *The Economist*. 20 jun. 2002. Disponível em: <www.economist.com/agenda/displayStory.cfm?Story_id=1192754>.

JUNCAL, B. M. "Neoliberalismo y desigualdad social en Europa y América", *Scripta Nova (Revista Electrónica de Geografía y Ciencias Sociales)*, n.45(9). Barcelona: Universidade de Barcelona, 1 ago. 1999. Disponível em: <http://www.ub.es/sn-45-9.htm>. Acesso em: 28 dez. 2002.

KIRSSCHBAUM, R. et al. "Malvinas: las batallas secretas de la Guerra Fría: los documentos que agitaron el golpe prosoviético", *Clarín*, s. l.: s. n., mar. 2002. Disponível em: <http://old.clarin.com/ suplementos/zona /2002/03/31/z-00215.htm>. Acesso em: 20 out. 2003.

LOWRY, R. "Into Africa… And out of OPEC — New Thinking on Oil, *National Review*, 18 jul. 2002. Disponível em: <http://www.nationalreview.com/lowry/lowry071802.asp>. Acesso em: 18 dez. 2003.

"Lula Renews Call for Fairer Trade", *BBC News UK Edition* (9 nov. 2003). Disponível em: <http://news.bbc.co.uk/1/hi/world/africa/3254123.stm>. Acesso em: 11 dez. 2003.

"Lula viaja à África em busca de negócios para o Brasil", *Yahoo! Brasil Notícias* (28 out. 2003). Disponível em: <http://br.news.yahoo.com/031028/16/fnsq.html>. Acesso em: 11 dez. 2003.

"Malabo y Luanda refuerzan su conexión aérea con la capital petrolífera de EEUU", *AfrolNews* (1 ago. 2003). Disponível em: <http://www.afrol.com/es/Noticias2003/ecuat013_houston.htm>. Acesso em 10 ago. 2003.

MBEKI, T. "Africa's New Realism", *New York Times*. s. l.: s. n., 24 jun. 2002. Disponível em: <www.nytimes.com/200/06/24/opinion/24MBEK.html?todaysheadlines>.

"Movimiento cívico militar Cóndor Nacional". Disponível em: <http://ar.geocities.com/condornacional01/>.

"O Reino Unido, a Argentina e o Atlântico Sul", *Embajada Británica en Caracas*. Disponível em: <http://www.britain.org.ve/news45.htm>. Acesso em: 18 dez. 2003.

NSA, S. M. "Mucho petróleo en zonas inestables. El deber de la seguridad", *Malabo Análisis* (9 out. 2003). Disponível em: <http://severomoto.org/malabo/seguridad.html>. Acesso em: 16 out. 2003.

"Petrobras encuentra otro campo petrolero gigante en el Atlántico", *Finanzas.com* (31 jan. 2003). Disponível em: <http://www.finanzas.com/id.5071112/noticias/noticia.htm>. Acesso em 10 dez. 2003.

"Petróleo en África", *La bitácora de Lunático*. Disponível em: <http://www.sombras.net/lunatico/archivos/2002/septiembre/14092002.htm>. Acesso em: 5 maio 2003.

"Preparan base de lucha antidrogas en Perú", *Rio Negro on line* (*Diario de Río Negro*) (1 dez. 2003). Disponível em: <http://rionegro.com.ar/arch200312/01/i01g03.php>. Acesso em: 1 dez. 2003.

SALAZAR, R. "La remilitarización de América Latina", *Argenpress.info – Prensa argentina para todo el mundo* (22 abr. 2003). Disponível em: <http://www.argenpress.info/nota.asp?num=002775>. Acesso em: 10 dez. 2003.

Sartma.com (8 dez. 2003). Disponível em: <http://www.sartma.com/artc_564_FI_1.html>. Acesso em: 8 dez. 2003.

"The News that Matters from the British Territories in the South Atlantic Ocean". Disponível em: <www.sartma.com>.

"US Looks to Auike Oil in West Africa", *The Mercury* (12 set. 2002). Disponível em: <www.iol.co.za>. Acesso em: 20 maio 2003.

VÁSQUEZ, I. *Una política exterior de Estados Unidos para América Latina*. s. l.: CATO Institute. Disponível em: <http://www.elcato.org/vasquez_americalatina.htm>. Acesso em: 10 dez. 2002.

Sobre os autores

Cesaltina Abreu, agrônoma e socióloga, membro-fundadora do Instituto de Pesquisa Econômica e Social de Angola. Doutorada no Instituto Universitário de Pesquisa do Rio de Janeiro.

Delcele Mascarenhas Queiroz, professora da Faculdade de Educação da Uneb-Salvador.

Irene Vida Gala, diplomata e mestra em relações internacionais.

Gladys Lechini e *Pedro Romero* são professores de relações internacionais da Faculdade de Ciência Política e Relações Internacionais da Universidade Nacional de Rosário, na Argentina.

Marcelo Javier de los Reyes, licenciado em história pela Universidade de Buenos Aires e diretor do Centro de Estúdios del Desarollo Internacional (CEID).

Jonuel Gonçalves, economista, professor da UNEB (Salvador) e pesquisador do Centro de Estudos da Educação e Desenvolvimento (Ondjiva, Angola).

Renaut Michel e *José Cláudio Ferreira da Silva*, professores do curso de mestrado em economia empresarial da UCAM (Universidade Candido Mendes).

Peter Vale, professor de política na cátedra Nelson Mandela, Rhodes University, África do Sul.

SOBRE O LIVRO

Formato: 14 x 21
Mancha: 23,7 x 40,7 paicas
Tipologia: StempelSchneidler 10,5/12,6
Papel: Off-set 75 g/m² (miolo)
Supremo 250 g/m² (capa)

1ª edição: 2009

EQUIPE DE REALIZAÇÃO

Capa
Megaart

Edição de Texto
Henrique Zanardi (Copidesque)
Célia Arruda e Alberto Bononi (Revisão)

Editoração Eletrônica
Eduardo Seiji Seki

Impressão e Acabamento
FARBE DRUCK
gráfica e editora ltda.